Millionär *durch* Immobilien

Der sichere Weg zu finanzieller Freiheit

IMPRESSUM

Bibliografische Information der Deutschen Nationalbibliothek: Die Deutsche Nationalbibliothek verzeichnet diese Publikation in der Deutschen Nationalbibliografie; detaillierte bibliografische Daten sind im Internet über dnb.dnb.de abrufbar.

Autor und verantwortlich für den Inhalt:

Alexander Schneider
Schneider Immobilien Gruppe GmbH
Mittelstr. 11–13
40789 Monheim am Rhein
E-Mail: verlag@schneider-ig.de
Website: schneider-investments.de

Lektorat & Korrektorat: Andrea Böhlig, wortweise
Gestaltung, Satz & Cover: [Done Digital]
Foto: Rebecca Anders
1. Auflage 2026
Verlag: Pacemaker - Eine Marke der Schneider Immobilien Gruppe

ISBN: 978-3-982-67454-4

Millionär
durch
Immobilien

„It always seems impossible
until it's done."

Nelson Mandela

INHALT

DISCLAIMER

Dieses Buch wurde mit größter Sorgfalt erstellt, dennoch ersetzt es keine Anlage-, Steuer- oder Rechtsberatung.

Die Inhalte dienen ausschließlich der allgemeinen Information und Weiterbildung.

Alle Aussagen, Beispiele, Berechnungen und Strategien beruhen auf den persönlichen Erfahrungen, Einschätzungen und Meinungen des Autors zum Zeitpunkt der Veröffentlichung.

Trotz sorgfältiger Prüfung kann keine Gewähr für die Richtigkeit, Vollständigkeit oder Aktualität übernommen werden.

Investitionsentscheidungen sollten stets unter Berücksichtigung der individuellen finanziellen, steuerlichen und rechtlichen Situation getroffen werden.

Der Autor übernimmt keinerlei Haftung für finanzielle oder sonstige Schäden, die direkt oder indirekt aus der Anwendung der im Buch dargestellten Inhalte entstehen könnten.

Der im Titel verwendete Begriff *„sicher"* bezieht sich in diesem Zusammenhang auf die im Vergleich zu vielen anderen Anlageklassen – etwa Aktien oder Kryptowährungen – historisch oft stabilere und planbarere Entwicklung von Immobilieninvestitionen. Er stellt jedoch keine Garantie dar, dass jede Person das Ziel der *„finanziellen Freiheit"* auch tatsächlich erreicht; auch bei Immobilien hängen Ergebnisse stets von individuellen Entscheidungen, Marktbedingungen und konsequenter Umsetzung ab.

VORWORT

Liebe Leserin,
lieber Leser,

Immobilien sind ein Thema, bei dem die Diskussionen gerne mal hitzig werden. Am Tisch sitzt fast immer jemand, der sagt: „Betongold – das Einzige, was wirklich zählt."
Und jemand anders kontert: „Viel zu riskant. Zu teuer. Zu kompliziert." Und dazwischen sitzen viele, die eigentlich gerne starten würden – aber nicht wissen, wem sie glauben sollen. Und woran sie sich orientieren können.

Dieses Buch setzt genau hier an. Es ist kein weiteres Motivationsbuch – davon gibt es bereits genug. Vielmehr ist es ein Werkzeugkasten. Es versucht nicht, Dich zu überreden, sondern Dich auszurüsten. Alexander Schneider zeigt Dir, wie man Immobilien-Investments sauber durchrechnet, bewertet und umsetzt. Denn wer sich an Regeln und an Mathematik hält, erlebt bei Immobilien weder Wunder noch unnötigen Frust. Sehr vieles lässt sich von Anfang an planen und kalkulieren. Man weiß vergleichsweise früh, ob ein Deal tragfähig ist oder nicht. Dank Formeln, Annahmen und klaren Prüfpunkten.

Und Alexander Schneider weiß, wovon er spricht. Er schreibt dieses Buch nicht, um einem Trend hinterherzulaufen oder sich zu profilieren, sondern um seine Erfahrungen weiterzugeben. Zehn Jahre lang hat er sich ein eigenes Immobilien-Business aufgebaut. Von null. Mit einem Portfolio, das heute einen Wert in zweistelliger Millionenhöhe hat. Und vor allem mit einer Klarheit, die man nur erreicht, wenn man die Dinge selbst gemacht hat: in Verhandlungen, auf Baustellen, bei Banken, in Steuerfragen und all den Momenten, in denen aus Theorie plötzlich Realität wird.

Aber wer ist eigentlich dieser Alexander Schneider? Ich kenne ihn nicht aus einem Seminarraum oder von Social Media. Ich kenne ihn aus dem echten Leben. Wir haben beide vor rund 15 Jahren beim Fernsehen gearbeitet. Er war schon lange im Geschäft, ich war neu in dieser Welt. Ich erinnere mich noch gut an eine Autofahrt nach einer Produktion in München – es war mitten in der Nacht. Wir waren vom Studio Richtung Hotel unterwegs und haben uns zum ersten Mal wirklich unterhalten. Nicht über die Produktion, sondern über das Leben: Was man will. Was man nicht mehr will. Und was man bereit ist, dafür zu tun.

In der gemeinsamen Arbeit fiel mir etwas auf, das sich bis heute nicht geändert hat: Alexander war nie laut. Nie auf Show aus. Am Set war er der Typ Mensch, den man in stressigen Momenten instinktiv sucht: ruhig, wach, lösungsorientiert. Einer, der nicht panisch wird, wenn etwas schiefgeht, sondern anfängt zu sortieren. Und während um ihn herum alle nervös wurden, blieb er freundlich.

Diese Haltung hatte er schon lange bevor er im Immobilienbereich durchstartete. Bereits in seinen Zwanzigern hat er mit seinem Zwillingsbruder ein Restaurant aufgebaut. Nicht als romantisches Gastro-Abenteuer, sondern als echtes Unternehmertum: Prozesse etablieren, Qualität optimieren, Gäste gewinnen, Team führen. Wer das einmal erlebt hat, weiß: Das ist harte Arbeit. Und ein sehr guter Lehrmeister.

Vielleicht ist es genau diese Mischung aus Ruhe, Struktur und unternehmerischer Erfahrung, die dazu führte, dass Alex irgendwann einen klaren Entschluss fasste. Ende 2013 saßen wir wieder einmal zusammen. Und da sagte er diesen Satz, den ich bis heute noch höre: „Jonas, ich steige in Immobilien ein. Mein Ziel ist es, in zehn Jahren Millionär zu sein." Ich habe ihn angeschaut, wie man jemanden anschaut, der gerade behauptet hat, er wolle mal eben einen Marathon laufen – und zwar nächste Woche. Nicht, weil es unmöglich ist. Sondern weil es eine Aussage ist, die Konsequenzen verlangt.

Alex hatte damals nicht die perfekten Voraussetzungen: kein großes Familienvermögen und, wie bei vielen Selbstständigen, keinen einfachen Weg zu Bankdarlehen. Was er hatte, war etwas anderes: eine Mischung aus Neugier, Gründlichkeit und Beharrlichkeit. Er liest sich ein. Er fragt nach. Er prüft. Und wenn Plan A nicht klappt, baut er Plan B – ohne Drama.

Anfang 2014 kam dann der Anruf, der alles konkret machte: „Jonas, ich habe meine erste Immobilie gekauft." Kurz darauf erzählte Alex mir von den Zahlen: Finanzierung. Miete. Kosten. Rendite. Und vor allem davon, wie man solche Entscheidungen so vorbereitet, dass man nicht raten muss, sondern rechnen kann. Da wurde mir klar: Immobilien erwirbt man nicht mit Bauchgefühl. Denn ein Bauchgefühl ist beim Immobilienkauf ungefähr so hilfreich wie „wird schon passen" beim Fallschirmsprung. Immobilienkäufe folgen einer Logik.

Von da an ging es stetig weiter. Erst langsam, dann schneller. Mit jedem Kauf wurde Alex besser, strukturierter, professioneller. Irgendwann war klar: Das ist kein Projekt mehr für nebenbei. Das ist ein Business. Er stellte Mitarbeiter ein, etablierte Prozesse, entwickelte eine klare Strategie – und beschloss schließlich mit seinen Zwillingsbruder, das Restaurant zu verkaufen und gemeinsam vollständig in Immobilien zu gehen.

Was ich an Alex über all die Jahre beobachtet habe, lässt sich einfach zusammenfassen: Er ist kein Träumer, der sich von Möglichkeiten berauschen lässt. Er ist ein Praktiker, der Möglichkeiten in Prozesse übersetzt. Wenn etwas nicht funktioniert, sucht er keine Ausreden, sondern Alternativen. Wenn etwas riskant ist, versucht er nicht, es schönzureden – er will es verstehen und lösen.

Ja, Rendite ist ihm wichtig. Aber nicht um jeden Preis. Alex denkt wirtschaftlich und gleichzeitig menschlich. Ich habe oft genug erlebt, wie er über Mieter, Situationen und faire Lösungen spricht. Nicht aus Naivität, sondern aus Überzeugung. Klar in den Zahlen. Klar in den Werten.

Gerade diese Verbindung aus klaren Zahlen und klaren Werten ist kein Widerspruch – sie ist die Grundlage für nachhaltigen Vermögensaufbau. Und für mich ist das der eigentliche Kern des Themas Immobilien: Es geht um Wohlstand im Leben. Um Freiheit. Um die Frage, wie selbstbestimmt wir in 10, 20 oder 30 Jahren leben wollen. Viele verlassen sich dabei noch immer fast ausschließlich auf staatliche Systeme oder hoffen, dass „es schon reichen wird". Gleichzeitig lesen wir seit Jahren über Altersarmut, bröckelnde Rentenmodelle und steigende Lebenshaltungskosten.

Unabhängig davon, wie man das politisch oder gesellschaftlich bewertet: Die Verantwortung verschiebt sich zunehmend zu jedem Einzelnen. Immobilien sind deshalb für viele Menschen nicht nur eine Kapitalanlage, sondern ein Werkzeug zur langfristigen Absicherung.

Ich schreibe das hier nicht aus Gefälligkeit, sondern aus beruflicher Erfahrung. Als Unternehmer habe ich über die Jahre viele Menschen kennengelernt, die große Ziele formulieren – und wenige, die sie konsequent umsetzen. Ich habe meine eigene Marke vor einem Millionenpublikum in der TV-Sendung „Die Höhle der Löwen" präsentiert und arbeite heute mit international renommierten Unternehmen zusammen. Gerade deshalb weiß ich, wie selten wirkliche Substanz ist. Alex gehört zu denen, die Substanz haben. Und die liefern. Über Jahre.

Wenn Du dieses Buch in der Hand hältst, stehst Du wahrscheinlich an einem Punkt, an dem viele stehen: Du willst starten, aber Dir fehlt ein klarer Plan.

Du hast Wissen gesammelt, aber es ist ein Flickenteppich. Oder Du möchtest vermeiden, Lehrgeld zu zahlen, das andere bereits teuer bezahlt haben.

Genau dafür wurde dieses Buch geschrieben. Es verspricht Dir nicht, dass alles leicht wird. Immobilien sind kein passives Hobby. Aber sie können sehr kalkulierbar werden, wenn man die Mechanismen kennt. Und genau das ist die Stärke dieses Buches: Es erklärt. Es zeigt. Es bleibt konkret.

Ich hätte mir einen solchen pragmatischen Leitfaden früher selbst gewünscht. Nicht als Abkürzung – sondern als Landkarte.

Ich wünsche Dir beim Lesen nicht nur Erkenntnisse, sondern diesen einen Moment, in dem aus einem vagen „Irgendwann" ein klares „Jetzt" wird. Und falls Du an einer Stelle denkst: „Das klingt logisch – aber traue ich mich?", dann bist Du an genau der richtigen Stelle angelangt. Genau dort beginnt Entwicklung.

Viel Freude beim Lesen – und gutes Gelingen bei Deinen Entscheidungen.

Jonas Höhn

EINLEITUNG

Es ist Abend, die Sonne geht langsam über dem Rhein unter, als ich mit meinem Bekannten Thomas in einem schönen Restaurant im Kölner Süden mit Blick aufs Wasser sitze.

Thomas hatte mich angerufen, weil er einen Ratschlag brauchte. Er hatte vor einigen Jahren ein leerstehendes Mehrfamilienhaus gekauft, dieses vollständig kernsaniert und dann vermietet. Die extrem hohen Sanierungskosten hatte er komplett abgesetzt, was zu einem steuerlichen Verlust geführt hatte, so dass er – obwohl er Mieteinnahmen erzielte – keine Steuern zahlen musste.

Drei Jahre später hatte das Finanzamt im Rahmen einer Steuerprüfung die Sanierungskosten aufgrund der „3-Gewerke-Regel" in sogenannte nachträgliche Herstellungskosten umqualifiziert.[1] Sie wurden somit vom Finanzamt nicht als sofort absetzbare Kosten anerkannt, was zur Folge hatte, dass Thomas die Mieteinnahmen nun doch versteuern und somit für drei Jahre insgesamt €181.600 an Steuern nachzahlen musste.

Nun saßen wir hier, genossen unser Abendessen – ich wahrscheinlich etwas mehr als er – und ich fragte mich, wie es dazu hatte kommen können. Dass das Finanzamt bei einer Prüfung so entscheiden würde, hätte ich ihm vorher sagen können, aber weder er noch sein Steuerberater kannten die „3-Gewerke-Regel" und so wurde dieses vermeintlich lukrative Investment zu Thomas' steuerlichem Albtraum.

---

[1] Die 3-Gewerke-Regel besagt: Wenn bei einer Sanierung mindestens drei der vier Ausstattungs-Kernbereiche „Fenster", „Elektro", Sanitär" und „Heizung" nicht nur zeitgemäß instandgesetzt, sondern wesentlich verbessert und modernisiert werden, dürfen die dafür aufgewendeten Kosten nicht sofort abgesetzt werden, da es sich nicht mehr um sogenannten Erhaltungsaufwand handelt. Stattdessen sind die Kosten als sogenannte nachträgliche Herstellungskosten zu bewerten und müssen über die Laufzeit der Immobilie (meist 50 Jahre) abgeschrieben werden.

Ich erlebe es immer wieder, dass Menschen ins Immobilien-Business einsteigen und dann schlechte Erfahrungen machen, weil sie sich zu wenig vorbereitet haben. Wie in jeder Branche und wie bei jeder Geschäftsidee gibt es auch hier Dinge, die schiefgehen können. Wenn man sich aber in die Materie einarbeitet, weiß, was man tut und worauf man achten muss, dann sind die Chancen unbeschreiblich groß.

Ich habe dieses Buch geschrieben, um Dir einen kompakten Wegweiser für Deinen Weg in die Welt der Immobilien und somit zum Vermögensaufbau zu geben. Mein Ziel ist es, Dir zum einen die ungeahnten Möglichkeiten aufzuzeigen, die Immobilien als Investment-Vehikel bieten, Dich aber andererseits auch auf Fallstricke hinzuweisen, die Dich zum Stolpern bringen könnten.

Ich bin der Auffassung, dass Immobilien das beste Instrument sind, um in einem überschaubaren zeitlichen Rahmen ein Vermögen aufzubauen. Das Besondere dabei ist, dass die Risiken nicht sehr groß, die Renditen aber überdurchschnittlich hoch sind, wenn man weiß, wie man es richtig angeht. Zudem sind Gewinne auch a priori gut kalkulierbar und Du erfährst nicht erst im Nachhinein, so wie es bei Aktien der Fall ist, was Dir Dein Investment gebracht hat. Vielmehr kannst Du bereits im Vorfeld ziemlich präzise berechnen, wie viel Geld Du mit einer bestimmten Immobilie verdienen wirst.

Dabei gibt es einen entscheidenden Punkt, der Immobilien-Investments von allen anderen Anlageformen unterscheidet: Immobilien sind die einzige Anlageform, die kreditfinanziert wird, was dazu führt, dass Du mit Immobilien sehr viel schneller Vermögen aufbauen kannst als mit anderen Anlageklassen. Wie das genau funktioniert, wirst Du in diesem Buch erfahren.

Um Missverständnissen vorzubeugen: Auch ich selbst investiere in Aktien, ETFs etc. und finde dies auch sehr sinnvoll. Zudem gibt es mit Sicherheit Menschen, die – weil sie im richtigen Moment auf die richtige Aktie gesetzt haben – in kürzester Zeit mehr Geld verdient haben, als mit Immobilien möglich gewesen wäre. Aber solche Fälle sind sehr stark von den Faktoren Glück und Zufall geprägt. Man kann niemals mit Sicherheit im Vorfeld sagen, dass man nun die „richtige" Aktie kaufen wird. Man kann aber mit hoher Sicherheit sagen, dass man mit dieser oder jener Immobilie eine Eigenkapital-Rendite von zum Beispiel 20 % erzielen wird.

Zudem folgen erfolgreiche Immobilien-Investments bestimmten Mechanismen, die einem – wenn man diese erst einmal verstanden hat – das Tor in eine andere Anlagewelt öffnen. Auf einmal redet man über Eigenkapital-Renditen von 10, 20, manchmal sogar 30 %.

Ich hoffe sehr, dass es mir gelingen wird, Dir mit diesem Buch zum einen genau diese Mechanismen zu vermitteln, damit Du verstehst, was Immobilien so besonders macht. Zum anderen möchte ich Dich aber auch für eventuelle Gefahren sensibilisieren, die mit Immobilien-Investments verbunden sind. Es ist somit ein Buch der Kategorie „Ich wünschte, das hätte ich schon früher gewusst!".

Ferner bin ich der Auffassung, dass es ein großes Versäumnis unseres Schulsystems ist, jungen Menschen nicht wenigstens ein Mindestmaß an finanzieller Bildung zu vermitteln. Da aber Geld – ob wir wollen oder nicht – in gewissem Maße unser aller Leben bestimmt, halte ich gewisse Grundkenntnisse finanzieller Sachverhalte für jeden Menschen für unverzichtbar. Dieses Versäumnis unserer schulischen Bildung möchte ich hier zumindest ansatzweise nachholen.

Wir alle erinnern uns an die emotionalen Bilder, als Boris Becker am 29. April 2022 seine Haftstrafe in Großbritannien antreten musste und sich vor laufenden Kameras und den Blicken der Öffentlichkeit von seiner Familie verabschiedete. Boris Becker, ein Mann, der zunächst alles im Leben erreicht hatte, der Millionen besaß und dann – weil er schlechte Berater hatte und die Kontrolle über seine Finanzen verlor – Insolvenz anmelden musste. Natürlich hatte er im Zuge der Insolvenz

Fehler gemacht und Vermögenswerte verschwiegen, das will ich gar nicht leugnen, aber zu alldem hätte es gar nicht erst kommen müssen, hätte er sich in Sachen Finanzen nicht ausschließlich auf seine Berater verlassen. Nicht nur dieses Beispiel zeigt, wie wichtig es ist, seine Finanzen selbst in die Hand zu nehmen. Ein Blick in die täglichen Nachrichten reicht aus, um von Berichten über Altersarmut, marode Rentensysteme und eine zunehmende Schere zwischen Arm und Reich geflutet zu werden.

Du hast mit dem Kauf dieses Buches einen großen Schritt in die richtige Richtung getan, indem Du Deine finanzielle Bildung nun selbst in die Hand nimmst. Dabei ist mir wichtig zu betonen, dass es nicht nur darum geht, für die Rente vorzusorgen, damit man nach einem langen Arbeitsleben den wohlverdienten Ruhestand genießen kann. Vielmehr geht es darum, sich schon viel früher seine Lebensträume zu erfüllen und so schnell wie möglich finanziell unabhängig zu werden.

Ich greife in diesem Buch den einen oder anderen Aspekt in verschiedenen Kapiteln immer mal wieder auf und vertiefe ihn inhaltlich. Dahinter steht zum einen der Gedanke, dass die Wiederholung einzelner Begriffe und komplexer Sachverhalte Dir helfen soll, diese besser zu verstehen und zu verinnerlichen, zum anderen befürworte ich eine sogenannte iterative Vorgehensweise, bei der die Themen schrittweise wiederholt werden, um dabei von Mal zu Mal immer tiefer in die Materie einzudringen.

Bitte betrachte dieses Buch aber auch als eine Art Nachschlagewerk, in dem Du auch zu einem späteren Zeitpunkt mithilfe des Inhaltsverzeichnisses immer mal wieder etwas nachschauen kannst, solltest Du Detailfragen zu einem bestimmten Thema haben. Alles kann man sich schließlich nicht merken.

Und nun wünsche ich Dir viel Spaß beim Lesen sowie viel Erfolg bei Deinen Investments.

KAPITEL 1 – DIE REISE BEGINNT

DAS WARUM

Fragt man junge Menschen heutzutage, was ihnen im Leben wichtig ist, so hört man oft, dass sie reich werden möchten. Aber nicht nur heute ist der Wunsch nach Reichtum sehr ausgeprägt, auch schon vor hunderten von Jahren träumten Menschen davon. So strömten bereits zu Zeiten des kalifornischen Goldrauschs im 19. Jahrhundert Millionen Europäer nach Amerika in der Hoffnung, das schnelle Geld zu machen. In meiner Kindheit träumten viele meiner Freunde davon, Fussballprofi oder Hollywoodstar zu werden und so Millionen zu verdienen, und laut einer Umfrage aus dem Jahr 2024 geben allein in Deutschland 6,7 Millionen Menschen zu, regelmäßig Lotto zu spielen mit dem Ziel, über Nacht zum Millionär zu werden.[2] Doch was genau hält den Traum vom Reichtum seit Jahrhunderten am Leben? Kein Mensch wird wohl behaupten, er wolle sich an seinem Kontoauszug erfreuen. Es ist nicht das Geld als solches, das die Menschen anspornt, sondern es sind die Türen, die es ihnen öffnet. Der Traum vom Geld ist eigentlich ein Traum von Möglichkeiten. Das Verlangen nach Reichtum ist vielmehr ein Verlangen nach einem selbstbestimmten Leben, nach Freiheit und nach innerem Frieden.

Im Gegensatz zu jungen Menschen, die auf die Frage nach ihren Lebenszielen oftmals „Reichtum“ an erster Stelle nennen, antworten alte Menschen auf die Frage nach ihren größten Errungenschaften ganz anders. Niemand behauptet, dass sein Vermögen die größte Errungenschaft sei, wenn er auf sein Leben zurückblickt. Stattdessen sind es außergewöhnliche Erlebnisse, Reisen, die Familie und gute Freundschaften, die wir in der Rückschau als erstrebenswert erachten. Was

[2] Quelle: Statista, P. Schmidt, 19.12.2024

zunächst wie ein Widerspruch erscheinen mag, ergibt bei näherer Betrachtung aber durchaus Sinn: Als junge Menschen streben wir nach Reichtum, weil wir die Möglichkeiten schätzen, die Geld uns bieten kann: die Möglichkeiten, einem 9-to-5-Job zu entkommen, die Welt zu bereisen, andere zu unterstützen, Zeit mit der Familie oder mit Freunden zu verbringen oder was auch immer Dir gerade dazu einfallen mag. Und am Ende eines erfüllten Lebens sind es genau jene Errungenschaften, die unser Leben so besonders gemacht haben.

Wenn wir uns nun also auf unsere gemeinsame Reise in Richtung Reichtum begeben, dann behalte immer im Hinterkopf, dass das Ziel nicht das Geld selbst ist, sondern dass es die Möglichkeiten sind, die es uns bietet und die Türen, die es uns öffnet. Was sich genau hinter diesen Türen verbirgt, das muss jeder für sich selbst herausfinden …

WIE ALLES BEGANN

Es ist ein gewöhnlicher Morgen im November 2012. Draußen ist es noch dunkel. Einer dieser Morgen, an denen einen nichts aus dem Bett holt: kalt, düster und regnerisch. Mein Wecker tut es trotzdem. Bereits um 6:20 Uhr finde ich mich an meiner gewohnten Haltestelle am Ebertplatz in Köln ein und warte in der Eiseskälte auf den Bus, der mich zur Arbeit bringen soll. Ich arbeite als freiberuflicher Aufnahmeleiter für die RTL-Serie „Unter Uns", Arbeitsbeginn ist 7:15 Uhr.

Während ich warte, erinnere ich mich sehnsüchtig an all die Träume, die ich als junger Mensch hatte: ein selbstbestimmtes Leben, eine eigene Firma, Sonne und Strand das ganze Jahr über. Und eine Arbeit, die mich nicht morgens um 5:30 Uhr aufstehen lässt.

Und während ich gerade von Sonne und Meer träume, holt mich das Hupen des ankommenden Buses zurück in die Realität. Ich steige ein und fahre in Richtung Fernsehstudio. Als Aufnahmeleiter bin ich verantwortlich für einen reibungslosen Ablauf der Drehtage am Set. Und es sind lange Drehtage. Gegen 20:00 Uhr ist Feierabend, zumindest für den größten Teil der Crew. Ich hingegen begebe mich in das Restaurant, das mein Zwillingsbruder Michael und ich vor einigen Jahren eröffnet haben. Wir haben uns schon früh selbständig gemacht. Anstatt neben dem Studium zu kellnern, eröffneten wir im Alter von 21 Jahren unser eigenes Lokal.

Hier stehe ich nun in der Küche und arbeite bis 23:00 Uhr. Zum einen weil wir Personalmangel haben, zum anderen aber auch, weil wir uns mehr Personal gar nicht hätten leisten können. Gegen Mitternacht falle ich ins Bett. Und so wiederholen sich die Tage und die Wochen und die Monate... Am Ende eines Monats verhilft mir mein als Aufnahmeleiter verdientes Geld, die Löhne des Restaurant-Personals zu bezahlen, da die Einnahmen des Lokals dazu mal wieder nicht ausreichen. Es ist eine harte Zeit, aber auch eine Zeit, die mich prägt. Eine Zeit, in der ich unfassbar viel lerne und eine Zeit, die mein Verlangen nach einem besseren Leben ins Unermessliche steigen lässt. Es muss eine Veränderung her!

Mein jüngerer Bruder David ist vor etwa 17 Jahren nach Australien ausgewandert. Zunächst wollte er dort nur „Work & Travel" machen, dann hat er sich aber zum einen in das Land und zum anderen in eine Frau verliebt und beschlossen, für immer dort zu bleiben.

An einem dieser tristen Wintertage beschloss ich David in Australien zu besuchen. Ich wollte etwas verändern und aus irgendeinem Grund hielt ich es für eine gute Idee, mein letztes Geld zusammenzukratzen und mir eine zweimonatige Auszeit zu gönnen. Schon wenige Wochen später, es war Januar 2013, saß ich im Flugzeug nach Sydney.

An einem sonnigen Nachmittag gingen David und ich dort gemeinsam in eines seiner damaligen Lieblings-Cafés. Es hieß „Bird & Bear" und lag direkt am Pier in Elizabeth Bay. Er mochte es so, weil es die perfekte Kulisse bot: ein wunderschöner Ausblick auf die Boote und das Meer, zudem sehr freundlichen Service und äußerst leckeren Kaffee.

Obwohl wir nicht viel Geld besaßen, hatten wir beide einen Hang zum Investieren und so kam es, dass wir uns oft darüber unterhielten. Wie erwähnt, war ich damals finanziell nicht gut aufgestellt. Ich verdiente durchschnittlich und hatte kaum Rücklagen, geschweige denn besaß ich Immobilien.

Wir wollten zum Spaß einfach einmal ausrechnen, wie lange es dauern würde, bis wir Millionäre wären, wenn wir monatlich 250 Euro in Aktien investierten. Dabei nahmen wir eine Durchschnittsrendite von 7 % pro Jahr an, Steuern ließen wir erstmal außer Acht.

Das Ergebnis war sehr ernüchternd: Es würde knapp 47 Jahre dauern. Berücksichtigte man zudem, dass auf diese Summe noch etwa 215.000 Euro Kapitalertragssteuer fällig würden, so sähe das Ergebnis noch enttäuschender aus. Und viel mehr als 250 Euro monatlich zu sparen, hielt ich damals für unrealistisch. Selbst bei 500 Euro monatlicher Sparrate wären es noch 37 Jahre bis zu einer Million. Es mussten also andere Wege her!

Zurück auf deutschem Boden, begann ich mich immer mehr mit den Themen „Investieren", „Steuern" und „Vermögensaufbau" auseinanderzusetzen. Und wo ich auch recherchierte, mich erkundigte oder einlas, früher oder später stieß ich immer wieder auf das Thema „Immobilien". Ich realisierte, dass fast alle vermögenden Menschen Immobilien besaßen, und so arbeitete ich mich tiefer in die Materie ein. Ich wollte verstehen, welche Renditen mit Immobilien möglich sind, welche Steuervorteile es gibt, was man machen kann, um sein Vermögenswachstum zu beschleunigen. Und, und, und …

Ich sparte jeden Cent, um das nötige Eigenkapital für meinen ersten Immobilienkauf zusammenzubekommen.

Ich besuchte Seminare und Workshops, sprach mit Steuerberatern, um mir das Gelernte nochmal bestätigen zu lassen, las unzählige Bücher, lernte Investoren kennen und beschloss dann, endlich selbst den Einstieg zu machen. Ich wollte meine erste Immobilie kaufen.

Ich fand ein kleines Apartment in der Kölner Innenstadt. Es war nicht besonders toll und gerade einmal 25 qm groß. Aber es sollte nur 59.000 Euro kosten und ich hielt es für einen guten Einstieg. Innerhalb von sechs Monaten, seit meiner Rückkehr aus Australien, hatte ich sage und schreibe 10.000 Euro angespart. Nun wollte ich 55.000 Euro des Kaufpreises über ein Darlehen finanzieren und ging zu einer Bank in meiner Nähe. Neben meiner Tätigkeit für „Unter Uns" arbeitete ich auch für andere Fernsehproduktionen wie „The Voice of Germany", „Let's Dance" und „Deutschland sucht den Superstar". Aufgrund meiner freiberuflichen Tätigkeit war die Bank allerdings nicht bereit, mir einen Kredit zu geben. Ich war mir nicht sicher, ob es an „DsdS" lag oder an einem fehlenden Angestelltenverhältnis. Jedenfalls ließ ich mich nicht entmutigen und ging zur nächsten Bank und zur nächsten und zur nächsten …

Schließlich willigte Bank Nr. 7 ein und ich bekam einen Kredit. Ich glaube, die Bankerin hatte einfach Mitleid mit mir und hat es irgendwie intern durchgewinkt. Wie, war mir auch völlig egal, denn ich hatte mich durchgesetzt und konnte mich endlich als stolzen Besitzer einer Eigentumswohnung bezeichnen.

In den folgenden Jahren tätigte ich immer mehr Wohnungskäufe, zuerst nach und nach, dann in immer kürzeren Abständen. Zwei Jahre nach dem ersten Kauf besaß ich sechs Wohnungen, zwei Jahre später über 30. Ich arbeitete weiterhin in meinem Beruf als Aufnahmeleiter und im Restaurant. Nebenbei kümmerte ich mich um Wohnungskäufe, Sanierungen und die Vermietung. Bei 30 Wohneinheiten war eine Grenze erreicht – es war mir nicht mehr möglich, all das nebenbei zu managen. Ich entschloss mich zum einen, jemanden einzustellen, der mir helfen sollte, zum anderen fasste ich den Entschluss, meinen Job beim Fernsehen an den Nagel zu hängen und das Immobilien-Business als meine neue Berufung anzusehen.

Mein Zwillingsbruder Michael, der sich inzwischen hauptsächlich um unser Restaurant kümmerte, war ebenfalls offen dafür, sich beruflich zu verändern, und so beschlossen wir Ende 2018, nach insgesamt 17 Geschäftsjahren, das Restaurant zu verkaufen und gemeinsam eine Immobilienfirma zu gründen. Genau genommen gründeten wir zwei Firmen: Eine Firma kauft Immobilien, saniert diese und verkauft sie mit Gewinn. Diese Gewinne nutzen wir, um mit der zweiten Firma, einer Holding, Immobilien zu kaufen, die wir langfristig behalten wollen, um sie zu vermieten. Wir fahren also zweigleisig zwischen dem, was man heute als Fix `n Flip auf der einen Seite und Buy `n Hold auf der anderen Seite bezeichnet.

Tatsächlich hat sich diese Strategie für uns sehr gut bewährt und unsere Firmenstruktur hat sich bis heute nicht verändert.

Zehn Jahre nach dem Kauf des ersten Apartments für 59.000 Euro umfasst unser Portfolio heute Immobilien im Gesamtwert von über 12 Millionen Euro, die sich auf über 80 Wohneinheiten verteilen. Natürlich stehen dem noch Schulden gegenüber, aber auch das sogenannte Netto-Vermögen, also der Immobilienwert abzüglich Kreditschulden, wächst von Jahr zu Jahr.

In etwa 22 Jahren, also dann, wenn ich in die gesetzliche Rente gehen werde, ist die letzte Immobilie abbezahlt und wir verfügen über ein gemeinsames Netto-Vermögen von zwölf Millionen Euro. Dabei ist noch nicht berücksichtigt, dass die Immobilien in 22 Jahren wahrscheinlich einen viel höheren Wert haben werden als heute. Bei nur 2 % Wertsteigerung pro Jahr wären diese dann nämlich über 18 Millionen Euro wert. Sollten wir dann alles verkaufen, so wäre dieses Geld uns und das zu einem großen Teil steuerfrei.[3]

Wollte ich hingegen innerhalb von 32 Jahren (also in der Zeit zwischen meinem ersten Immobilienkauf und dem Renteneintritt) dasselbe Ergebnis mit Aktien erzielen, so müsste ich bei einer angenommenen Rendite von 7 % pro Jahr und unter Berücksichtigung der Kapitalertragssteuer monatlich etwa 18.811 Euro sparen.

Und für den Fall, dass wir die Immobilien bei unserem Renteneintritt gar nicht verkaufen, hätten wir Stand heute Kaltmieteinnahmen von über 40.000 Euro pro Monat. Da Zins

---

[3] Einige der Objekte werden in einer Kapitalgesellschaft gehalten. Die Verkaufsgewinne dieser Objekte unterliegen der Körperschaftssteuer von ca. 15 %. Nur privat gehaltene Immobilien können nach zehn Jahren steuerfrei veräußert werden. Der Hauptgrund, Immobilien dennoch in einer Kapitalgesellschaft zu halten, besteht darin, dass die Gewinne aus der Vermietung ebenfalls nur der Körperschaftssteuer unterliegen und nicht dem individuellen Grenzsteuersatz der Privatperson. Dieser kann bis zu 42 % betragen.

und Tilgung dann ja wegfallen würden, könnten wir über diesen Betrag, abgesehen von Reparaturen und Rücklagen, monatlich verfügen. Das Beste daran ist, dass diese Mieteinnahmen inflationsgeschützt sind, da sich die Mieten ja mit der Inflation entwickeln. Wir müssen also keine Sorge haben, dass diese Beträge in ferner Zukunft einmal nichts mehr wert sind. Bei 2 % angenommener Mietsteigerung pro Jahr betrüge die monatliche Kaltmiete zu unserem Renteneintritt sogar über 60.000 Euro.

Nach meiner Rückkehr aus Australien und den unzähligen Gesprächen, Büchern und Seminaren kam es mir daher so vor, als hätte ich das Tor zu einer anderen Welt geöffnet, als hätte ich den heiligen Gral des Investierens gefunden, als wäre es doch noch möglich, mir ganz andere Träume zu erfüllen.

Bevor wir diese neue Welt nun betreten, möchte ich aber noch drei Dinge loswerden:

Erstens: Im Gegensatz zu beispielsweise Aktien oder Fonds sind Immobilien nicht als passives Investment zu betrachten. Sie sind definitiv arbeitsintensiver, wenngleich es auch für alles gute Lösungen gibt. Aber es handelt sich nicht um passives Einkommen.

Zweitens: In diesem Buch geht es um das Thema „Vermögensaufbau“ und, mathematisch gesprochen, die „Endvermögensmaximierung“. Gedanken wie „Ich möchte endlich meine eigenen vier Wände haben, um unabhängig zu sein“ oder „Ich will im Eigentum leben, damit ich nicht kündbar bin“ sind nachvollziehbar, aber nicht Teil dieser Inhalte. Die folgenden Erläuterungen beziehen sich in erster Linie auf Immobilien als Kapitalanlage bzw. zum Vermögensaufbau und nicht zur Eigennutzung. Ich respektiere selbstverständlich die Argumente, die für eine selbst genutzte Immobilie sprechen, habe zu dieser Thematik aber eine eindeutige Meinung bzw. Empfehlung: Da vermietete Immobilien, also Kapitalanlagen, steuerlich vollkommen anders behandelt werden als selbstgenutzte Immobilien (nämlich besser), würde ich immer dazu raten, zunächst Immobilien zu kaufen, die man vermietet, da dies für den Vermögensaufbau immense Vorteile bringt.

Eine Immobilie zur Eigennutzung würde ich nur in drei Fällen empfehlen, nämlich zum einen dann, wenn ich finanziell so gut situiert bin, dass ich mir diese aus den oben genannten emotionalen Gründen kaufen möchte, oder wenn ich beabsichtige, die Immobilie nach kurzer Zeit schon wieder zu verkaufen, denn (und dies ist eine erste kleine Vorschau auf die vielen Steuervorteile, die Immobilien bieten): Eine ausschließlich selbst genutzte Immobilie kann ich nach aktuellem Steuerrecht bereits nach drei Jahren steuerfrei veräußern. „Nach drei Jahren" bedeutet in diesem Fall aber, dass man die Immobilie in drei verschiedenen Kalenderjahren besessen haben muss. Wenn der Kauf der Immobilie z. B. am 31.12. eines Jahres stattgefunden hat, so kann ich diese bereits ab dem 01.01. des übernächsten Jahres und somit nach gerade einmal 12 Monaten und 2 Tagen steuerfrei weiterverkaufen.[4]

Die dritte Ausnahme für den Kauf einer Immobilie zur Eigennutzung ergäbe sich, wenn die Gesamtausgaben einer selbstgenutzten Immobilie, also Finanzierungsrate, Instandhaltungskosten, Rücklage etc., zusammengenommen die Kosten der Miete unterschreiten würden, was in aller Regel sehr selten der Fall sein dürfte.

Warum Kapitalanlagen anders versteuert werden als selbstgenutzte Immobilien, ebenso wie die Frage, wo genau die steuerlichen Unterschiede liegen, werden wir uns später noch genauer anschauen; wichtig ist aber zu verstehen, dass Kapitalanlagen immer steuerlich privilegiert behandelt werden. Aus diesem Grund liegt der Fokus dieses Buches auf Immobilien als Kapitalanlage, denn diese eignen sich einfach am besten zum Vermögensaufbau.

Zudem spreche ich gerade für den Einstieg in die Immobilienwelt vorwiegend von Eigentumswohnungen anstatt von

---

[4] Vgl. §23 Abs. 1, Nr. 1 EStG (auch als 2-Silvester-Regel bekannt)

Einfamilien- oder Mehrfamilienhäusern, wenngleich letztere im Laufe des Portfolioausbaus an Bedeutung gewinnen.

Drittens: Ich werde in diesem Buch sehr transparent sein, was meine eigenen Finanzen und meinen Werdegang angeht; dies tue ich nicht, um zu prahlen, sondern weil ich Dir damit aufzeigen möchte, was möglich ist. Ich selbst habe Bücher mit abstrakten Empfehlungen, die einen häufig im Dunkeln tappen lassen, oft als unbefriedigend angesehen. Es bleiben einfach zu viele Fragen offen; genau das möchte ich hier besser machen.

KAPITEL 2 – WIE GELD FUNKTIONIERT

UNSER FINANZSYSTEM

Um zu verstehen, was Immobilien so besonders macht, ist es zunächst erforderlich, dass wir einen kurzen Exkurs in die Welt der Fiskalpolitik unternehmen und uns anschauen, wie Geld überhaupt erst entsteht.

Diese Überlegungen werden später dabei behilflich sein, die Wahrscheinlichkeiten von Wertsteigerungen eigener Immobilien besser und präziser zu analysieren, liefern aber auch ein Grundverständnis für einen der wichtigsten Mechanismen, der dazu führt, dass man mit Immobilien so viel schneller und besser Vermögen aufbauen kann als mit anderen Anlageformen.

Allem vorangestellt ist die Frage „Wie entsteht eigentlich Geld?".

Die meisten Menschen gehen davon aus, dass der größte Teil der sogenannten Geldschöpfung durch die Zentralbanken wie zum Beispiel die Europäische Zentralbank (EZB) entsteht. Diese ist mit Sicherheit auch ein wichtiger Player, wenn es um die Geldschöpfung geht, allerdings ist die EZB hier nur für den Druck von Banknoten verantwortlich und steuert eher über andere geldpolitische Instrumentarien die Geldpolitik, allem voran die Geldwertstabilität.

Weltweit beträgt die Menge an physischem Bargeld, also Geld in Form von Scheinen und Münzen, je nach Quelle nur ca. 10 % der insgesamt verfügbaren Geldmenge, was wiederum heißt, dass ca. 90 % des auf der Erde insgesamt zur Verfügung stehenden Geldes Geld ist, das nur auf Konten bzw. in Computern besteht. Dies bedeutet aber auch, dass der Großteil des Geldes nicht dadurch geschaffen wird, dass die EZB oder eine andere Zentralbank Banknoten druckt. Vielmehr funktioniert es folgendermaßen: Wenn ich zu einer Bank gehe und einen Kredit beispielsweise für eine Immobilienfinanzierung beantrage, dann ist es nicht so, dass die Bank mir diesen Betrag von ihrem Konto auf mein Konto überweist. Stattdessen hat die Bank per Gesetz die Erlaubnis, unter Beachtung bestimmter Regularien, dieses Geld zu schöpfen, indem sie mir den Kreditbetrag zur Verfügung stellt und damit dann zum Beispiel den Kaufpreis für die Immobilie finanziert. Die Bank selbst muss dafür einen bestimmten Prozentsatz an Eigenkapital als Sicherheit hinterlegen, ABER – und das ist das Wichtige – sie muss dieses Geld vorher nicht besitzen. Durch die Kreditvergabe schöpft die Bank dieses Geld, sie erschafft es also. Dies ist ein elementarer Baustein unseres sogenannten Fiat-Geldsystems. Das Wort Fiat-Geld kommt aus dem Lateinischen und heißt hier etwa so viel wie „Es werde Geld". (Für eine tiefergehende Lektüre zu verschiedenen Geldsystemen s. auch „Fürstengeld, Fiatgeld & Bitcoin", Prof. Dr. Christian Rieck, 2025)

Buchhalterisch gesehen erhöhen sich aus Sicht der Bank zum einen die Aktiva, weil diese nun eine Forderung gegen mich hat – ich muss den Kredit ja zurückbezahlen –, aber auch die Passiva, weil sie das Geld zur Verfügung stellen, also die Zahlung leisten muss. Man spricht hier von einer sogenannten Bilanzverlängerung, da sich Aktiva und Passiva in gleichem Maße verändern. Bislang hat die Bank auch noch kein Geld verdient. Dies tut sie erst durch das Erheben von Zinsen, die ich natürlich für das Darlehen zahlen muss. Diese Zinsen sind für die Bank dann Erträge.

Ist mein Kredit eines Tages komplett an die Bank zurückgezahlt, dann löscht die Bank diesen aus den Büchern und sowohl Aktiva als auch Passiva kürzen sich wieder um den gleichen Betrag.

Auch wenn dies alles sehr trocken klingt, ist Folgendes wichtig zu verstehen: Banken haben per Gesetz die Legitimation dazu, Geld zu erschaffen. Dies tun sie durch die Vergabe von Krediten. Etwa 90 % des weltweit in Umlauf befindlichen

Geldes entstehen genau auf diese Art und Weise. Nur ca. 10 % entstehen durch das Gelddrucken der Zentralbanken.

Im Laufe der Geschichte hat sich die Geldmenge insgesamt mittel- bis langfristig immer nur erhöht. Seit Erstausgabe des Euros als Bargeld im Jahr 2002 hat sich die Bargeldmenge bis 2023 sogar mehr als versiebenfacht.[5]

Mittel- bis langfristig gibt es also keine Zeiträume, in denen die Geldmenge abgenommen hat. Aber warum ist das relevant? Perspektivisch hat eine Zunahme der Geldmenge inflationären Charakter – wir werden hierauf im nächsten Kapitel noch genauer eingehen – und das heißt, dass die Preise von Gütern im Zeitverlauf durch ebendiese inflationären Tendenzen, bedingt durch eine langfristige Erhöhung der Geldmenge, steigen.

Die Corona-Pandemie in den Jahren 2020 bis 2022 hat dies auf bilderbuchhafte Art und Weise demonstriert. Alle Regierungen weltweit haben unfassbare Summen an Geldern zur Bekämpfung der Pandemie, zur Unterstützung der Wirtschaft und der Bürger zur Verfügung gestellt. Diese Gelder wurden aber nicht von A nach B überwiesen, sondern durch die Aufnahme von Krediten durch die Regierungen geschaffen. Die Geldmenge M3, dazu zählen stark vereinfacht gesprochen die zeitnah liquiden Geldmittel einer Wirtschaft, ist dabei in der Eurozone von 2020 bis 2022 von 3.456 Milliarden Euro auf 3.836 Milliarden Euro angestiegen. Dies entsprach einem Anstieg von 11,09 % in nur drei Jahren.[6]

---

[5] Vgl. Deutsche Bundesbank 02/2023: „Zahlen & Fakten rund ums Bargeld"

[6] Für eine detaillierte Auflistung der Geldmengenaggregate: https://www.ecb.europa.eu/stats/money_credit_banking/monetary_aggregates

Abb. 1: Entwicklung der Geldmenge M3 in Europa (2000 - 2025)

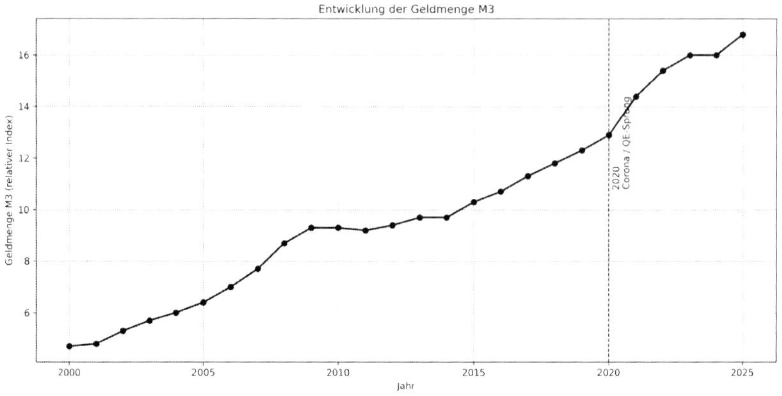

INFLATION UND WARUM WIR SIE LIEBEN SOLLTEN

Um zu verstehen, warum fast alle Regierungen bzw. Zentralbanken der Welt Inflation in einem „gesunden" Maße befürworten, ist es hilfreich, sich erst einmal das Gegenteil von Inflation, nämlich Deflation, anzuschauen.

Deflation bedeutet, dass sich die Preise von Gütern und Dienstleistungen im Zeitverlauf verbilligen. Ein Auto, das heute 50.000 Euro kostet, würde in einem Jahr beispielsweise nur noch 48.000 Euro kosten. Dadurch, dass Produkte und Dienstleistungen mit der Zeit günstiger würden, würden viele Menschen versuchen, ihre Ausgaben in die Zukunft zu verschieben. Sofern man eine Anschaffung als nicht unbedingt notwendig erachtet, würde man diese also aufschieben, da sie ja in der Zukunft billiger würde. Wenn aber viele Wirtschaftsteilnehmer – neben den privaten Haushalten auch Unternehmen und die Regierungen – so handeln, erstickt dies jede Volkswirtschaft im Keim, da alle Wirtschaftsteilnehmer ihre geplanten Transaktionen möglichst lange aufschieben.

Anbieter von Produkten und Dienstleistungen müssen diese dann im Preis senken, um wieder Anreize zum Kauf zu schaffen. Dies wirkt kurzfristig stimulierend auf die Wirtschaft, da die Preise dann günstiger sind. Langfristig verstärkt dies den Effekt aber sogar noch, da die Preise hierdurch immer schneller fallen. Dies spricht nämlich umso mehr dafür, seine Ausgaben aufzuschieben, wodurch eine regelrechte Negativspirale entsteht. Aus diesen Gründen ist Deflation nicht gewollt.

Stattdessen versuchen die Zentralbanken durch ihre geldpolitischen Instrumentarien eine Inflationsrate von ca. 2 % zu erreichen. Das Inflationsziel von 2 % ist sogar schriftlich in den Statuten der meisten Zentralbanken festgehalten.[7] 2 % deshalb, weil man so zum einen für private Haushalte, Unternehmen und Regierungen einen Anreiz schafft, ihre Ausgaben jetzt zu tätigen und nicht in die Zukunft zu verlagern, da diese in der Zukunft teurer würden, zum anderen aber auch, weil man noch einen gewissen Puffer hat, bevor man in die Deflation abgleitet.

Wir haben nun gelernt, warum es sehr wahrscheinlich ist, dass es langfristig immer eine gewisse Inflation geben wird, auch wenn diese im Zeitverlauf natürlich schwanken kann. Die meisten Menschen haben Angst vor Inflation, da diese ihr Geld „entwertet" und dessen Kaufkraft sinken lässt. Aber: Inflation – und das ist wirklich wichtig zu verstehen – kann auch einen positiven Effekt haben, und zwar immer dann, wenn man verschuldet ist, da Inflation die Schulden mit der Zeit ebenfalls „entwertet"; diese werden also „von allein" im Zeitverlauf

---

[7] vgl. ecb.europa.eu

weniger wert. Da nahezu alle Länder der Welt verschuldet sind, freuen sie sich – überspitzt gesagt – über Inflation, da der Realwert der Schulden abnimmt. Was bedeutet jetzt „Realwert"? Im Gegensatz zum Nominalwert des Geldes, der einfach den Wert beschreibt, der auf der Banknote aufgedruckt ist, bezeichnet der Realwert die Kaufkraft des Geldes. Während man zu Beginn des 20. Jahrhunderts für 300 Dollar z. B. einen Ford „Model T" kaufen konnte, bekommt man dafür heute gerade mal ein schönes Abendessen im Restaurant.[8] 300 Dollar heißen auch heute noch 300 Dollar, aber die Kaufkraft war damals eine ganz andere. Dies beschreibt – etwas salopp – den Unterschied zwischen dem Nominal- und dem Realwert des Geldes.

Während die meisten Menschen Inflation also fürchten, weil das Geld auf dem Konto mit der Zeit immer mehr an Wert verliert, machen sich Immobilien-Investoren, die ihre Immobilienkäufe über Kredite finanzieren, diesen Effekt – ebenso wie auch die Regierungen – zunutze.

In Bezug auf unsere Investitionsentscheidungen kann man also feststellen, dass wir die Inflation sinnvoll nutzen und sozusagen mit dem Strom schwimmen. Anders als bei den meisten anderen Anlageformen, wo wir gewissermaßen gegen den Strom schwimmen und die Inflation immer wieder einen Teil unserer Rendite auffrisst. Jene Anleger versuchen stetig, eine Rendite zu erwirtschaften, die oberhalb der Inflationsrate liegt, damit sie auch noch eine „reale" Rendite erhalten. Dieses Vorgehen ist aber mühsam und schwerfällig. Ist es da nicht schlauer, Wege zu finden, wie die Inflation uns Rückenwind gibt? Genau das ist mit Immobilien der Fall. Wir arbeiten nicht gegen die Inflation, sondern die Inflation arbeitet für uns.

---

[8] Im Jahr 1925 kostete ein Ford Model T tatsächlich $ 260–290. Vgl. auch: https://www.welt.de/geschichte/article247675994/Henry-Ford-Wie-sein-Model-T-die-Welt-veraenderte.html

VIER WEGE, UM MIT IMMOBILIEN GELD ZU VERDIENEN

In diesem Kapitel wollen wir uns nun einmal genauer anschauen, wie man mit Immobilien Geld verdienen kann. Es ist wichtig zu verstehen, dass es hierzu ganz verschiedene Wege gibt. Jeder dieser Wege hat seine Vor- und Nachteile, und es lassen sich hieraus unterschiedliche Strategien für den Vermögensaufbau ableiten. Du solltest Dir also überlegen, welche Strategie am besten zu Dir passt. Natürlich läuft es auch häufig auf eine Kombination von Strategien hinaus.

Worauf wir hier nicht eingehen werden, ist das sogenannte „Fix & Flip"-Geschäft. Hierunter versteht man den Kauf sanierungsbedürftiger Immobilien, die man instand setzt und direkt wieder gewinnbringend veräußert. Dies ist allerdings keine Investmentstrategie, sondern vielmehr ein vollwertiges Geschäftsmodell und würde eines eigenen Buches bedürfen.

Unser Fokus liegt auf dem langfristigen Vermögensaufbau durch Investieren und dazu wollen wir im Wesentlichen die folgenden vier Aspekte nutzen:

1. Cashflow

Als Cashflow bezeichnen wir den Überschuss aller Einnahmen über sämtliche Ausgaben, den man mit einer Immobilie erwirtschaftet. Vermiete ich beispielsweise eine Eigentumswohnung für monatlich 1.000 Euro und habe insgesamt Ausgaben für Finanzierungsrate, Hausgeld, Rücklagen etc. von 900 Euro, so erwirtschafte ich einen Überschuss von 100 Euro. Dieser Überschuss ist der erste Aspekt, mit dem ich Geld verdienen kann. Zwar ist es heutzutage nicht leicht, überhaupt solche cashflowpositiven Immobilien zu finden, da in vielen

Fällen die Ausgaben die Einnahmen übersteigen, aber es ist möglich.

Der Cashflow-Aspekt gewinnt insbesondere dann an Bedeutung, wenn es um Wachstum geht, da es wichtig ist, immer wieder neues Geld für weitere Investments anzusparen. Der Nachteil liegt darin, dass positiver Cashflow meistens nur in schwächeren Lagen erwirtschaftet werden kann, da die Kaufpreise der Immobilien in guten Lagen zu teuer sind, dadurch eine zu hohe monatliche Finanzierungsrate verursachen und somit die Rechnung nicht mehr aufgeht.

Die Vorteile bestehen hingegen darin, dass Cashflow-Strategien, wie bereits erwähnt, das Wachstum unterstützen und über die steigende monatlich zur Verfügung stehende Liquidität die Bonität verbessern, was weitere Immobilienfinanzierungen erleichtert und zudem ein recht sicheres Wachstum ermöglicht, da man monatlich genügend „Puffer" erwirtschaftet. Fällt mal eine Miete aus oder steht eine Wohnung vorübergehend leer, so ist dies in der Regel nicht schlimm, da man ausreichend Überschüsse erwirtschaftet, um dies zu kompensieren.

2. Tilgung

Die große Mehrheit der Immobilienfinanzierungen in Deutschland besteht aus einem sogenannten Annuitätendarlehen. Der Begriff ist abgeleitet von dem lateinischen Wort „anno" (zu Deutsch: Jahr) und beschreibt eine dem Betrage nach gleichbleibende Rate, die jährlich an die Bank gezahlt werden muss. Heutzutage wird diese Rate auf Monate heruntergebrochen und man zahlt einen monatlichen Betrag an die Bank. Der Begriff „Annuität" blieb jedoch erhalten.

Inhaltlich besteht diese Rate immer aus zwei Teilen: zum einen aus dem Zinsanteil der für die Finanzierung zu zahlenden

Zinsen und zum anderen aus dem Tilgungsanteil, also jenem Betrag, mit dem das Darlehen an die Bank zurückgezahlt wird.

Wichtig zu verstehen ist, dass, obwohl die Tilgung an die Bank zurückgeführt wird, genau damit Vermögensaufbau betrieben wird. Dies ist ein ganz wichtiger Aspekt. Um das zu verdeutlichen, lassen wir im folgenden Beispiel die Zinsen einmal außer Acht.

Stellen wir uns vor, wir hätten eine vollfinanzierte Eigentumswohnung zur Vermietung für 200.000 Euro gekauft und würden mittels der Miete, die wir erhalten, monatlich 500 Euro, also 6.000 Euro pro Jahr, tilgen. Nach zehn Jahren wären demnach 60.000 Euro getilgt und die noch offene Restschuld bei der Bank betrüge 140.000 Euro. Wenn wir nun die Wohnung wieder für 200.000 Euro verkauften, könnten wir mit dem Kaufpreis die noch offene Restschuld bei der Bank begleichen und es würden 60.000 Euro übrig bleiben, die dann uns gehörten.

Obwohl die Tilgung also zunächst an die Bank zurückgeführt wird, betreibt man damit in selbiger Höhe Vermögensaufbau. Das Besondere ist – und jetzt kommt einer der wichtigsten Sätze dieses Buches –, dass dieses Geld nicht von uns selbst aufgebracht wird. In diesem Beispiel zahlt der Mieter also monatlich 500 Euro in unseren Vermögensaufbau ein. Kauft man nun mehrere Immobilien, so steigt in Summe die monatliche Tilgungsleistung und somit der monatliche Vermögensaufbau. Theoretisch kann dies unendlich fortgesetzt werden. Stell Dir einmal vor, Du besäßest zehn Wohnungen wie im obigen Beispiel, was nicht unrealistisch ist. Deine monatliche Tilgungsleistung läge dann bereits bei 5.000 Euro. Diesen Betrag monatlich aus dem eigenen Einkommen in den Vermögensaufbau zu stecken, ist für die meisten Menschen nicht realistisch, da ihr Einkommen nicht ausreichend hoch ist. Mit Immobilien geht das aber, da das Geld eben nicht aus dem eigenen Einkommen aufgebracht werden muss, sondern von anderen Leuten kommt. Und genau das ist einer der wichtigsten Aspekte beim Vermögensaufbau durch Immobilien. Hierbei geht es vorrangig gar nicht um die Rendite eines einzelnen Investments, sondern darum, dass ein schier unendliches Wachstum möglich ist. Ganz anders als dies zum Beispiel bei ETF-Sparplänen der Fall ist. Dort ist das Wachstum durch das eigene Einkommen limitiert. Dies ist einer der wichtigsten Sachverhalte des gesamten Buches. Mach Dir dies bitte noch einmal bewusst!

Abb. 2: Tilgung als Vermögensaufbau

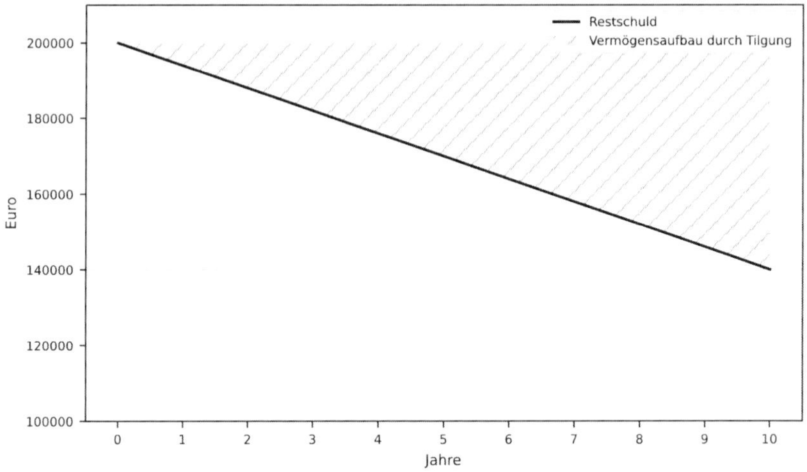

3. Passive Wertsteigerung

Unter passiver Wertsteigerung versteht man die Wertsteigerung einer Immobilie, auf die wir keinen Einfluss haben. Denkbar wäre hier zum Beispiel ein neuer Großarbeitgeber, der sich ansiedelt und dadurch für einen Zuzug von Menschen sorgt, so wie es zum Beispiel 2022 bei der Tesla Gigafactory bei Berlin der Fall war. Dieser Sachverhalt hat sowohl Mieten als auch Kaufpreise in der näheren Umgebung steigen lassen.

Ein anderes Beispiel wäre der Bau einer neuen Universität oder Hochschule, was den Standort an Attraktivität gewinnen und dadurch die Immobilienpreise steigen lässt.

Auch ein Preisanstieg aufgrund von Inflation gehört in diese Kategorie.

Allerdings haben wir solche Aspekte bzw. deren Auswirkungen nicht wirklich in der Hand, weshalb ich die passive Wertsteigerung aus meinen Kaufentscheidungen weitestgehend herauslasse. Wenn ein solches Szenario eintritt, so freue ich mich darüber, dies darf aber nicht Teil meiner Kaufentscheidung sein.

4. Aktive Wertsteigerung

Unter aktiver Wertsteigerung versteht man jenen Teil der Wertsteigerung, den wir – wie der Name schon sagt – aktiv beeinflussen können. Zu nennen wären hier beispielsweise Investitionen in eine Immobilie, die diese entweder technisch oder aber in Sachen Wohnqualität aufwerten wie zum Beispiel die Erneuerung der Fenster oder der Anbau eines Balkons. Auch der Ausbau eines unbewohnten Dachgeschosses oder das Anbringen einer Fassadendämmung fallen unter solche Maßnahmen.

Allerdings sind alle diese Aspekte mit Aufwand, Zeit und Kosten verbunden, wenngleich sich dies in der Regel lohnt. Demgegenüber stehen Mietsteigerungen, die sich ebenfalls wertsteigernd auf eine Immobilie auswirken. Neben der Lage ist die aktuelle Miete einer Immobilie nämlich derjenige Aspekt, der deren Wert am meisten beeinflusst.

EXKURS: KAUFPREISFAKTOR

Um zu verstehen, warum die Miete den Wert der Immobilie erheblich beeinflusst, müssen wir kurz auf das Konzept des sogenannten Kaufpreisfaktors eingehen. Der Kaufpreisfaktor einer Immobilie gibt an, die wievielfache Jahresmiete dem Kaufpreis der Immobilie entspricht. Diese Zahl beschreibt quasi, in wie vielen Jahren die Miete den Preis der Immobilie „bezahlt" hat. Es gibt verschiedene Detailansätze, für gewöhnlich geht man dabei aber von der Jahreskaltmiete aus. Kostet eine Immobilie zum Beispiel 100.000 Euro und die Jahreskaltmiete liegt bei 5.000 Euro, so beträgt der Kaufpreisfaktor 20 (100.000/5.000).

Dieser Kaufpreisfaktor ist grob vergleichbar mit dem Kurs-Gewinn-Verhältnis (KGV) von Aktien. Je geringer der Kaufpreisfaktor, desto „günstiger" ist die Immobilie. Kleinere Faktoren sind also besser als größere.

Der Kehrwert des Kaufpreisfaktors spiegelt die Mietrendite der Immobilie wider. Somit ergibt sich in unserem Beispiel eine Mietrendite von 5 % (1/20).

Wichtig zu wissen ist, dass Kaufpreisfaktoren nicht konstant sind, sondern sich in Abhängigkeit von Lage, Zustand, aber insbesondere Zinsniveau verändern. So haben Immobilien an Top-Standorten wie Köln oder München tendenziell höhere Kaufpreisfaktoren als beispielsweise in Krefeld oder Hagen. Sie sind somit teurer. Ein oberstes Kriterium für einen sinnvollen Kaufpreisfaktor im Sinne einer Wachstumsstrategie ist dabei die sogenannte Kapitaldienstfähigkeit. Damit ist gemeint, dass eine Immobilie im Stande ist, mittels der erzielten Miete den Kapitaldienst – also Zins und Tilgung – zu leisten. Dabei sollte man zuvor von der Miete noch die Bewirtschaftungskosten abziehen.

Hier ein Beispiel:

Abb. 3: Betrachtung der Kapitaldienstfähigkeit (Jahreswerte)

Kaltmiete	5.000 €
Bewirtschaftungskosten	– 500 €
Kapitaldienst	– 4.000 €
Liquidität / Cashflow	**500 €**

Ist die Kapitaldienstfähigkeit nicht gegeben, weil die Ausgaben höher sind als die Einnahmen, so hat man als Investor zwei Möglichkeiten:

1. Man finanziert nur einen geringeren Teil des Kaufpreises, so dass die Bankrate durch den geringeren Kredit kleiner wird. Dies kann man machen, geht aber, wie wir im Kapitel „Die Renditeberechnung" sehen werden, deutlich zu Lasten der Eigenkapitalrendite und sollte daher m. E. nach in der Regel vermieden werden.

2. Man erwirbt die Immobilie trotz des negativen Cashflows. Dies beeinflusst aber – auch das werden wir im Kapitel „Die Haushaltsrechnung" noch genauer sehen – die eigene Bonität und ist daher ebenfalls nicht ratsam.

Für Profi-Investoren und diejenigen unter uns, die ein schnelles Wachstum anstreben, ist folglich von beiden Möglichkeiten abzuraten. Ein Kaufpreisfaktor ist aus Investorensicht daher immer dann attraktiv, wenn zum einen die Kapitaldienstfähigkeit gegeben ist und der Kaufpreisfaktor auch nach sonstigen Kriterien (Lage, Zustand etc.) angemessen erscheint.

Wenn man nun davon ausgeht, dass – wie im obigen Beispiel – der Kapitaldienst 4 % und die Bewirtschaftungskosten 0,5 % betragen, so ergibt sich für die Kapitaldienstfähigkeit ein maximal finanzierbarer Kaufpreisfaktor von 100 : 4,5 = 22,22. Beträgt der Kapitaldienst hingegen, z. B. aufgrund eines Zinsanstiegs, 6 %, so ergibt sich: 100 : 6,5 = 15,38. Der Kaufpreisfaktor ist also sehr dynamisch und immer im entsprechenden Kontext sowie Zinsumfeld zu bewerten. Anders ausgedrückt: Es gibt nicht den einen guten Kaufpreisfaktor, sondern dieser muss der Lage, dem Zustand der Immobilie und dem Zinsniveau angemessen sein, wobei die Kapitaldienstfähigkeit eine Obergrenze für einen sinnvollen Kaufpreisfaktor angibt. Dies hat übrigens auch zur Folge, dass gerade zu Beginn Deiner Investorenkarriere, wenn ein positiver Cashflow elementar ist, gewisse Standorte quasi ausscheiden, da es hier einfach keine cashflowpositiven Immobilien zu kaufen gibt. Dies solltest Du Dir verdeutlichen.[9]

Nachdem Du das Konzept des Kaufpreisfaktors – eine der wichtigsten Kennzahlen bei Immobilienkäufen – nun kennengelernt hast, möchte ich Dir aufzeigen, wie Du durch aktive Wertsteigerung den Preis einer Immobilie beeinflussen kannst:

Wir besitzen ein sehr schönes Mehrfamilienhaus in Krefeld. Es ist ein toller Altbau mit wunderschöner Fassade aus dem Jahre 1912. Ein Akademiker-Ehepaar hat das Haus vor rund fünf Jahren an uns verkauft; das Haus diente ihnen als private Rentenvorsorge. Die Mehrzahl der Mieter wohnt schon sehr lange dort und hat noch sehr günstige Mieten im Vergleich zum städtischen Durchschnitt. Eine Mieterin, eine alleinerziehende Mutter, hat uns einmal eine sehr nette Mail geschrieben, als ihr Auto kaputtging. Sie schrieb, dass sie dieses zwingend für den Weg zur Arbeit brauche und daher die

---

[9] 2019 lagen die Finanzierungszinsen teilweise unter 1 %, was dazu führte, dass die Kaufpreisfaktoren teilweise auf über 30 anstiegen und aufgrund der geringen Bankrate immer noch cashflowpositiv waren.

Reparatur nicht aufschieben könne. Da sie kaum über Erspartes verfügte, fragte sie, ob sie die Miete für den Folgemonat stunden und in Raten zahlen könne. Natürlich willigten wir ein, wussten seither aber auch um ihre finanzielle Situation, weswegen wir davon absahen, ihre Miete zu erhöhen. Als sie einige Jahre später einen neuen Lebensgefährten fand und mit diesem zusammenzog, renovierten wir die Wohnung und konnten im Zuge der Neuvermietung die Miete auf das ortsübliche Niveau anheben. Die Kaltmiete dieser Wohnung stieg um genau 200 Euro pro Monat an. Wie wirkte sich dies nun auf den Wert der Immobilie aus? Ein üblicher Kaufpreisfaktor in dieser Lage, dem Zustand der Immobilie und dem damaligen Zinsniveau entsprechend, lag bei etwa 17. Berücksichtigt man nun die neue Miete, so ist der Wert des Hauses am Tag der Neuvermietung um 200 Euro x 12 Monate x 17 = 40.800 Euro gestiegen. Durch das Anheben der Miete um 200 Euro war die Immobilie schlagartig um über 40.000 Euro im Wert gestiegen.

Dieses Beispiel soll zeigen, wie wichtig es ist, Immobilien aktiv zu entwickeln, welche Potenziale sich dahinter verbergen und wie Du solche Preissteigerungen präzise berechnen kannst.

An der Stelle möchte ich nicht unerwähnt lassen, dass man hier die Punkte Moral und Ethik nicht ganz außer Acht lassen sollte. Natürlich ist es schön, wenn man mit seinen Immobilien viel Geld verdient, dies aber auf dem Rücken einer Rentnerin oder eines armen Studenten zu tun, sollte nicht das Ziel sein. Stattdessen bietet es sich an, immer dann die Miete anzupassen, wenn ein Mieterwechsel ansteht. Der neue Mieter weiß dann, worauf er sich einlässt, was ich als fairer erachte.

Denkbar sind auch sogenannte Index- oder Staffelmietverträge, bei denen die Miete entweder gemäß dem Verbraucherpreisindex, ähnlich der Inflationsrate, oder in anderen zuvor festgelegten Schritten erhöht wird. Diese können dauerhaft oder lediglich bis zu einem bestimmten Zeitpunkt in der Zukunft vereinbart werden. In der gesellschaftlichen

Wahrnehmung werden diese Mietverträge oft als unfair oder unethisch angesehen. Ich sehe dies etwas anders: Zum einen kann ein Mieter nicht erwarten, über Jahre hinweg eine konstante Miete zu zahlen, während sich ja auch für den Eigentümer Bewirtschaftungs- und Lebenshaltungskosten erhöhen. Zum anderen bieten diese Verträge dem Mieter Planungssicherheit, da sie per Gesetz anderweitige Mieterhöhungen ausschließen. Der Mieter weiß hier also, dass sich die Miete zu vorher festgelegten Zeitpunkten erhöhen wird, er hat dafür aber die Sicherheit, dass es keine weiteren und vor allem keine unvorhergesehenen Mieterhöhungen geben kann.[10]

Letztlich kann man bevorstehende Mieterhöhungen auch mit seinem Mieter besprechen und verhandeln. Oft ist es schöner, den Mieter mit ins Boot zu holen, zu fragen, welche Mieterhöhung für ihn denkbar wäre, und ihm im Gegenzug anzubieten, die Miete dafür für einen bestimmten Zeitraum festzuschreiben. Allein die Tatsache, dass der Mieter gefragt wird, hat eine positive Signalwirkung, und ein zufriedener Mieter ist in vielen Fällen auch mehr wert als ein Euro mehr Miete. Ich habe hiermit gute Erfahrungen gemacht.

Eine Ergänzung aber noch zum Konzept des Kaufpreisfaktors: Es ist schlüssig, dass der Kaufpreis einer Immobilie unter der Annahme eines bestimmten Finanzierungszinssatzes ein bestimmter Multiplikator der Jahresmiete ist, denn dadurch erhält der Investor eine bestimmte Rendite für sein Investment (Kehrwert). Wenn wir uns nun fragen, wie wahrscheinlich es ist, dass der Wert von Immobilien langfristig steigen wird, so können wir aufgrund des zuvor Gesagten die Frage auch umformulieren zu „Wie wahrscheinlich ist es, dass Mieten langfristig steigen werden?“, was vielleicht einfacher zu beantworten ist. Gehen wir nun davon aus, dass sich Mieten mit der durchschnittlichen Inflationsrate entwickeln, so führt

---

[10] Ein Staffelmietvertrag schließt Mieterhöhungen nach §558 BGB (Mieterhöhung bis zur ortsüblichen Vergleichsmiete) und §559 BGB (Mieterhöhung nach Modernisierungsmaßnahmen) aus.

dies aufgrund des Kaufpreisfaktors ceteris paribus[11] dazu, dass sich der Wert einer bestimmten Immobilie in genau demselben Umfang entwickelt. Insbesondere schwer zu prognostizierende Wertsteigerungen lassen sich somit zumindest ansatzweise quantifizieren. Die Frage ist also nicht, ob sich die Immobilienpreise langfristig nach oben entwickeln werden, sondern eher um wie viel.

Dies sind also die vier Aspekte, mit denen sich bei Immobilien Vermögensaufbau betreiben lässt: Cashflow, Tilgung, passive und aktive Wertsteigerung. Die Gewichtung kann je nach Marktphase und Objekt recht unterschiedlich sein. In einigen Fällen macht die Wertsteigerung den größeren Teil aus, in anderen beispielsweise der Tilgungsanteil. Deshalb ist es wichtig, sich vorher Gedanken zu diesen Aspekten zu machen und sein Investment bereits im Vorfeld gut zu planen.

Hinzu kommen natürlich auch noch steuerliche Aspekte und Vergünstigungen, auf die wir im Kapitel „Steuerparadies Deutschland" näher eingehen werden. Wichtig ist aber, dass der Steuervorteil eines Immobilien-Investments immer nur „die Sahne auf der Torte" sein sollte. Niemals würde ich einen Immobilienkauf empfehlen, der sich nur aufgrund des Steuervorteils rechnet, und zwar deshalb, weil sich zum einen steuerliche Regularien, zum anderen aber auch die eigene Einkommenssituation schnell ändern können. In beiden Fällen würden sich die Parameter des Investments ändern, ohne dass man selbst Einfluss darauf hätte. Wichtig ist es, die Zügel immer selbst in der Hand zu halten, deshalb muss sich eine Investition, egal welcher Art, auch immer ohne den Steuervorteil rechnen. Im Gegenzug darf man aber die steuerliche Betrachtung auch nicht vollständig außer Acht lassen; dies könnte nämlich dazu führen, dass ein Immobilienkauf sich zunächst rechnet, nach der Berücksichtigung von Steuern aber einen Verlust oder zumindest eine schlechte Rendite aufweist. Dies ist allerdings seltener der Fall.

---

[11] ceteris paribus (lat.): unter sonst gleichen Bedingungen

DIE FORMEL FÜR REICHTUM

Wir sind bereits detailliert darauf eingegangen, warum und wie sich Immobilien als Instrument zum Vermögensaufbau eignen. Diese verschiedenen Aspekte wollen wir nun in eine Art „Formel" übertragen. Die Anführungszeichen verwende ich deshalb, weil es sich nicht um eine mathematische Formel handelt, sondern um eine Handlungsempfehlung, die Dir helfen soll, Dein Tun an klaren Zielen auszurichten. Dabei werde ich einige Aspekte kurz wiederholen und Dir eine eindeutige Handlungsempfehlung mit auf den Weg geben.

Die Formel besteht aus fünf Elementen. Jedes dieser fünf Elemente ist für sich genommen wichtig, aber erst gemeinsam lassen sie die Magie entstehen, die ich in diesem Buch beschreiben möchte. Erst gemeinsam beschleunigen sie den ganzen Prozess ungemein und können Dir so in nur wenigen Jahren zu einem nennenswerten Vermögen und zu Deinem Ziel der finanziellen Freiheit verhelfen. Und zwar lange bevor Du in Rente gehst!

Ich erinnere mich noch genau daran, wie ich mich fühlte, als ich die „Macht" dieses Konzeptes erstmals so richtig verstanden hatte; es fühlte sich für mich damals fast magisch an.

Zu Beginn wirst Du vielleicht nicht direkt verstehen, wie diese fünf Elemente miteinander verflochten sind und warum manches, worauf ich eingehe, wichtig ist. Aber bitte sei versichert, dass sich das im Laufe des Buches ändern wird. Stück für Stück wird sich aus vielen kleinen Puzzleteilen ein klares Bild zeichnen und Du wirst erfahren, was alles möglich ist! Nun aber genug der Worte. Hier sind die fünf Elemente:

Wie wir bereits gelernt haben, ist finanzielles Wachstum sehr begrenzt, wenn es ausschließlich darin besteht, eigenes Geld anzusparen und dieses dann zu investieren. Egal ob es Dir nun möglich ist, monatlich 50, 500 oder auch 5.000 Euro zur Seite zu legen, irgendwo gibt es eine Grenze und diese Grenze wird maßgeblich darüber entscheiden, wie viel Vermögen Du im Laufe Deines Lebens aufbauen kannst. Wir müssen also Mittel und Wege finden, diese Grenze zu überwinden, zum Beispiel indem wir einen Kredit aufnehmen und dadurch mehr Geld zum Investieren zur Verfügung haben als vorher. Jetzt dürfte es in aller Regel sehr schwierig werden, eine Bank davon zu überzeugen, Dir Geld zu leihen, um dieses in Aktien, ETFs oder Kryptowährungen zu investieren. Selbst wenn Dir dies gelänge, z. B. durch einen sogenannten Lombardkredit[12], dann sicherlich nur bis zu einem bestimmten Betrag. Irgendwann wird Dir keine Bank mehr weiteres Geld zu Investitionszwecken geben. Du hättest Deine Grenze dann zwar nach oben verschoben, aber Du hättest sie nicht überwunden.

Weil Banken bei Immobilienfinanzierungen die Immobilien selbst als Sicherheit verwenden können, indem sie eine Grundschuld oder Hypothek eintragen, ist dies bei Immobilien-Investments anders. Kredite zur Finanzierung von Immobilien sind nämlich nicht nur eine ganz normale Sache, sondern bilden einen der größten Finanzmärkte der Welt. Ende 2024 belief sich das Volumen an Immobilienkrediten, die von Banken an private Haushalte vergeben wurden, allein in Deutschland auf 1,28 Billionen Euro.[13] Zudem sind Immobilienpreise nicht so volatil, d. h. sie schwanken nicht so stark, wie Aktien, was dazu führt, dass man Immobilien höher

[12] Unter einem Lombardkredit versteht man einen Kredit gegen Stellung von Sicherheiten wie z. B. Wertpapieren, welche an die Bank verpfändet werden.

[13] Vgl. Statista Research Department 07.03.2025. Eine Billion ist eine 1 mit 12 Nullen, also 1.000 Milliarden oder eine Million Millionen.

beleihen lassen kann als Aktien. Während Aktien in der Regel bis zu maximal 60 % ihres aktuellen Marktwertes beliehen werden können, sind es bei Immobilien regelmäßig 80 %, häufig aber sogar 100 %. Dies ermöglicht es Dir, einen viel höheren Hebel für Deine Investments zu nutzen.

Es ist also möglich – wenn auch unter bestimmten Voraussetzungen –, immer mehr Immobilien zu erwerben und diese über Banken zu finanzieren. Durch den Einsatz von Bankengeld ist das Wachstum plötzlich nicht mehr limitiert, und rein theoretisch ist sogar ein unendliches Wachstum möglich.

Dieses Bankengeld, welches wir nutzen, um Immobilien überhaupt erst zu erwerben, bezeichnen Investoren als OPM, als „Other People's Money". Und genau das ist es, was dazu beiträgt, dass man viel schneller Vermögen aufbauen kann, als dies mit selbst finanzierten Anlageklassen möglich wäre.

Element II – OPM 2.0

Aber nicht nur zum Erwerb von Immobilien verwenden wir OPM, indem wir Kredite aufnehmen, sondern – und das muss man sich wirklich bewusst machen – auch zum Zurückzahlen dieser Kredite, nämlich das Geld der Mieter.

Greifen wir dazu noch einmal das Beispiel aus dem Kapitel „Vier Wege, um mit Immobilien Geld zu verdienen" auf. Wir hatten gesagt, dass wir die Miete nutzen, um den Kredit an die Bank zurückzuzahlen.

Im obigen Beispiel haben wir in zehn Jahren über die Tilgung ein Vermögen von 60.000 Euro generiert. Das Besondere daran aber ist, dass die Tilgung aus der Mieteinnahme finanziert wird, das heißt – und diesen Aspekt kann man gar nicht genug betonen –, der Mieter tilgt für uns die Schulden bei der Bank! Der Mieter zahlt unseren Vermögensaufbau!

Wollte ich die 60.000 Euro aus dem obigen Beispiel selbst ansparen, so müsste ich – mögliche Zinserträge einmal außen vor gelassen – monatlich 500 Euro zur Seite legen. Dies mag mir, wie erwähnt, für eine gewisse Zeit oder bis zu einem gewissen Betrag auch gelingen, aber mein Wachstum wäre stark begrenzt, da ich nicht unendlich mehr Geld zur Seite legen kann. Im Falle von Immobilien kann ich nun aber immer mehr Objekte dazukaufen und somit Stück für Stück die monatliche Tilgungsleistung, also gewissermaßen meine monatliche Sparrate, erhöhen. Allein der Tilgungsanteil meiner aktuellen Immobilien-Finanzierungen, der vollständig durch die Mieteinnahmen gedeckt ist, also der Betrag, um den sich mein Vermögen ohne mein eigenes Zutun erhöht, beträgt derzeit monatlich etwa 15.000 Euro. Es wäre mir selbst bei einem guten Einkommen nicht möglich, diesen Betrag monatlich selbst zur Seite zu legen. Wir nutzen hier also das Geld anderer Leute (der Banken), um im ersten Schritt Immobilien zu erwerben, und lassen dieses dann im zweiten Schritt wiederum mit dem Geld anderer Leute (der Mieter) zurückzahlen, die somit in Höhe der Tilgungsleistung in unseren Vermögensaufbau einzahlen.

Um es noch einmal anders auszudrücken: Möchtest Du innerhalb von 30 Jahren, also einem Zeitraum, in dem man gewöhnlich eine Immobilie abbezahlt, das Ziel von einer Million Euro durch einen Aktien- oder ETF-Sparplan erreichen, so müsstest Du monatlich 850 Euro in diesen Sparplan einzahlen (wieder unterstellt, Du erhältst eine Durchschnittsrendite von 7 % p. a.). Über die gesamte Laufzeit hättest Du somit rund 306.000 Euro selbst eingezahlt, während 694.000 Euro an Erträgen erwirtschaftet werden. Im Gegensatz dazu hättest Du im Falle eines Immobilien-Investments von einer Million Euro, welches Dich innerhalb von 30 Jahren ebenfalls an Dein Ziel bringen würde, nur die Kaufnebenkosten, also ca. 100.000 Euro selbst geleistet. Dein Eigenanteil für dasselbe Ziel ist hier also deutlich kleiner.

Natürlich ist dieser Vergleich recht grob; Kritiker werden jetzt argumentieren, dass man erst einmal über die 100.000 Euro verfügen muss, um die Immobilie zu kaufen, oder dass Instandhaltungskosten vernachlässigt wurden. Das ist auch richtig. Dafür wurde aber auch die Wertsteigerung der Immobilie, die in 30 Jahren voraussichtlich 1,8 Millionen Euro wert sein wird, ebenfalls vernachlässigt, genauso wie die Tatsache, dass die Miete über die Zeit hinweg steigen wird und der Unterschied dann noch größer wäre oder dass auf die 694.000 Euro Aktiengewinne noch rund 175.000 Euro an Steuern fällig werden, während der Immobiliengewinn steuerfrei ist. Es geht mir hier lediglich um eine Tendenzaussage und die ist sehr deutlich. So entspricht mein heutiges Netto-Vermögen einem Vielfachen dessen, was ich in meinem gesamten Leben insgesamt überhaupt verdient habe. Anstatt also immer mehr von meinem eigenen Einkommen abzuzwacken und zu sparen, erhöhe ich über Immobilienkäufe meine „Sparrate" weit über mein eigenes Einkommen hinaus. Und das ist der größte Unterschied zu anderen Anlageformen!

Element III – Cashflow

Ziel eines jeden Immobilien-Investments ist es – wenn auch nicht von Beginn an –, so schnell wie möglich einen positiven Cashflow zu generieren. Wie oben bereits beschrieben, bezeichnen wir als Cashflow den Überschuss aller Einnahmen einer Immobilie über alle Ausgaben, also Mieteinnahmen abzüglich Bankrate, Bewirtschaftungskosten etc. Aber warum ist das so wichtig?

Für jedes Immobilien-Investment ist ein gewisses Maß an Eigenkapital nötig. Zwar finanzieren wir den größten Teil des Investments über ein Darlehen, dennoch benötigt man immer auch etwas Eigenkapital für die Kaufnebenkosten, da wir in der Regel maximal den Kaufpreis der Immobilie über die Bank finanzieren können. Die Höhe des einzusetzenden Eigenkapitals zu optimieren, ist eine der wichtigsten Aufgaben eines

Immobilien-Investors überhaupt. Wie man dies macht, schauen wir uns später noch genau an. Da das zur Verfügung stehende Eigenkapital aber ein begrenzender Faktor ist, ist es äußerst wichtig, behutsam damit umzugehen und dieses nur zaghaft einzusetzen, also immer nur so viel wie gerade nötig. Je mehr Eigenkapital noch vorhanden ist, desto mehr weitere Investments können getätigt werden. Und wie wir inzwischen wissen, bedeutet jedes weitere Investment einen weiteren Vermögenszuwachs. Zudem benötigen wir auch immer ausreichend Eigenkapital als Rücklage, um Reparaturen oder auch eventuelle Mietausfälle kompensieren zu können.

Und was hat all das nun mit dem Cashflow zu tun? Ganz einfach: Unser Cashflow ist es, der uns neues Eigenkapital für weitere Investments generiert. Hätten wir keinen Cashflow, so müssten wir wieder mühsam eigenes Geld ansparen, um überhaupt weitere Investments tätigen zu können. Somit wären wir wieder in einer ähnlichen Situation wie der, Vermögensaufbau mit eigenem Geld zu betreiben. Wir wären schlicht wieder limitiert. Oben haben wir aber gesehen, wie wichtig es ist, eben diesen Limitierungen zu entkommen. Und da kommt der Cashflow ins Spiel. Je höher der Cashflow ist, desto schneller gelingt es uns, das ersehnte Eigenkapital für weitere Investments zusammenzutragen. Alle in diesem Buch beschriebenen Strategien beruhen daher auch auf einer Optimierung des Cashflows. Auf diese Art und Weise nutzen wir also nicht nur OPM 1.0, um Immobilien zu erwerben, und OPM 2.0, um diese abzuzahlen. Stattdessen nutzen wir zusätzlich den Cashflow, um neues Eigenkapital zu generieren, was uns wiederum neue Investments ermöglicht.

Ganz wichtig ist in diesem Zusammenhang die Tatsache, dass wir die Immobilien in der Regel über ein herkömmliches Annuitätendarlehen finanzieren, d. h., unsere monatliche Bankrate bleibt über die gesamte Zeit der Finanzierung (oder zumindest bis zum Ablauf der Zinsbindungsfrist) gleich hoch. Die Miete hingegen steigt im Laufe der Jahre, sei es, weil Du von Anfang an einen Staffel- oder Indexmietvertrag abschließt und die Miete somit automatisch steigt, oder weil Du bei einer Kündigung Deines Mieters und der anschließenden Neuvermietung die Miete anhebst. Außerdem kannst Du nach §558 BGB Mieten, welche schon lange nicht mehr angehoben wurden, im Rahmen der gesetzlichen Regelungen (Mietspiegel, Mietpreisbremse) erhöhen. Bitte bleibe dabei fair und lass die Moral nicht aus dem Blick. Aber über kurz oder lang wird sich die Miete erhöhen, was den Cashflow über die Zeit hinweg steigen lässt. Nehmen wir als Beispiel eine finanzierte Eigentumswohnung für 100.000 Euro an, bei der die monatliche Bankrate 500 Euro (4 % Zinsen und 2 % Tilgung) und die monatlichen Bewirtschaftungskosten 100 Euro betragen. Die Kaltmiete beträgt zu Beginn 600 Euro, so dass das Investment zunächst cashflowneutral ist. Im Laufe der Zeit aber steigt die Miete an, während die Bankrate konstant bleibt und die Bewirtschaftungskosten nur leicht ansteigen. Der Cashflow (s. schraffierte Fläche in der folgenden Grafik) wächst mit der Zeit an, so dass Du über die Jahre immer mehr Geld für weitere Investments ansparen kannst. Die Grafik veranschaulicht diesen Prozess.

Abb. 4: Entwicklung des Cashflows

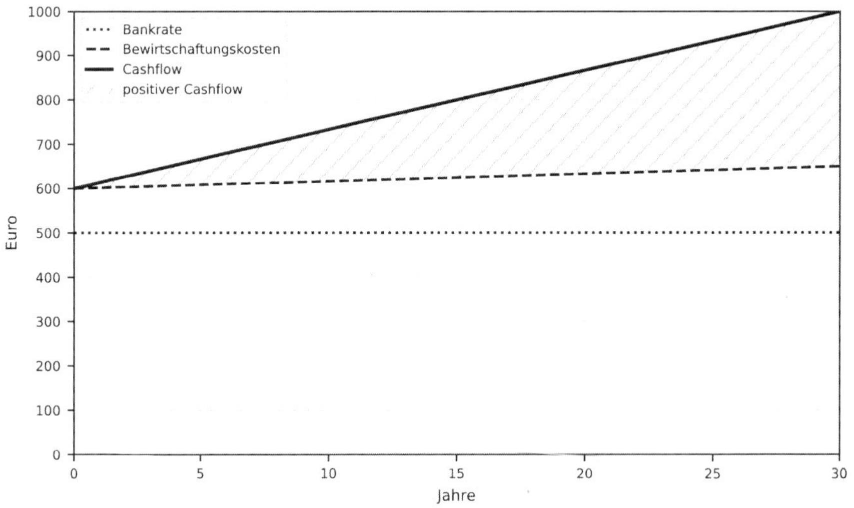

Ideal ist es, wenn man zum Ende der Zinsbindungsfrist mit der Anschlussfinanzierung die Bankrate reduzieren kann. Die Restschuld nach 15 Jahren beträgt in diesem Beispiel noch ca. 59.000 Euro. Gehen wir davon aus, dass die neue Finanzierungsrate für die Anschlussfinanzierung aufgrund des kleineren Kreditbetrages anstatt 500 Euro dann nur noch 400 Euro beträgt, so steigt der Cashflow zu diesem Zeitpunkt zusätzlich sprunghaft um monatlich 100 Euro an (s. Grafik).

Abb. 5: Cashflow nach Anpassung der Bankrate bei Auslauf der Zinsbindung

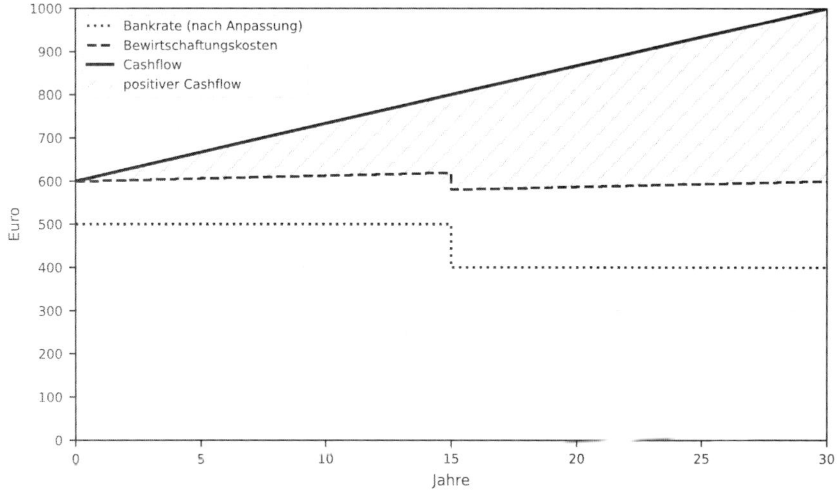

Element IV – Inflation

Wir hatten uns bereits kurz mit der Inflation beschäftigt und mit der Frage, warum es wahrscheinlich ist, dass es langfristig immer Inflation geben wird. Wir hatten festgestellt, dass die Inflation unsere Vermögenswerte, also den Wert der Immobilien, steigen lässt, während sie dafür sorgt, dass unsere Schulden bei der Bank entwertet werden. Dies betraf die nominalen Werte. Hiervon zu unterscheiden ist der Realwert des Geldes, der auch die Kaufkraft berücksichtigt.

Wer nun glaubt, der Effekt der Geldentwertung durch Inflation könne allenfalls marginal sein, der schaue sich das folgende Beispiel an: Bei einer Inflationsrate von 2 % haben 100.000 Euro nach 10 Jahren noch einen Realwert von 81.707 Euro. Im Falle einer Immobilienfinanzierung von 100.000 Euro hätte die Inflation in diesem Zeitraum also ohne unser Zutun bereits 18.293 Euro unserer Schulden für uns „abbezahlt".

Da Inflation von den Regierungen und Zentralbanken dieser Welt gewünscht ist und diese mittels ihrer finanzpolitischen Instrumente darauf abzielen, eine Zielinflation von etwa 2 % aufrechtzuerhalten, führt uns dies zu der Erkenntnis, dass Preise langfristig wahrscheinlich steigen werden. Aufgrund der erläuterten Hintergründe ist es also gar nicht spekulativ anzunehmen, dass auch Immobilienpreise langfristig steigen werden, sondern fiskalpolitisch fundiert. Dies bedeutet nicht, dass es nicht einzelne Immobilien gibt, die im Preis sinken können, zum Beispiel weil sie sich in einer sehr unbeliebten Lage befinden, wo viele Menschen wegziehen, oder weil zwischendurch die Finanzierungszinsen steigen. Es geht hier aber um die langfristige Sichtweise und da sind Preissteigerungen gut gelegener Immobilien sehr wahrscheinlich.

Zusammengefasst können wir also davon ausgehen, dass der Nominalwert einer Immobilie im Zeitverlauf steigt, während das für den Kauf dieser Immobilie aufgenommene Darlehen durch die Inflation entwertet wird. Man profitiert hier also in zweifacher Hinsicht. Diesen Effekt bezeichnet man als „Inflationsschere". Das „Gap", also der Unterschied zwischen dem Realwert der Immobilie und dem Realwert der Schulden, bildet einen Vermögenszuwachs ab, der ausschließlich durch Inflation entsteht.

Um es noch besser zu veranschaulichen, weil dieser Aspekt so unglaublich wichtig ist: Stellen wir uns einmal vor, wir würden mit 10.000 Euro Eigenkapital eine vermietete Eigentumswohnung für 100.000 Euro kaufen, die wir vollständig über ein Darlehen finanzierten, das wir allerdings nie zurückzahlen würden. Von den Mieteinnahmen würden wir lediglich die Zinsen und die Kosten der Immobilie (Reparaturen, Verwaltung etc.) zahlen. Bei einer Inflationsrate von 2 % wäre diese Immobilie nach zehn Jahren bereits 121.899 Euro wert, während die Schulden nur noch einen Realwert von 81.707 Euro hätten. Allein durch die Inflation hätten wir einen Wertzuwachs von nominal 40.192 Euro erzielt. Dies entspricht einer Sparrate von 335 Euro monatlich über zehn Jahre hinweg.

Bitte verdeutliche Dir dies noch einmal: Du kannst entweder mit 10.000 Euro Eigenkapital eine Eigentumswohnung kaufen und lässt die Inflation den Rest erledigen oder Du sparst mühsam 10 Jahre lang monatlich 335 Euro, insgesamt also 40.200 Euro, und kommst zum selben Ergebnis. Und jetzt stelle Dir dies einmal über 20 oder 30 Jahre hinweg vor.

Wer gut aufgepasst hat, dem ist aufgefallen, dass wir in diesem Beispiel bislang nur nominales Vermögen aufgebaut, aber keinen Realwert geschaffen haben, oder? Nicht ganz: Das Gap zwischen dem gestiegenen Nominalwert der Immobilie und dem gesunkenen Nominalwert der noch offenen Schulden stellt nämlich einen realen Wertzuwachs dar, auch wenn dieser – um mathematisch korrekt zu sein – noch um die Inflationsrate korrigiert (abgezinst) werden muss. In unserem Beispiel stellt der nominale Wertzuwachs von 40.192 Euro einen „realen" Wertzuwachs in Höhe von 32.971 Euro – bezogen auf das Ursprungsjahr – dar. Je länger die Betrachtungszeiträume sind, desto stärker ist natürlich der Effekt.

Die Inflationsschere ist also ein weiterer Mechanismus, der dazu beiträgt, dass man mit Immobilien in einem überschaubaren Zeitraum Vermögen aufbauen kann (vgl. Grafik).

Abb. 6: Die Inflationsschere

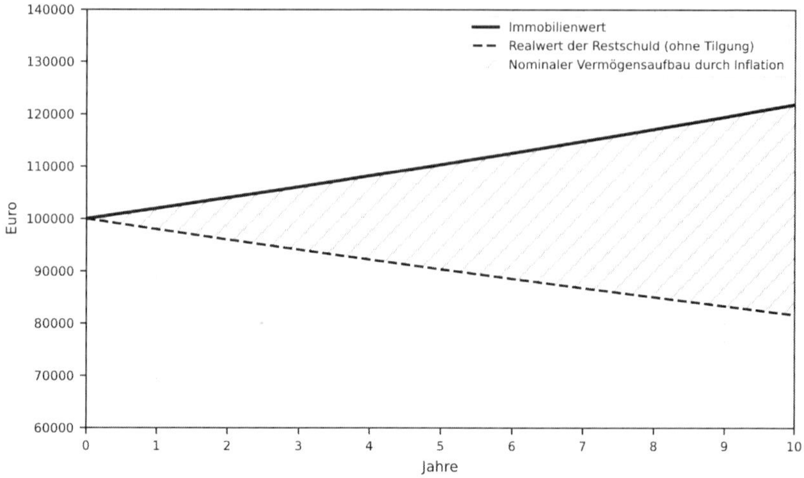

Element V – Steuervorteile

Steuervorteile sollten nie die Basis unseres Handelns darstellen. Damit meine ich, dass ich nicht in Immobilien investiere, die sich ausschließlich aufgrund von Steuervorteilen rechnen. Dennoch sind Steuervorteile nicht zu unterschätzen. Ich sehe sie als eine Art „Booster" auf dem Weg zu unserem Ziel. Sie wirken wie das motivierende Publikum auf einen Marathonläufer. Dieses ist nicht der eigentliche Grund, warum er den Marathon läuft, aber es kann helfen, das Ziel schneller zu erreichen. Und wie wir im Laufe des Buches noch sehen werden, sind die Steuervorteile – auch in Deutschland – enorm. Du brauchst also gar nicht erst nach Dubai, Monaco oder auf die Cayman Islands auszuwandern, um in den Genuss von Steuervorteilen zu kommen. Dazu aber später mehr.

Zusammenfassung

Die Formel für erfolgreiche Immobilien-Investments besteht also darin, dass wir OPM 1.0 nutzen, um Immobilien zu kaufen, die dafür aufgenommenen „guten Schulden" durch OPM 2.0 von den Mietern zurückzahlen lassen, wodurch diese in unseren Vermögensaufbau einzahlen. Den positiven Cashflow nutzen wir, um neues Kapital für weitere Immobilienkäufe anzusparen, damit wir möglichst wenig eigenes Geld einsetzen müssen. Wir nutzen die Inflation sinnvoll, da diese die Preise unserer Immobilien im Zeitverlauf steigen lässt, während sie auf der anderen Seite unsere Schulden entwertet. Zudem genießen wir Steuervorteile, die unser Wachstum beschleunigen.

Wenn man all diese Dinge berücksichtigt, ist es mit keiner anderen Anlageklasse machbar, in vergleichsweise kurzer Zeit planbar Vermögen aufzubauen. Das heißt nicht, dass es nicht Leute gibt, die durch den Kauf von Aktien oder Kryptowährungen auch in kurzer Zeit (teilweise sogar mehr) Vermögen aufgebaut haben. Aber diese Anlageklassen sind von einem deutlich höheren Risiko und in einem hohen Maße von Zufall geprägt. Es wird kaum einen Aktien-Investor geben, der seriös behauptet, im nächsten Jahr eine Rendite von x % zu erwirtschaften. Vielmehr investiert man hier sein Geld und „erfährt" hinterher, was daraus geworden ist. Bei Immobilien hingegen kann man bereits im Vorfeld ziemlich präzise berechnen, was einem dieses Investment bringen wird. Und aufgrund des sogenannten „Hebel-Effektes" sind die Renditen bei Immobilien oftmals sogar noch viel höher als bei vielen anderen Anlageklassen. Was „Hebel-Effekt" genau bedeutet, schauen wir uns im nun folgenden Kapitel an.

DER HEBEL-EFFEKT

Den Hebel-Effekt würde ich als einen wahren „Game-Changer" bezeichnen. Er ermöglicht uns Investoren unfassbare Renditen und ein unfassbar schnelles Wachstum. Die dahinterstehenden Mechanismen zu verstehen ist demnach elementar für jeden Immobilien-Investor. Die Tatsache, dass die meisten Menschen den Hebel-Effekt nicht kennen oder zumindest nicht richtig verstehen, ist meines Erachtens übrigens der ausschlaggebende Grund dafür, dass sie sich mit Anlagerenditen von 2 bis 5 % vollkommen zufriedengeben. Sie wissen einfach nicht, dass es möglich ist, auch ganz andere Renditen zu erwirtschaften und das nahezu ohne eine Erhöhung des Risikos.

Was aber ist mit Hebel-Effekt nun gemeint?

Wenn wir eine Immobilie kaufen, dann sollten wir dabei in aller Regel einen großen Teil des Kaufpreises über ein Darlehen finanzieren. Dies führt nämlich dazu, dass wir uns einen Vermögenswert, in diesem Fall eine Immobilie, zulegen, der um ein Vielfaches größer ist als das monetäre Investment, das wir selbst eingehen. Für eine Immobilie im Wert von beispielsweise 300.000 Euro wird sich die Bank im Regelfall damit zufriedengeben, dass ich beispielsweise 50.000 Euro an eigenem Geld in die Hand nehme. Auf diese Art und Weise kann ich mir also einen Vermögenswert anschaffen, der in diesem Beispiel den sechsfachen Wert des mir zur Verfügung stehenden Eigenkapitals hat.

Dieser teure Vermögenswert produziert nun auf mehrfache Art und Weise Vermögen für mich, nämlich – wie wir bereits ausgeführt haben – durch Cashflow, Tilgung, passive und aktive Wertsteigerung, wobei der Cashflow keinem Hebel unterliegt, die anderen Aspekte aber schon. Das Besondere dabei ist nun, dass sich diese Aspekte auf den Vermögenswert als Ganzes beziehen, also auf die 300.000 Euro. Hätte ich stattdessen nur eine Wohnung mit dem mir zur Verfügung stehenden Kapital von 50.000 Euro gekauft, so entsprächen Tilgungsanteil und Wertsteigerung auch nur einem 50.000-Euro-Investment. In diesem Beispiel aber sind sie um ein Sechsfaches höher.

Am besten versteht man diesen Effekt am Beispiel der Wertsteigerung. Nehmen wir einmal an, der Wert der Wohnung von 300.000 Euro steigt in einem Jahr um 2 %, so entspräche dies einer Wertsteigerung von 6.000 Euro. Hätte ich nur eine Immobilie im Wert von 50.000 Euro gekauft, so entspräche eine 2%ige Wertsteigerung nur 1.000 Euro. Man spricht in diesem Fall von einem Hebel-Faktor in Höhe von 6 : 1.

Gleiches gilt natürlich für die Tilgung. Bei einer Wohnung im Wert von 300.000 Euro beträgt der monatliche Tilgungsanteil z. B. 500 Euro, bei einer 50.000-Euro-Wohnung 83 Euro. Auch hier ergibt sich wieder der Faktor 6 : 1. Dies ist deshalb einleuchtend, weil auch der Wert der Investments, die wir hier vergleichen, im Verhältnis 6 : 1 steht. Dieser Hebel macht schon bei kurzen Laufzeiten einen riesigen Unterschied aus. Je länger natürlich die Laufzeit, desto bedeutender der Unterschied. In vielen Fällen können wir bei Immobilien sogar einen Hebel-Faktor von 10 : 1 nutzen.

Ich kenne, abgesehen von Unternehmenskäufen, keine Anlageklasse, bei der man einen solchen Hebel-Faktor nutzen kann, ohne sein Investment einem großen Risiko auszusetzen. Auch Trader von Aktien, Futures oder ähnlichen Derivaten nutzen den Hebel-Effekt, wobei dieser dort oft noch viel größer ist. Der Unterschied ist aber, dass Trader einem hohen Risiko ausgesetzt sind. Investiert man zum Beispiel in Futures mit einem Hebel von 6 : 1 – das heißt, man kauft mit seinen 50.000 Euro anstelle einer Eigentumswohnung Aktienderivate –, so würde ein Rückgang der Position um 17 % einen Totalverlust des Investments bedeuten. Man hätte nämlich eine Position im Wert von 300.000 Euro gekauft, wobei man beim Broker nur 50.000 Euro als sogenannte Margin hinterlegen müsste. Wenn diese Position von 300.000 Euro nun 17 % ins Minus läuft, dann entspräche dies einem Verlust von 51.000 Euro. Da aber gehebelte Positionen per Gesetz beim Broker nie ins Minus laufen dürfen, würde diese nun vom Broker liquidiert und das komplette Kapital von 50.000 Euro wäre verloren. Der Game-Changer „Hebel-Effekt“ wird somit zur Zockerei. Und während Kursschwankungen in dieser Größenordnung bei Aktien und vergleichbaren Anlageklassen nichts Ungewöhnliches sind, sind sie bei Immobilien eher selten. Man spricht davon, dass diese Anlageklassen viel volatiler sind als Immobilien, das heißt, die Kurse haben eine höhere Schwankungsbreite.

Dazu kommt, dass selbst dann, wenn eine Immobilie 17 % an Wert einbüßen sollte, die Bank im Gegensatz zu einem Broker die „Position“ eben nicht liquidieren würde, solange der Eigentümer noch im Stande wäre, die Finanzierungsrate zu bedienen. In aller Regel ist genau das ja der Fall, da sich an der Höhe der Miete nichts geändert hat. Wichtig ist also: Selbst bei temporären Kurschwankungen von Immobilienpreisen ist Deine Finanzierung aufgrund der konstanten oder sogar steigenden Miethöhe also nicht gefährdet. Immobilien sind meines Erachtens daher die einzige Anlageklasse, bei der der Hebel-Effekt kaum mit einer Erhöhung des Risikos einhergeht. Und Fakt ist: Um in kurzer Zeit Vermögen aufzubauen, benötigen wir zwingend den Hebel-Effekt.

DAS WICHTIGSTE KAPITEL DES BUCHES: DIE RENDITEBERECHNUNG

Anmerkung: Die Finanzierungszinsen für Immobilienkredite können sehr dynamisch sein und im Zeitverlauf stark schwanken, was mich vor die Frage stellt, mit welchen Zinssätzen ich in diesem Buch Beispiel-Berechnungen anstelle; dies auch vor dem Hintergrund, dass selbst heute aktuelle Zinssätze in wenigen Monaten schon wieder veraltet und nicht mehr repräsentativ sein können. Wichtig ist aber, dass der Zinssatz nicht der einzige Parameter ist, der sich auf die Renditeberechnung auswirkt, und die verschiedenen Parameter interdependent sind, was bedeutet, dass sich diese gegenseitig beeinflussen. Erhöhen sich beispielsweise die Finanzierungszinsen, dann führt dies dazu – wenn auch zeitverzögert –, dass sich die Kaufpreisfaktoren verringern und die Mietrenditen steigen. Wenn wir im Folgenden nun Renditeberechnungen anstellen, dann lass Dich bitte nicht davon verunsichern, dass der Zinssatz unter Umständen nicht den aktuellen Marktbedingungen entspricht. Die Mechanismen des Immobilienmarktes werden immer dazu führen, dass vergleichbare Renditen erzielbar sind. Ob der Finanzierungszins nun niedriger ist, dafür die Kaufpreise aber höher oder umgekehrt, spielt somit nur eine untergeordnete Rolle.

Die Renditeberechnung stellt gewissermaßen das Kernstück einer jeden Investmententscheidung und auch dieses Buches dar. Es geht darum herauszufinden, wie viel Geld Du mit einem bestimmten Investment verdienen wirst. Wir werden uns daher im Folgenden zunächst recht allgemein anschauen, wie die Rendite genau berechnet wird, und dann sukzessive betrachten, was man alles tun kann, um diese schrittweise zu erhöhen.

Und welche Renditen sind nun mit Immobilien möglich?

Bevor wir diese Frage beantworten können, ist es wichtig, dass wir uns einmal den Unterschied zwischen der sogenannten Mietrendite und der Eigenkapitalrendite eines Immobilien-Investments verdeutlichen.

Die Mietrendite einer Immobilie gibt an, welche Rendite mit dieser Immobilie insgesamt, natürlich nach Abzug von Kosten, erwirtschaftet wird. Eine Immobilie, die zum Beispiel 100.000 Euro kostet und jährlich nach Abzug der Kosten einen Ertrag von 4.000 Euro erwirtschaftet, bringt eine Mietrendite (r_M) von 4 %.[14] Man erhält dieses Ergebnis, indem man den Ertrag (E) ins Verhältnis zum Kaufpreis (KP) setzt:

$$r_M = E/KP$$

Im Gegensatz dazu gibt die Eigenkapitalrendite (r_{EK}) an, wie viel Ertrag man mit einem Investment in Relation zu dem selbst eingesetzten Kapital, also dem Eigenkapital (EK), erwirtschaftet.

Um eine Immobilie, die einen Ertrag von 4.000 Euro jährlich erwirtschaftet, zu kaufen, muss man ja nicht zwingend 100.000 Euro selbst investieren. Stattdessen könnte man ein Darlehen über 80.000 Euro bei einer Bank aufnehmen und nur 20.000 Euro selbst bezahlen. Zudem fallen bei einem Immobilienkauf aber noch sogenannte Kaufnebenkosten für Notar, Grunderwerbsteuer und Makler an. Die Grunderwerbsteuer ist in den deutschen Bundesländern unterschiedlich hoch. Auch die Höhe der Maklerprovision kann unterschiedlich ausfallen, im Durchschnitt aber betragen die Kaufnebenkosten in etwa 10 % des Immobilienpreises. Zu den oben erwähnten 20.000 Euro für die Immobilie müsste man also noch 10.000 Euro für die Kaufnebenkosten investieren. Insgesamt werden in diesem Beispiel also 30.000 Euro investiert.

Da man im Vergleich zum Immobilienkauf ohne Finanzierung jetzt aber auch noch Zinsen an die Bank zahlen muss, wird der Ertrag zunächst geschmälert. Nehmen wir einmal an, die jährlichen Zinsen für das Darlehen von 80.000 Euro betrügen 2 %, also 1.600 Euro, dann würde die Immobilie jetzt nur noch

---

[14] Die durchschnittliche Mietrendite von Immobilien liegt in Deutschland je nach Lage und in Abhängigkeit von Neu- und Bestandsbauten zwischen 3 und 7 %.

einen Ertrag in Höhe von 4.000 Euro abzüglich 1.600 Zinskosten, also 2.400 Euro erwirtschaften.

Um nun die Eigenkapitalrendite zu berechnen, setzen wir diesen geschmälerten Ertrag in Relation zu dem von uns selbst eingesetzten Kapital. Es ergibt sich eine Eigenkapitalrendite von 8 % (2.400/30.000).

Es fällt sofort auf, dass diese doppelt so hoch ist wie die Mietrendite der Immobilie, und das, obwohl zusätzlich noch Zinsen gezahlt werden mussten. Ausschlaggebend hierfür ist, dass man zwar einen geringeren Ertrag erzielt, aber auch viel weniger Eigenkapital einsetzen musste, um diesen zu erwirtschaften, was – wie hier dargestellt – zu einem mathematisch deutlich besseren Ergebnis führt. Und ausschlaggebend für eine Investmententscheidung ist immer die Eigenkapitalrendite, nicht die Mietrendite; schließlich will man wissen, wie viel Rendite man auf sein eigenes Geld erhält. Wer also behauptet, dass Immobilien auch nur Renditen von 3 bis 7 % erwirtschaften und somit gar nicht besser abschneiden als beispielsweise Aktien, der meint damit die Mietrendite und hat genau diesen Unterschied nicht verstanden.

Dieses Beispiel-Investment entspricht einer klassischen Kapitalanlage, wie sie tagtäglich in Deutschland getätigt wird, ist aber noch nichts Besonderes. Als professioneller Immobilien-Investor suche ich hingegen immer nach Maßnahmen und Wegen, um die Eigenkapitalrendite weiter zu optimieren.

Um mathematisch korrekt zu bleiben, muss ich anmerken, dass die Renditekennzahl von 8 % nicht mit vollständig selbst finanzierten Aktien-Investments zu vergleichen ist, da das Investment aufgrund der hohen „Einstiegskosten“ für Notar, Grunderwerbsteuer und Makler in den ersten Jahren im Minus ist und erst danach aus den roten Zahlen herausläuft, während Aktien sofort im Plus sein können. Um die ermittelte Renditekennzahl also mit exponentiellen Aktienrenditen vergleichen zu können, ist es erforderlich, dass wir diese in eine exponentielle Rendite umrechnen; wir kommen darauf gleich noch zu sprechen.

Aber zurück zu unserem Beispiel und der Renditeoptimierung: Nehmen wir einmal an, wir würden nicht nur 80.000 Euro, sondern den kompletten Kaufpreis von 100.000 Euro durch ein Darlehen finanzieren und lediglich die Kaufnebenkosten in Höhe von 10.000 Euro aus Eigenkapital, wie würde sich das auf die Rendite auswirken? Die Zinskosten steigen aufgrund des höheren Kreditbetrages von 1.600 auf 2.000 Euro an, so dass der Ertrag auf ebenfalls 2.000 Euro sinkt (4.000 Euro Mieteinnahmen abzüglich 2.000 Euro Zinskosten). Diesen Ertrag setzen wir wieder in Relation zum eingesetzten Eigenkapital. Es ergibt sich: 2.000/10.000 = 20 %.

Wie erwähnt, haben wir zunächst 10.000 Euro ausgegeben und erhalten diese auch nicht mehr zurück. Unser Investment ist also ganze 5 Jahre im Minus. Danach aber erwirtschaften wir jedes Jahr eine Rendite von 20 %.

Von den 2.000 Euro Ertrag können wir jedes Jahr 2 % des Kaufpreises, also ebenfalls genau 2.000 Euro, tilgen. Wir nehmen also pro Jahr 4.000 Euro über die Miete (nach Kosten) ein und zahlen davon 2.000 Euro Zinskosten sowie 2.000 Euro Tilgung, so dass sich die laufenden Einnahmen und Ausgaben genau ausgleichen. Man spricht hier daher von einem cashflowneutralen Investment. Da sich bei einem Annuitätendarlehen der Tilgungsanteil jedes Jahr leicht erhöht, wären nach zehn Jahren nicht 20 %, sondern 23,29 % getilgt und die Restschuld bei der Bank betrüge dann noch 76.710 Euro.

Würde man nach zehn Jahren die Immobilie zum ursprünglichen Kaufpreis von 100.000 Euro verkaufen und von dem Verkaufserlös die noch offene Restschuld bei der Bank ablösen, so verbliebe ein Gewinn von 23.290 Euro. Wir hätten unser Investment von 10.000 Euro in 10 Jahren also mehr als verdoppelt.

Und obwohl ich immer empfehle, die Wertsteigerung bei der Investitionsentscheidung außen vor zu lassen, so möchte ich nun doch einmal aufzeigen, wie sich eine mögliche Wertsteigerung auf die Rendite auswirken würde.

Nehmen wir einmal an, die Immobilie stiege pro Jahr durchschnittlich um 2 % im Wert, was der angestrebten Inflationsrate der FED und der EZB entspricht, so würden wir neben dem bisherigen Ertrag noch 2.000 Euro über die Wertsteigerung dazuverdienen. Der neue Ertrag pro Jahr entspräche somit 2.000 Euro, die in die Tilgung fließen, zuzüglich 2.000 Euro Wertsteigerung, insgesamt also 4.000 Euro[15].

Die EK-Rendite errechnet sich als 4.000/10.000 = 40 %.

Warum aber ist der Sprung hier so hoch, und das, obwohl wir ja nur eine Wertsteigerung von 2 % angenommen haben? Die Antwort ist im bereits zuvor erwähnten Hebel-Effekt zu finden. In diesem Beispiel haben wir ja nur 10.000 Euro an eigenem Geld investiert, aber aufgrund des Fremdkapitalhebels konnten wir damit einen Vermögenswert zum Preis von 100.000 Euro erwerben. Wenn dieser nun um nur 2 % an Wert gewinnt, so sind diese 2.000 Euro in Bezug auf unser Eigenkapital von 10.000 Euro ein sehr großer Betrag.

Es sei nur am Rande angemerkt, dass wir in den vergangenen Jahren in manchen Regionen Deutschlands Wertsteigerungen von bis zu 9 % pro Jahr verzeichnen konnten.

Aber weiter in Sachen Optimierung: Häufig kann man den Kaufpreis einer Immobilie mit dem Verkäufer noch verhandeln. Ich gebe zu, dass dies in den absoluten Niedrigzinszeiten, als die Bauzinsen teilweise unter 1 % betrugen, schwierig war, da es meist viele Interessenten für eine

---

[15] Genau genommen errechnet sich der Ertrag als 4.000 Euro Mieteinnahmen abzüglich 2.000 Euro Zinskosten zuzüglich 2.000 Euro Wertsteigerung = 4.000 Euro.

Immobilie gab, aber das ist nicht immer so. Aktuell ist es wieder gängig, Kaufpreise nachzuverhandeln. Je nach Objekt, Lage und Nachfragesituation sind hier Größenordnungen von 5 % bis 15 % Abschlag durchaus denkbar. Stell Dir vor, Du würdest Deinen gebrauchten PKW für 8.000 Euro verkaufen wollen und der Käufer fragt nach einem Preisnachlass von 800 Euro, also 10 %. Das wirkt durchaus plausibel. Bei Immobilien ist es nicht anders.

Wie erwähnt, gehen wir im Durchschnitt von Kaufnebenkosten von ca. 10 % des Immobilienpreises für Grunderwerbsteuer, Notar etc. aus. Nun stell Dir einmal vor, Du fragst den Verkäufer, ob er sich auf einen Preisnachlass von nur 3 % einlassen würde. Wenn er einwilligt, bittest Du ihn aber, nicht den Kaufpreis um 3 % zu reduzieren, sondern stattdessen die Maklerprovision in Höhe von 3 % für Dich zu bezahlen. Rechnerisch läuft das für ihn auf dasselbe hinaus. Im Falle des Preisnachlasses würde der neue Kaufpreis 97.000 Euro betragen, im anderen Fall erhält er einen Kaufpreis von 100.000 Euro, zahlt aber die Provision von 3.000 Euro für Dich, so dass er ebenfalls 97.000 Euro behalten darf. Was bedeutet dies aber für Dich? Da Du nun keine Maklerprovision mehr zahlen musst, kannst Du die Immobilie statt mit 10.000 Euro mit nur 7.000 Euro an Eigenkapital erwerben (in diesem Beispiel 5 % Grunderwerbsteuer und 2 % Notar- und Gerichtskosten). Und wie wirkt sich das auf die Rendite aus? An den Erträgen der Immobilie und an den Zinskosten ändert sich diesmal nichts, aber Dein Eigenkapitalanteil hat sich erneut reduziert. Setzen wir nun wieder die Erträge von 2.000 Euro (ohne Wertsteigerung) in Relation zu dem von uns eingesetzten Eigenkapital von nur noch 7.000 Euro, so ergibt sich: 2.000/7.000 = 28,57 %.

Und wenn wir nun zusätzlich auch wieder die Wertsteigerung von 2.000 Euro pro Jahr einbeziehen, ergibt sich eine Rendite von 4.000/7.000 = 57,14 %. Ich nenne dieses Vorgehen den „Maklertrick“. Dies ist ein weiteres Beispiel dafür, wie man die

EK-Rendite optimieren kann.[16] Mathematisch führt es natürlich zum selben Ergebnis, wenn Du von vornherein nach Immobilien suchst, die maklerfrei angeboten werden, und Du diese dann mit entsprechend wenig Eigenkapital kaufst. Je nach Bundesland sind hier aufgrund der unterschiedlichen Grunderwerbsteuersätze zwischen 5,5 % und 8,5 % an Eigenkapital erforderlich.

Wir haben in diesem Beispiel also einmalig 7.000 Euro investiert und erhalten dann jedes Jahr inklusive Wertsteigerung 4.000 Euro zurück.

Und nochmal: Man darf nicht den Fehler machen, die Renditekennzahl von 57,14 % mit einer exponentiellen Aktien-Rendite zu vergleichen, da das Investment die ersten Jahre im Minus ist. Aber wir können diese Rendite in eine exponentielle Rendite umrechnen, um sie mit Aktien vergleichbar zu machen. Wie stellen wir das an? Ganz einfach: Wir schauen uns das Anfangsvermögen (AV) und das Endvermögen (EV) an und können dann mit folgender Formel die exponentielle Rendite (r_x) über eine Laufzeit (n) berechnen:

$$r = \left(\frac{EV}{AV}\right)^{\frac{1}{n}} - 1$$

Unser Anfangsvermögen betrug 7.000 Euro, das ist der Betrag, den wir als Eigenkapital in das Investment eingebracht haben.

Nach zehn Jahren hat die Immobilie konservativ geschätzt einen Wert von 121.900 Euro (100.000 * 1,02^10). Die Restschuld bei der Bank hatten wir bereits berechnet; diese beträgt nach zehn Jahren noch 76.710 Euro. Wenn wir die Immobilie also verkaufen und die noch offene Restschuld ablösen, so verbleibt ein Betrag von 45.190 Euro (121.900 abzüglich 76.710). Da das Investment cashflowneutral ist,

[16] Juristisch ist der Maklertrick zulässig, darauf werde ich hier aber nicht weiter eingehen.

brauchen Einnahmen und Ausgaben während der Laufzeit nicht berücksichtigt werden. Die 45.190 Euro entsprechen somit unserem Endvermögen und wir haben dieses erwirtschaftet, indem wir anfangs einmalig 7.000 Euro investiert haben.

Setzen wir die Werte nun in unsere Formel ein, so ergibt sich:

$$r = \left(\frac{45.190}{7.000}\right)^{\frac{1}{10}} - 1$$

$$r = (6{,}4557142857)^{\frac{1}{10}} - 1$$

$$r = \sqrt[10]{6{,}4557142857} - 1$$

$$r = 1{,}2050 - 1$$

Es ergibt sich also eine exponentielle Rendite von 20,50 %.

Sofern Du kein leidenschaftlicher Mathematiker bist, kannst Du die Werte natürlich auch in einen Online-Rechner eingeben. Ich empfehle zum Beispiel die Seite www.zinsen-berechnen.de. Hier findest Du diverse Rechner, die Dir helfen werden, Deine Investments zu kalkulieren, aber auch Bankraten, Restschulden oder Laufzeiten zu berechnen. Diese Seite kannst Du Dir wirklich merken.

Es geht auch nicht darum, dass Du dies im Detail berechnen sollst, ich möchte aber aufzeigen, welche Renditen realistisch sind.

Wir haben in diesem Beispiel eine Immobilie mit einer Mietrendite von 4 % nach Kosten betrachtet, also ein absolut gängiges Investment. Ganz zu Beginn der Renditeberechnung gingen wir von einer sogenannten 80 %-Finanzierung aus, bei der 80 % des Kaufpreises über die Bank finanziert werden und 20 % des Kaufpreises sowie 10 % Kaufnebenkosten aus Eigenkapital bestritten werden – also gewissermaßen der klassische Fall. Wir haben errechnet, dass die EK-Rendite hier nur 8 % betrug.

Durch das sukzessive Reduzieren des Eigenkapitals und unter Einbezug der Wertsteigerung konnten wir die EK-Rendite schrittweise verbessern und so auf 40 %, dann auf 57 % steigern. Der Cashflow aus der Vermietung wird durch dieses Vorgehen stetig reduziert, aber die EK-Rendite steigt an. Das Optimum wird da erreicht, wo das Investment gerade cashflowneutral ist.[17]

Dann haben wir diese lineare Rendite unseres Immobilien-Investments durch den Vergleich von Anfangs- und Endvermögen in eine exponentielle Rendite umgerechnet und erhalten den Wert 20,50 %. Somit haben wir endlich eine Antwort auf die anfängliche Frage, welche Renditen mit Immobilien möglich sind. Und das planbar, a priori kalkulierbar, risikoarm und steuerfrei!

Die Ergebnisse dieses Kapitels spiegeln tatsächlich auch meine eigenen Ergebnisse und Erfahrungen wider. Bei einer Rendite von 21 % würde man sein Eigenkapital alle vier Jahre mehr als verdoppeln, nach zwölf Jahren hätte man es nahezu verzehnfacht.

Im allerletzten Schritt könnte man jetzt noch mögliche Mietsteigerungen und eine aktive Aufwertung der Immobilie in die Kalkulation mit einbeziehen. Ab da handelt es sich aber

---

[17] Mathematisch könnte man die EK-Rendite noch weiter erhöhen, indem man den EK-Anteil weiter reduziert, auch wenn der Cashflow dann negativ wird; das ist aber aus diversen Gründen nicht zu empfehlen.

nicht mehr um passive Anlagerenditen, da dahinter echte Arbeit steht. Aber wenn man diese berücksichtigt, sind Renditen – und diesmal meine ich wirklich exponentielle Renditen – zwischen 30 % und 40 % vollkommen realistisch.

Wir sehen also, dass es viele Möglichkeiten gibt, die Eigenkapitalrendite zu verbessern, wobei es tendenziell darum geht, den Eigenkapitalanteil zu reduzieren; das Ganze unter der Nebenbedingung, dass die Immobilie zumindest cashflowneutral ist.

Und jetzt noch ein Vergleich, um zu zeigen, wie wichtig es ist, solch hohe Renditen zu erwirtschaften, wenn Du möglichst schnell an Dein Ziel kommen willst. Schließlich möchtest Du Dir nicht erst in 40 oder 50 Jahren Deine Träume erfüllen:

Wenn Du 10.000 Euro als einmalige Geldanlage investierst und Dein Investment 7 % Rendite p. a. erwirtschaftet, so hast Du Dein Geld nach zehn Jahren in etwa verdoppelt (19.672 Euro). Bei 14 % Rendite sind es hingegen schon 37.072 Euro und bei 21 % sogar 67.275 Euro. Die Sprünge sind also enorm.

Und nach 30 Jahren ist der Unterschied kaum noch zu glauben: 7 % Rendite führen zu 76.123 Euro, während 21 % ganze 3.044.816 Euro ergeben.

Das ist die Magie des Zinseszinseffektes. Dieser kommt insbesondere bei sehr langen Laufzeiten, aber auch bei sehr hohen Renditen zum Tragen.

Um die Rechnung zu Beginn des Buches nochmal aufzugreifen, in der mein Bruder und ich berechnet haben, wie lange es dauert, bei einer monatlichen Sparrate von 250 Euro und 7 % Rendite p. a. Millionär zu werden (die Antwort war 47 Jahre), so kann dieses Ziel mit 21 % Rendite p. a. tatsächlich in 22 Jahren erreicht werden. Schaffst Du es, monatlich 500 Euro zu sparen, dann erreichst Du das Ziel sogar in 18 Jahren.

Natürlich sind dies hoch gesteckte Ziele, aber wie Du nun gesehen hast, ist es durchaus realistisch, diese zu erreichen. Und mein eigener Werdegang hat gezeigt, dass dies auch in der Praxis möglich ist.

DIE WUNDER DER MATHEMATIK

Was in den Berechnungen des vorherigen Kapitels auffällt, ist, dass neben den Erträgen, die eine Immobilie erwirtschaftet, insbesondere die Höhe des eingesetzten Kapitals einen direkten Einfluss auf die Eigenkapitalrendite hat. Je geringer das Eigenkapital, desto höher die Rendite.

Um Dir diesen Effekt nochmal zu verdeutlichen, möchte ich von einem Immobilienkauf erzählen, den ich vor einigen Jahren getätigt habe. Es ging um eine Eigentumswohnung in Kerpen bei Köln, die ich zum Preis von 93.000 Euro kaufen wollte. Der Verkäufer und ich warteten bereits beim Notar, als dessen Sekretärin uns verkündete, dass sich der Termin um zehn Minuten verschieben würde, da der Notar noch etwas Zeit brauche.

Der Verkäufer und ich tranken also unseren Kaffee und machten den obligatorischen Small Talk. Ich fragte ihn, ob er denn zufrieden mit seinem Investment gewesen sei. Schließlich hatte er die Wohnung zehn Jahre besessen und das zu den Hochzeiten des Immobilien-Booms. Er erzählte, dass es ihm gelungen war, mit der Wohnung in zehn Jahren sein Geld fast zu verdoppeln. Obwohl dies sicherlich keine ganz schlechte Rendite war, war ich sehr verwundert und bohrte etwas nach. Er erzählte mir, dass er die Wohnung zehn Jahre zuvor für 60.000 Euro zuzüglich 8.000 Euro an Kaufnebenkosten erworben habe. In den zehn Jahren hatte er insgesamt Mieteinnahmen von 34.800 Euro. Da er die Wohnung für

93.000 Euro an mich verkaufte, lag sein Geldzuwachs bei 59.800 Euro, nämlich Mieteinnahmen plus Wertsteigerung abzüglich Investitionen. Da er alles vollständig selbst gezahlt und nie einen Kredit aufgenommen hatte, hatte er also aus 68.000 Euro Investitionsbetrag 127.800 Euro gemacht. Der Wertzuwachs betrug über die zehn Jahre hinweg insgesamt 88 %. Dies entspricht einer exponentiellen Rendite von „nur" 6,15 % pro Jahr.

Der „Fehler" war – wenn man es so nennen möchte – dass er beim Kauf der Wohnung vor zehn Jahren alles Geld selbst auf den Tisch gelegt und keinen Kredit aufgenommen hatte. Paradoxerweise war er genau darauf noch stolz. Schauen wir uns doch mal ein mögliches Alternativszenario an:

Er hätte damals ein Darlehen über 60.000 Euro aufnehmen und lediglich die Kaufnebenkosten von 8.000 Euro selbst zahlen können. Für das Darlehen hätte er bei einem Zinssatz von 3 % über die gesamten zehn Jahre hinweg Zinskosten von genau 16.025 Euro gezahlt. Es ist nun sehr einfach, einen genauen Vergleich anzustellen, da lediglich die Zinskosten den Unterschied in diesem Szenario machen. Ob er die Miete auf sein Konto erhält oder damit seinen Kredit tilgt, macht in Sachen Vermögensaufbau keinen Unterschied. In ersterem Fall ist das Geld zwar sofort liquide und verfügbar, im zweiteren erst beim Verkauf, rechnerisch läuft das aber auf dasselbe hinaus.

Schauen wir uns nun das Ergebnis an: Der Käufer hätte in diesem Szenario 16.025 Euro mehr an Kosten gehabt. Sein Zugewinn hätte also statt 59.800 Euro nur 43.775 Euro betragen. Aber um diesen Betrag zu erhalten, hätte er nur 8.000 Euro eigenes Geld in die Hand nehmen müssen. Er hätte also aus 8.000 Euro 51.775 Euro gemacht, was mehr als dem Sechsfachen entspricht. Während er tatsächlich einen Zuwachs von 88 % verzeichnen konnte, hätten es auch 547 % sein können. Und jetzt kommt ein ganz wichtiger Satz: mit ein und derselben Wohnung! Es geht beim Investieren in Immobilien gar nicht vorrangig darum, eine bessere Immobilie zu finden oder den Kaufpreis maximal nach unten zu verhandeln. Mit ein und derselben Wohnung kann man in einem Fall sein Geld verdoppeln und im anderen Fall versechsfachen. Es kommt nur darauf an, dieses Zahlenspiel zu verstehen.

Der Vollständigkeit halber sei noch gesagt, dass das alles natürlich nichts nützen würde, hätte der Verkäufer sein übriges Geld dann auf dem Konto liegen lassen. Er muss es natürlich auch wieder investieren, ansonsten entstehen sogenannte Opportunitätskosten.[18] Aber hätte er entweder nach demselben Modell mehrere Wohnungen oder aber eine teurere Wohnung gekauft, so wären aus seinen 68.000 Startkapital in zehn Jahren sage und schreibe 440.000 Euro geworden.

Das sind die Wunder der Mathematik. Dem zugrunde liegt wieder der bereits mehrfach erwähnte Hebel-Effekt.

Aber woher weiß man nun, ob eine Finanzierung gut oder schlecht aufgestellt ist? Vieles wirkt häufig recht komplex und es gibt viele Stellschrauben, an denen man drehen kann. Ich bemühe mich im Folgenden, Dir eine Strategie an die Hand zu geben, die einfach anzuwenden ist und Dir ein bestmögliches Ergebnis liefert. Die Grundprinzipien lauten wie folgt:

Finanziere möglichst den vollständigen Kaufpreis über eine Bank und zahle nur die Kaufnebenkosten aus Eigenkapital. Wenn die Miete nach Abzug der Kosten nicht ausreicht, um den Kapitaldienst, also die Finanzierungsrate, zu decken, so ist die Immobilie zu teuer. Das Investment sollte in etwa cashflowneutral, besser noch cashflowpositiv sein.

Wenn Du die Wahl hast zwischen einem höheren monatlichen Cashflow und einer höheren monatlichen Tilgung, dann geht der Cashflow immer vor. Deshalb, weil Du den freien Cashflow

---

[18] Darunter versteht man den entgangenen Gewinn, der dadurch entsteht, dass man eine bestimmte Handlungsalternative gewählt bzw. nicht gewählt hat. Es handelt sich somit nicht um tatsächliche Kosten, sondern vielmehr um einen Gewinn, den man nicht gemacht hat, da man eine Gewinnchance nicht ergriffen hat.

direkt wieder re-investieren kannst, und das bringt eine deutlich höhere Rendite als die Zinsersparnis, die eine schnellere Tilgung bedeuten würde.

Zudem beschleunigt ein höherer freier Cashflow das Wachstum, da Du schneller neues Eigenkapital generierst, und erhöht sowohl die Bonität als auch die Sicherheit Deines Investments, da Du mehr Puffer für Eventualitäten zur Verfügung hast. Freiwillige Sondertilgungen kannst Du in den meisten Darlehensverträgen sowieso immer leisten, aber ich rate regelmäßig davon ab. Eher würde ich dieses Geld anderweitig investieren.

IMMOBILIEN UND AKTIEN IM VERGLEICH

Es ist Abend, ich mache gerade Feierabend und lege mein Macbook beiseite. Nachdem ich noch eine Runde im Park laufen war, schalte ich den Fernseher ein, um zu entspannen. Auf Youtube wird mir ein Video vorgeschlagen mit dem Titel „Kann man als normaler Angestellter wirklich Millionär werden?“. Obwohl ich natürlich schon beim Lesen des Titels eine Antwort im Kopf habe, bin ich neugierig auf das Video und schaue es mir an. Das Video ist gut gemacht, es liefert präzise und fundierte Berechnungen. Mir gefällt auch, dass hier nichts versprochen wird, was nicht gehalten werden kann. Das Video wirkt also sehr bodenständig und seriös. Allerdings ist das Ergebnis recht ernüchternd. Im Video wird von einem 25-jährigen Arbeitnehmer ausgegangen, der anfangs 37.000 EUR brutto p. a. verdient und bis zu seinem Renteneintritt 43 Jahre lang spart. Sein Geld investiert er in Aktien, wobei von durchschnittlich 7 % Rendite ausgegangen wird. Unser Beispielsparer legt monatlich 10 % seines Einkommens zur Seite und erreicht so gerade die Millionengrenze, bevor er in den Ruhestand geht. Und während man sich als Zuschauer für ihn freut, dass er die Millionenmarke noch geknackt hat, kommt die Erwähnung, dass auf diesen Betrag natürlich Kapitalertragsteuern anfallen, etwa 148.000 Euro. Durch die Berücksichtigung der Inflation wird das Ergebnis im Video nun ein weiteres mal nach unten korrigiert. Fazit ist: Es ist eigentlich nicht möglich.

Mir wird nochmal schlagartig bewusst, dass Immobilien ganz anders funktionieren. Ich zahle 10 % (oder besser noch weniger) des Immobilienpreises für die Erwerbsnebenkosten, den Kaufpreis aber lasse ich von einer Bank finanzieren und dann – das ist der krasse Unterschied – vom Mieter abbezahlen. Nach etwa 30 bis 35 Jahren ist das Darlehen getilgt, ich kann die Immobilie verkaufen und das ganze Geld gehört mir – und zwar steuerfrei! (Natürlich könnte ich auch schon viel früher verkaufen und den bis dahin entstandenen Gewinn mitnehmen.) Im Gegensatz zum Aktiensparen aber kann ich viel, viel mehr an Vermögen aufbauen. Und während im Video die Inflation gegen einen arbeitet, so gibt uns diese bei Immobilieninvestments sogar Rückenwind, indem sie sowohl Mieten als auch Kaufpreise steigen lässt.

Mein Bruder Michael und ich besitzen aktuell Immobilien im Wert von ca. 12 Millionen Euro. Diese sind in ca. 22 Jahren abbezahlt. Wenn wir dann alles verkaufen, gehört dieser Betrag uns. Niemals könnten wir das durch Sparen erreichen. Und da sind mögliche Wertsteigerungen noch gar nicht mitgerechnet.

Es war auf jeden Fall die richtige Entscheidung, mir dieses Video anzuschauen, denn es hat mir nochmal vor Augen geführt, dass meine Strategie genau die richtige ist.

Ich hoffe sehr, dass es mir inzwischen gelungen ist, Dir die vielen Vorzüge von Immobilien zu vermitteln. In den folgenden Kapiteln werden wir nun den gesamten Prozess eines Immobilienkaufs gedanklich durchlaufen. Ich werde versuchen, mich auf das Wesentliche zu beschränken, möchte aber Aspekte, die ich für inhaltlich wichtig halte, nicht zu kurz kommen lassen, selbst dann, wenn die Erläuterungen dazu manchmal etwas „trocken“ sind. Ich möchte Dich dazu ermutigen, trotzdem durchzuhalten und am Ball zu bleiben. Denke immer daran, es geht nicht um das Geld auf dem Konto, sondern um die Türen, die es Dir öffnen wird. Solltest Du also feststellen, dass das ein oder andere Kapitel etwas technisch oder zäh klingt, dann verdeutliche Dir immer, warum Du Dir dieses Buch überhaupt zugelegt hast. Halte durch, denn Du wirst Dir später selbst dafür danken!

KAPITEL 4 – DER THEORIETEIL: WERDE ZUM EXPERTEN

WIE VIEL GELD MAN BRAUCHT, UM ENDLICH DEN ANFANG ZU MACHEN?

Allem voran steht nun die Frage, wie viel Geld Du sinnvollerweise mindestens besitzen solltest, bevor Du Deine erste Immobilie kaufst und somit von den vielen Vorteilen profitieren kannst.

Ich mache immer wieder die Erfahrung, dass junge Menschen dem Irrglauben erliegen, dass man erst dann in Immobilien investieren könne, wenn man bereits viel Geld besitzt. Dies ist aber keineswegs der Fall.

Wie viel Geld Du genau als Startkapital zur Verfügung haben solltest, hängt auch davon ab, in welcher Region Du investieren möchtest, da die Kaufpreise von Immobilien in Abhängigkeit vom Standort natürlich stark schwanken können. Ohne jetzt auf die Details der Lage einzugehen – dazu kommen wir später noch –, sei aber schon gesagt, dass es in jeder Region auf der einen Seite natürlich große Städte gibt, in denen die Immobilienpreise in der Regel sehr hoch sind, aber andererseits auch Kleinstädte oder den sogenannten „Speckgürtel", wo viel niedrigere Kaufpreise gang und gäbe sind.

Als „Anfänger" bietet es sich oftmals an, zunächst eine günstigere Immobilie, meistens eine Eigentumswohnung, in einer Kleinstadt oder im Speckgürtel einer Großstadt zu kaufen. Während man beispielsweise in Köln kaum eine Wohnung unter 200.000 Euro findet, gibt es in den wenige Kilometer entfernten Städten Krefeld, Neuss, Kerpen oder Leverkusen sehr viele Wohnungen zu Kaufpreisen von unter 2.000 Euro pro Quadratmeter. Eine 50 Quadratmeter große Wohnung kostet demnach „nur" 100.000 Euro.

Wie wir bereits erörtert haben, sollte man die sogenannten Kaufnebenkosten immer selbst tragen und maximal den Kaufpreis der Immobilie über ein Darlehen finanzieren. Die Kaufnebenkosten betragen je nach Bundesland und je nach Höhe der Maklerprovision ca. 10 % vom Kaufpreis. Viele Menschen empfehlen, dass man neben den Kaufnebenkosten auch noch 10 bis 20 % des Kaufpreises selbst finanziert. Das sehe ich anders. Warum, hast Du in den obigen Kapiteln bereits erfahren.

Neben dem Geld, das Du in eine Immobilie investierst, solltest Du natürlich auch noch Rücklagen für Reparaturen auf der einen Seite, aber auch für Dein eigenes Leben auf der anderen Seite haben, falls Du einmal in eine finanzielle Schieflage gerätst. Für Letzteres empfehle ich Dir mindestens drei – besser sogar sechs – Netto-Monatsgehälter. Wenn Du diese immer als „Notgroschen" bereithältst, wirst Du merken, dass Du an innerer Sicherheit gewinnst, da es in der Regel immer möglich ist, Unvorhergesehenes wie zum Beispiel einen Jobverlust innerhalb von drei bis sechs Monaten zu regeln. Lebt man hingegen von einem Monatsersten zum nächsten, dann kann ein solches Dilemma einen schnell aus der Bahn werfen. Für Reparaturen und Instandhaltungsmaßnahmen an Deinen Immobilien gilt als Faustformel: „5 % vom Immobilienwert". Besitzt Du also Immobilien im Wert von 100.000 Euro, so solltest Du etwa 5.000 Euro an Rücklagen haben.

Berücksichtigt man nun die drei Aspekte „Notgroschen", Rücklagen für Reparaturen und Eigenkapital für die Kaufnebenkosten, so kommt man bei einer Wohnung zum Preis von 100.000 Euro, was durchaus ein gängiges Einsteiger-Investment darstellt, auf ca. 22.500 Euro. Dies ist also der Betrag, den Du in etwa besitzen solltest, bevor Du Dir Deine erste Immobilie kaufst, wobei davon dann ca. 10.000 Euro in den Kauf fließen, 7.500 Euro als Notgroschen dienen und 5.000 Euro für Rücklagen bleiben. Je nach Region gibt es natürlich auch noch günstigere Immobilien, aber nun bist Du ja im Stande, Dir diesen Betrag selbst auszurechnen.

Die wichtige Erkenntnis ist jedoch, dass man nicht bereits reich sein muss, um in Immobilien investieren zu können.

Eine weitere Voraussetzung muss dafür auch noch gegeben sein: Du musst natürlich eine entsprechende Bonität vorweisen, um überhaupt einen Kredit zu bekommen. Wie die Bank Deine Bonität ermittelt, das schauen wir uns nun genau an.

SO RECHNEN BANKEN: DIE BONITÄT UND DIE HAUSHALTSRECHNUNG

Bei einer Kreditanfrage für eine Immobilienfinanzierung schaut sich die Bank im Wesentlichen zwei Dinge an: Zum einen bewertet sie zunächst die Immobilie selbst, das heißt sie prüft, ob die Immobilie den verlangten Kaufpreis auch wirklich wert ist.

Dies ist für die Bank deshalb wichtig, weil sie immer auch vom Worst-Case-Szenario ausgehen muss. Solltest Du nämlich eines Tages Deinen Kredit nicht mehr ordnungsgemäß zurückzahlen, so würde die Bank die Immobilie, auf die zur Besicherung eine Grundschuld zugunsten der Bank eingetragen wird, zwangsveräußern, um aus diesem Veräußerungserlös die noch offene Restschuld zu begleichen. In der Regel geschieht dies im Rahmen einer sogenannten Zwangsversteigerung. Die Bank ermittelt also bei der Finanzierungsanfrage einen Preis, von dem sie ausgeht, dass sie ihn selbst bei einer Zwangsversteigerung für die Immobilie bekommen würde. Diesen Wert nennt man Beleihungsgrenze. In der Regel ist die Bank bereit, Dir bis zu dieser Grenze ein Darlehen zu gewähren.

Oftmals gewähren Banken aber auch Darlehen, die oberhalb der Beleihungsgrenze liegen. Die Differenz zwischen Darlehenshöhe und Beleihungsgrenze bezeichnet man als

Blanko-Anteil. Da höhere Darlehen für die Bank mit einem höheren Risiko verbunden sind, bedürfen sie einer entsprechend besseren Bonität. Ganz grob gesprochen prüft die Bank also, ob der Kaufpreis für die jeweilige Immobilie angemessen ist und wie hoch der Blanko-Anteil ist. Dieser muss zu Deiner Bonität passen.

Was bestimmt aber nun Deine Bonität? Die Ermittlung der persönlichen Bonität ist sehr komplex und von einer Vielzahl von Faktoren abhängig. Exemplarisch seien hier die Sicherheit des Arbeitsverhältnisses, die Regelmäßigkeit, mit der man vergangenen Zahlungsverpflichtungen nachgekommen ist, aber auch rein statistische Werte wie Nationalität, Wohngegend, Anzahl an laufenden Krediten etc. genannt. All diese Faktoren werden zum Beispiel bei der Schufa dazu genutzt, den sogenannten Schufa-Score zu ermitteln, ein Wert, der angeben soll, wie wahrscheinlich es ist, dass man zukünftigen Zahlungsverpflichtungen ordnungsgemäß nachkommt. Dass dieser Wert zum größten Teil auf Statistiken beruht und keiner persönlichen Betrachtung Deiner Person gleichkommt, dürfte klar sein. Sogar die Angabe einer Festnetznummer oder die Anzahl der Wohnungsumzüge in der Vergangenheit beeinflussen den Schufa-Score.

Wichtig ist aber, dass ein höheres Einkommen nicht zwingend zu einer besseren Bonität führt. Stattdessen ist das Ergebnis der sogenannten Haushaltsrechnung ausschlaggebend. Diesen Begriff kannst Du Dir merken, er wird noch häufiger eine Rolle spielen.

Bei der Betrachtung der Haushaltsrechnung schaut sich die Bank Deine monatlichen Einnahmen und Ausgaben an und ermittelt dann, welcher Betrag unterm Strich noch übrig bleibt. Je höher dieser Betrag ist, desto besser ist Deine Haushaltsrechnung. Hast Du beispielsweise ein Netto-Einkommen von 3.000 Euro, gibst aber regelmäßig 3.500 Euro aus, so lebst Du über Deinen Verhältnissen, es bleibt unterm Strich nichts übrig. Verdienst Du hingegen nur 2.500 Euro und kommst mit monatlich 2.200 Euro gut über die Runden, so hast Du einen Überschuss bzw. einen Puffer von 300 Euro. Deine Haushaltsrechnung sieht somit positiv aus. Voraussetzung für eine Kreditvorgabe ist zwingend eine positive Haushaltsrechnung.

Solltest Du mehrere Immobilien kaufen wollen, so wird bei jeder neuen Kreditanfrage die Haushaltsrechnung erneut geprüft. Genau aus diesem Grund ist es elementar, dass man keine Immobilien kauft, die längerfristig einen negativen Cashflow erwirtschaften, da man dadurch seiner eigenen Haushaltsrechnung schadet. Vermietest Du zum Beispiel eine Wohnung für 700 Euro monatlich, hast aber Ausgaben für Bewirtschaftung und Finanzierungsrate von 800 Euro, so zahlt diese Immobilie mit monatlich minus 100 Euro negativ in Deine Haushaltsrechnung ein. Dein Überschuss verringert sich somit. Nicht zuletzt aus diesem Grund sollte man also gerade zu Beginn darauf achten, Immobilien zu kaufen, die mindestens cashflowneutral sind. Ist das positive Ergebnis Deiner Haushaltsrechnung, also Dein Puffer, ausreichend groß – zum Beispiel weil Du ein sehr hohes Einkommen hast –, dann kannst Du natürlich in Einzelfällen auch cashflownegative Immobilien erwerben. Wichtig ist aber, dass Dir diese Hintergründe bekannt sind und Du hier bewusste Entscheidungen triffst. Fehlentscheidungen können die eigene Bonität ruinieren und sind sehr schwer revidierbar. Im schlimmsten Fall kann das dazu führen, dass Du nicht mehr finanzierbar bist.

Was kann man aber nun tun, um seine Bonität zu verbessern? Nun, zunächst ist es elementar, seine Ausgaben den Einkommensverhältnissen anzupassen, so dass man in jedem Fall ein positives Ergebnis in seiner Haushaltsrechnung ausweisen kann. Je größer dieser Liquiditätsüberschuss ist, desto besser. Prüfe also auch, ob es regelmäßige Ausgaben gibt, die Du kürzen kannst. Zu denken wäre hier an den Mitgliedsbeitrag für das Fitness-Studio, in dem Du aber schon seit einem Jahr nicht mehr gewesen bist, an das Netflix-Abo, das ungenutzt bleibt, an eine Küchenfinanzierung, bei der nur noch ein kleiner Betrag offen ist. Hier wäre es sinnvoll, die offene Restschuld zu begleichen, damit die Küchenrate aus Deiner Haushaltsrechnung gestrichen werden kann, denn nur regelmäßige und bestehende Ausgaben finden in Deiner Haushaltsrechnung Berücksichtigung.

Ferner sollte man jeglichen Zahlungsverpflichtungen immer pünktlich nachkommen und insbesondere Rücklastschriften auf seinem Konto vermeiden.

In Registern zur Ermittlung der Bonität wie beispielsweise der Schufa ist eine möglichst umfassende Angabe aller Daten wie Anschrift, Telefonnummer etc. von Vorteil. Dies schafft Transparenz und wird mit einem höheren Score belohnt. Kredite für Konsumgüter wie Fernsehgeräte oder Waschmaschinen sollte man auf jeden Fall vermeiden. Selbst wenn sie im Falle einer 0 %-Finanzierung mathematisch betrachtet Sinn machen, so suggerieren sie, dass man seine Finanzen nicht im Griff hat und auf die Aufnahme von Konsumkrediten angewiesen ist.

Letztlich empfehle ich immer, dass man sich – wenn man seinen ersten Immobilienkauf plant – seine eigene Schufa-Auskunft zusenden lässt, um zu prüfen, ob hier alte schädliche oder fehlerhafte Einträge aufgeführt werden. Gegebenenfalls kann man diese (nach Ablauf bestimmter Fristen) löschen lassen, was den Schufa-Score verbessert.

DEIN LEXIKON: GRUNDBEGRIFFE

Wir haben nun ausführlich darüber gesprochen, was Immobilien so besonders macht, wie es durch den Hebel-Effekt, durch OPM und durch die Tatsache, dass andere Menschen unsere Schulden für uns tilgen und dadurch Vermögensaufbau in unserem Sinne betreiben, gelingen kann, in kurzer Zeit ein nennenswertes Vermögen aufzubauen. Ferner weißt Du, wie viel Geld Du benötigst, um in Immobilien zu investieren, und Du hast gelernt, wie Deine Bonität ermittelt wird und was Du tun kannst, um diese zu verbessern.

Nun ist es aber auch wichtig, sich zu einem gewissen Grad mit der Verwaltung von Immobilien auseinanderzusetzen. Zwar kann man eine Immobilie immer von einem professionellen Verwalter managen lassen, ich kann jedem aber nur dringend empfehlen, sich ein bestimmtes Grundwissen auch selbst anzueignen, um sich nicht von anderen abhängig zu machen. Zudem ist dies auch wichtig, um den Verwalter zumindest stichprobenweise kontrollieren zu können.

Hierfür möchte ich im Folgenden die wichtigsten Grundbegriffe, die immer wieder im Zusammenhang mit Immobilien fallen werden, kurz erläutern. Solltest Du diese bereits kennen, kannst Du dieses Kapitel natürlich einfach überspringen.

Die Begriffe sind nicht alphabetisch geordnet, sondern folgen einer inhaltlich logischen Sortierung. Die Erläuterung der Begriffe erfolgt natürlich für deren Verwendung im Zusammenhang mit Immobilien. Beispielsweise kann der Begriff „Eigenkapital" in anderen Kontexten eine ganz andere Bedeutung haben, davon ist hier aber nicht die Rede. Gerne kannst Du dieses Kapitel später auch als kleines Nachschlagewerk benutzen.

Eigenkapital

Als Eigenkapital bezeichnet man den Betrag, der einem Immobilienkäufer beim Kauf einer Immobilie selbst zur Verfügung steht. Das Eigenkapital kann in Geldform vorliegen, aber auch in Form anderer Vermögenswerte, zum Beispiel Depots, Lebensversicherungen oder auch anderer Immobilien, die nicht mehr beliehen sind (sogenannte Ersatzsicherheiten).

Fremdkapital

Dies bezeichnet – im Gegensatz zum Eigenkapital – das Geld, das ein Immobilien-Erwerber von anderen, meistens von Banken, zur Finanzierung einer Immobilie als Kredit aufnimmt.

Kapitalanlage

Der Begriff Kapitalanlage ist ein Überbegriff für Immobilien, die zum Zwecke der Geldanlage oder des Vermögensaufbaus gekauft und vermietet werden. Das Pendant dazu ist die selbstgenutzte Immobilie bzw. das Eigenheim.

Eigentumswohnung

Eine Eigentumswohnung bezeichnet eine Wohnung in einem Mehrfamilienhaus, die eine eigene wirtschaftliche Einheit darstellt und auch einzeln veräußert werden kann. Der Eigentümer einer Eigentumswohnung ist ein Mitglied der übergeordneten Gemeinschaft der Wohnungseigentümer (GdWE). Ein Mehrfamilienhaus, welches nur in einem einzelnen Grundbuchblatt eingetragen ist, besteht nicht aus Eigentumswohnungen.

Gemeinschaft der Wohnungseigentümer (GdWE)

Bezeichnet die Gemeinschaft der einzelnen Eigentümer eines Mehrfamilienhauses, bei dem die einzelnen Wohnungen eigene wirtschaftliche Einheiten darstellen (sogenannte Eigentumswohnungen). Bis zur Novellierung des Wohnungseigentumsgesetzes (WEG) im Jahr 2020 sprach man hier von der Wohnungseigentümergemeinschaft. Da die Abkürzung für Wohnungseigentümergemeinschaft (WEG) häufig zu Verwechslungen mit dem Wohnungseigentumsgesetz (WEG) führte, hat man den Begriff aus pragmatischen Gründen geändert.

Mehrfamilienhaus

Ein Haus mit mindestens drei Wohneinheiten. Bei nur zwei Wohnungen spricht man von einem Zweifamilienhaus. Wichtig zu wissen ist, dass ein Mehrfamilienhaus entweder im Ganzen eine wirtschaftliche Einheit bildet, die dann auch nur im Ganzen veräußert werden kann, oder aber aus mehreren Eigentumswohnungen besteht, die dann auch einzeln veräußert werden können. In ersterem Fall existiert keine Gemeinschaft von Wohnungseigentümern. Stattdessen gehört das ganze Mehrfamilienhaus einem einzigen Eigentümer. Welcher Fall vorliegt, ergibt sich aus dem Grundbuch.

Grundbuch

Hierunter versteht man ein öffentliches Register, in dem alle Grundstücke und Immobilien, die in einem Gemeindebezirk liegen, festgehalten und dokumentiert werden, ebenso deren Eigentümer, eingetragene Belastungen wie Hypotheken, Grundschulden und Wegerechte. Für jedes Grundstück bzw. für jede wirtschaftliche Einheit, zum Beispiel eine Eigentumswohnung, gibt es ein sogenanntes Grundbuchblatt, auch Grundbuchauszug genannt.

Grunderwerbsteuer

Die Steuer, die beim Kauf einer Immobilie anfällt und in der Regel binnen Monatsfrist an die jeweilige Finanzbehörde zu entrichten ist. Die Höhe der Grunderwerbsteuer ist von Bundesland zu Bundesland unterschiedlich hoch und liegt in Deutschland zwischen 3,5 % und 6,5 % des Kaufpreises einer Immobilie.

Grundsteuer

Im Gegensatz zur Grund**erwerb**steuer, die eine einmalige Steuer darstellt, ist die Grundsteuer dauerhaft vom Eigentümer der Immobilie zu entrichten, meist quartalsweise. Gemessen an der Höhe ist die Grundsteuer von untergeordneter Bedeutung. Zudem kann sie auf den Mieter umgelegt werden, d. h., sie wird über die Nebenkosten vom Mieter gezahlt, während die Grunderwerbsteuer vom Käufer zu entrichten ist.

Notar- und Gerichtskosten

Bezeichnet die Kosten, die beim Kauf einer Immobilie für den notariellen Kaufvertrag sowie die grundbuchamtliche Umschreibung der Immobilie auf den neuen Eigentümer anfallen. Sie betragen etwa 2 % des Kaufpreises.

Maklerprovision

Bezeichnet die Provision, auch Courtage genannt, die man an einen Makler für die Vermittlung einer Immobilie zahlen muss. Man unterscheidet die Innenprovision, die der Verkäufer zahlt, und die Außenprovision, die der Käufer zahlt. Die Höhe ist variabel und liegt in der Regel zwischen 2 und 5 % des Kaufpreises zuzüglich Mehrwertsteuer. Die Positionen Grunderwerbsteuer, Notar- und Gerichtskosten sowie

Maklerprovision bilden gemeinsam die Kaufnebenkosten, auch Erwerbsnebenkosten genannt.

Kaufpreisfaktor

Der Kaufpreisfaktor gibt an, die wievielfache Jahresnettomiete dem Kaufpreis einer Immobilie entspricht. Beträgt die Jahresnettomiete zum Beispiel 5.000 Euro bei einem Kaufpreis von 100.000 Euro, so beträgt der Kaufpreisfaktor 20. Je geringer der Kaufpreisfaktor, desto günstiger ist die Immobilie. Der Kaufpreisfaktor ist eine der wichtigsten Kennzahlen zur Beurteilung eines Immobilien-Investments. Der Kehrwert gibt die Mietrendite der Immobilie an. In unserem Beispiel 1/20, also 5 %.

Hausgeld

Als Hausgeld, auch Wohngeld genannt, bezeichnet man den monatlichen Geldbetrag, den jeder Miteigentümer einer GdWE an diese zu zahlen hat, um die laufenden Bewirtschaftungskosten des Gebäudes und die Kosten der Verwaltertätigkeit zu finanzieren. In der Regel beinhaltet das Hausgeld auch einen Rücklageanteil, der der sogenannten Erhaltungsrücklage zugeführt wird.

Hausgeldabrechnung

Das Hausgeld wird in Form monatlicher Vorschüsse an den GdWE-Verwalter gezahlt, der die Kosten für das gesamte Jahr zuvor prognostiziert. Einmal pro Jahr wird dann genau abgerechnet. Ist die Summe der Vorschüsse eines Eigentümers höher als die realen Kosten, so erhält er eine Rückerstattung, andernfalls kommt es zu einer Nachzahlung. Dies wird in der Hausgeldabrechnung ermittelt, welche einmal jährlich an alle Eigentümer versandt wird.

Nebenkostenabrechnung

Im Gegensatz zur Hausgeldabrechnung bezieht sich die Nebenkostenabrechnung, manchmal auch Betriebskostenabrechnung genannt, auf den Mieter. Hier verhält es sich ähnlich: Der Mieter zahlt monatlich Vorschüsse für die prognostizierten Nebenkosten für Heizung, Wasser, Abfallgebühren etc. Zahlt er in einem Jahr mehr als die Summe der realen Kosten, dann erhält er eine Erstattung, andernfalls wird eine Nachzahlung fällig.

Erhaltungsrücklage

Bis zur Novellierung des WEG nannte man diese auch Instandhaltungsrücklage. Sie bezeichnet die Rücklage einer Gemeinschaft von Wohnungseigentümern für Instandhaltungsarbeiten und Reparaturen.

Umlagefähige Kosten

Die umlagefähigen Kosten sind diejenigen Kosten des Hausgeldes, die auf den Mieter umgelegt werden können, also von diesem bezahlt werden müssen. Aus Mietersicht sind diese deckungsgleich mit den Nebenkosten. Sie beinhalten zum Beispiel Heiz- und Wasserkosten, Hausmeisterdienste, Abfallgebühren, aber auch die Kosten für eine Gebäudeversicherung oder die Grundsteuer.

Nicht umlagefähige Kosten

Diese bezeichnen denjenigen Anteil des Hausgeldes, der nicht vom Mieter übernommen werden muss. Meist sind dies die Verwaltungskosten, die Reparatur- und Instandhaltungskosten, die Zuführung zur Erhaltungsrücklage sowie Kontoführungsgebühren. Diese Kosten zahlt somit der Eigentümer selbst.

Gemeinschaftseigentum

Bezeichnet diejenigen Bauteile eines Mehrfamilienhauses, die nicht den einzelnen Wohnungen zugeordnet werden können und stattdessen der Gemeinschaft kollektiv gehören. Als Beispiele können hier Treppenhaus, Hauseingang, Briefkastenanlage, Strangleitungen, das Dach oder der Rohbau des Gebäudes genannt werden. Für die Instandhaltungs- und Reparaturkosten des Gemeinschaftseigentums kommt die Gemeinschaft auf.

Sondereigentum

Das Sondereigentum ist das Pendant zum Gemeinschaftseigentum und meint Gebäudeteile, die den einzelnen Wohnungen genau zugeordnet werden können und im Verantwortungsbereich des jeweiligen Eigentümers liegen. Dieser trägt somit auch alle in diesem Zusammenhang anfallenden Kosten. Beispiele für Teile des Sondereigentums sind der Fußbodenbelag in einer Wohnung, die Innentüren, Fliesen, Wandbeläge wie Tapeten, Sanitäranlagen, aber auch die wasserführenden Leitungen innerhalb der Wohnung (ab Strangleitung) sowie die Elektrik.

Abschreibung

Die Kosten, die im Zusammenhang mit einem Immobilienkauf anfallen, können nicht alle im Jahr der Anschaffung direkt steuerlich geltend gemacht werden. Dies macht auch Sinn, da eine Immobilie in der Regel lange existiert. Aus diesem Grund werden die Kosten über die sogenannte Restnutzungsdauer der Immobilie abgeschrieben, also verteilt. Diese Restnutzungsdauer hat dabei meist fiktiven Charakter. Hier gibt es zwar jede Menge Detailregeln und Gesetze, für den Anfang kannst Du Dir aber merken, dass der Kaufpreis einer Immobilie steuerlich meist über 50 Jahre verteilt wird, das heißt, dass man jedes Jahr

2 % als Kosten geltend machen kann. Wichtig ist, dass der Kaufpreis einer Immobilie oftmals aus verschiedenen Posten besteht, zum Beispiel Grundstück, Immobilie und gegebenenfalls auch noch Inventar wie Küche oder Möbel. Nur der Anteil, der sich auf das Gebäude bezieht, wird über 50 Jahre abgeschrieben. Möbel haben eine kürzere Abschreibungsdauer und das Grundstück, man spricht hier auch von „Grund und Boden“, wird gar nicht abgeschrieben. Wenn eine Immobilie vor dem Jahr 1925 erbaut wurde, dann beträgt die Abschreibung sogar 2,5 % pro Jahr. Neubau-, Gewerbe- und Denkmalschutzimmobilien können oft mit noch höheren Sätzen abgeschrieben werden.

LAGE, LAGE, LAGE

Sobald es um Immobilien geht, hört man immer wieder den Ausdruck „Lage, Lage, Lage“, aber was genau ist damit eigentlich gemeint und welches ist nun die beste Lage, wenn es ums Investieren geht? Das Thema ist vielschichtiger, als man vielleicht zunächst meinen mag. In diesem Kapital wollen wir nicht nur die Kriterien für eine gute Lage definieren, sondern auch einmal die Vor- und Nachteile unterschiedlicher Lage-Strategien gegenüberstellen. Es gibt verschiedene Lage-Strategien, die alle ihre Berechtigung haben. Hat man sich als Anleger für eine Strategie entschieden, dann gilt es herauszufinden, welche Standorte sich hier konkret anbieten. Oft werden auch verschiedene Strategien miteinander kombiniert.

Grundsätzlich unterscheidet man A-, B- und C-Lagen, wobei das A Top-Lagen bezeichnet wie München, Köln oder Hamburg und das C kritischere Städte mit hoher Arbeitslosigkeit und hohem Konfliktpotenzial in der Bevölkerung, die tendenziell von einem stagnierenden oder sogar negativen

Bevölkerungswachstum geprägt sind. Beispiele sind hier Chemnitz und Frankfurt an der Oder. Das B markiert somit die Mitte. Was diese Gliederung weniger umfasst, ist die Unterscheidung zwischen Großstädten, Kleinstädten, ländlicheren Regionen oder Randbezirken. Hier spricht man dann eher vom sogenannten „Speckgürtel“, also Gemeinden, die nah an den Städten oder um sie herum liegen.

Jetzt anzunehmen, man sollte ausschließlich in A-Lagen investieren, ist allerdings zu einfach gedacht. Um dies zu verstehen, muss man sich verdeutlichen, dass es eine starke negative Korrelation gibt zwischen der Qualität der Standorte und der Mietrendite, die an diesen erzielt wird. Dieser komplex klingende Satz heißt nichts anderes als dass die Mietrendite an guten Standorten niedriger ist und an schlechten Standorten höher. Dies macht auch Sinn, denn wenn sich ein Investor dazu entscheidet, in einen schlechteren Standort zu investieren, dann wird er das nur tun, wenn er dort eine höhere Renditeerwartung hat als an einem besseren Standort. Umgekehrt geben sich Investoren in Top-Lagen mit einer niedrigeren Rendite zufrieden, da dort das Risiko und die Probleme, die mit einem Investment zusammenhängen, geringer sind.

Solche Probleme können beispielsweise in der Mieterstruktur zu finden sein. Wenn ich zum Beispiel in München eine Wohnung zur Vermietung anbiete, dann werde ich ziemlich sicher sehr viele Bewerber haben und kann mir aus einer Vielzahl von Interessenten den besten und nettesten Mieter mit einer guten Bonität aussuchen. An schwachen Standorten ist dies aber nicht unbedingt der Fall. Da kann es auch mal sein, dass ich mangels Alternativen einen „schlechteren“ Mieter akzeptieren muss. Und während man es als Mieter in München in der Regel unterlässt, seinen Vermieter wegen kleinen Schäden an der Immobilie zu nerven, da man sich nicht unbeliebt machen möchte, rufen einen in Hagen die Mieter – überspitzt gesagt – auch an, wenn eine Glühbirne kaputtgeht. Sie haben dort eine ganz andere Verhandlungsmacht gegenüber ihrem Vermieter.

Ein weiterer Aspekt ist der des Mietausfallrisikos bzw. Leerstandes. An guten Standorten gelingt es meist, Mietverhältnisse nahtlos aneinanderzuknüpfen, das heißt: Wenn ein Mieter auszieht, übernimmt der nächste Mieter meist zum selben Stichtag die Wohnung, was eine durchgängige Mietzahlung verspricht. In schwächeren Regionen ist es nicht unüblich, dass es ein paar Monate dauert, bis man einen neuen Mieter gefunden hat, so dass man während dieser Zeit auch keine Miete erhält. Die Finanzierungsraten und die Bewirtschaftungskosten aber laufen weiter.

Als Drittes möchte ich noch das Thema „Renovierung" ansprechen. Mieter an Top-Standorten, wo der Wohnungsmarkt heiß umkämpft ist, akzeptieren bei der Anmietung einer Immobilie tendenziell auch einen schlechteren Zustand, wohingegen unrenovierte Immobilien an schlechten Standorten praktisch unvermietbar sind. Der Aufwand, der damit verbunden ist, eine Immobilie neu zu vermieten, fällt also auch unter diesem Aspekt höher aus. Ich bin der Meinung, dass man als Vermieter ohnehin generell seine Hausaufgaben machen sollte, und das beinhaltet, schönen Wohnraum zur Verfügung zu stellen. Es widerstrebt mir, wenn ich Vermieter erlebe, die lediglich auf das große Geld aus sind, aber ihren Pflichten nicht nachkommen und abgewohnte Wohnungen zu überteuerten Preisen anbieten, nur weil der Markt es eben zulässt. Dennoch wollte ich diesen Aspekt hier einmal erwähnen.

Sicherlich fragt man sich jetzt beim Lesen, warum es überhaupt Menschen gibt, die angesichts solcher Probleme an schwächeren Standorten investieren. Die Antwort liegt in der höheren Mietrendite. Gehen wir einmal genauer darauf ein: Wir hatten zuvor schon den sogenannten Kaufpreisfaktor angesprochen, der das Verhältnis des Kaufpreises einer Immobilie zur Jahresnettomiete angibt. Nochmal zur Wiederholung: Kostet eine Wohnung beispielsweise 100.000 Euro und erwirtschaftet eine Jahresnettomiete von 5.000 Euro, so beträgt der Kaufpreisfaktor 20. Der Kehrwert des Kaufpreisfaktors hingegen gibt die Mietrendite an. Man teilt also die Zahl 1 durch 20 und erhält 0,5. In Prozent ausgedrückt sind dies 5 %.

Neben dem aktuellen Finanzierungszins, der maßgeblich den Preis einer Immobilie mitbestimmt, ist der Standort dasjenige Kriterium, das am meisten Einfluss auf den Kaufpreisfaktor und somit auf die Mietrendite hat. Für Investoren ist es natürlich von Interesse, eine möglichst hohe Rendite zu erwirtschaften, und die Mietrendite ist in schwächeren Lagen höher. Anders ausgedrückt: Die Kaufpreisfaktoren sind dort besser.

Es kommt noch ein weiterer Aspekt hinzu: Höhere Mietrenditen erlauben es, Immobilien zu finden, die einen positiven Cashflow erzeugen, wo also die Mieteinnahmen sämtliche Ausgaben wie Finanzierungsrate, Bewirtschaftungskosten etc. übersteigen. Hierdurch gelingt es, aus der Vermietung direkt wieder neues Kapital zu generieren, das für weitere Investments angespart werden kann. Gerade dann, wenn man vorhat, mehrere Immobilien zu kaufen, ist dies essenziell für das Wachstum. Zudem haben diese Mietüberschüsse noch einen zweiten ganz wichtigen Effekt: Sie verbessern die Haushaltsrechnung und somit die Bonität, da man durch den Kauf der Immobilie aufgrund der Überschüsse mehr Geld zur Verfugung hat als vor dem Kauf. Diesen Vorteilen stehen die genannten Nachteile gegenüber.

Aber wie sieht es an den A-Standorten aus? Wie bereits erwähnt, wird man dort in der Regel weniger arbeitsintensive Immobilien vorfinden, allerdings sind diese so gut wie immer cashflownegativ. Dieses Dilemma kann man nur durch den Einsatz von mehr Eigenkapital ausgleichen. Wie wir im Kapitel „Die Wunder der Mathematik“ gesehen haben, ist der Einsatz von mehr Eigenkapital aber kontraproduktiv in Bezug auf die Eigenkapitalrendite; diese wird somit deutlich schlechter. Möchte man dies vermeiden und nimmt den negativen

Cashflow in Kauf, so wird die Haushaltsrechnung und somit die eigene Bonität von Immobilienkauf zu Immobilienkauf immer schlechter, da man mit jedem Kauf weniger Geld zur Verfügung hat. Bei ein paar Objekten kann man dies mit einem guten Einkommen noch abfedern, aber irgendwann gilt man als nicht mehr finanzierbar. Das Problem ist, dass dies kaum reversibel ist. Die gut gemeinte Idee, nur in Premium-Lagen zu investieren, kann einen somit schnell in eine Sackgasse führen.

A-Lagen bieten dennoch einen weiteren Vorteil: Wertsteigernde Investitionen in eine Immobilie zahlen sich an diesen Standorten mehr aus als in schwächeren Lagen. Nehmen wir einmal an, man möchte seine Immobilie aufwerten, indem man Balkone anbaut, die es zuvor nicht gegeben hat. Die Kosten werden annähernd gleich hoch sein, unabhängig davon, ob ich diese Maßnahme in Köln oder in Hagen durchführe. Wenn ich aber davon ausgehe, dass ich in Köln pro zusätzlichem Quadratmeter, den ich nun vermieten kann, einen viel höheren Preis erziele als in Hagen, dann lohnt sich diese Maßnahme dort viel mehr. Auch ist die Amortisationsdauer der Maßnahme deutlich kürzer. Wer also plant, solche wertsteigernden Maßnahmen in seinen Objekten durchzuführen, der fährt an teureren Standorten besser.

Anders sieht es hingegen mit der „passiven Wertsteigerung" aus, also derjenigen Wertsteigerung, die eher inflations- und nachfragebedingt ist, auf die wir also keinen Einfluss haben. Viele Investoren behaupten, die Wertsteigerung sei an Top-Standorten immer höher als in den C-Lagen. In der jüngsten Vergangenheit traf dies auch zu, allerdings sehe ich es als kritisch an, hieraus eine Regel für die Zukunft abzuleiten, und zwar aus dem Grund, dass Immobilien in den Top-Lagen mittlerweile so teuer geworden sind, dass es nur noch sehr wenige Interessenten gibt, die sich diese überhaupt leisten können. Dieser Nachfragerückgang schwächt den Preisanstieg dort teilweise stärker ab als in den B- und C-Lagen. Es bleibt also abzuwarten, ob diese These auch in der Zukunft zutreffen wird.

B-Lagen bilden häufig einen guten Kompromiss. Die Immobilien sind nicht überteuert und bieten solide Mietrenditen. Der Mietermarkt ist zudem gut, so dass Neuvermietungen zügig und mit überschaubarem Aufwand durchgeführt werden können, dennoch ist ein kurzer Leerstand möglich. Die Bonität wird kaum beeinflusst, da sich Einnahmen und Ausgaben die Waage halten.

Neben der Betonung der Wichtigkeit soll die Floskel „Lage, Lage, Lage“ aber auch darauf hinweisen, dass man bei der Standortbewertung die Makro-, die Meta- und die Mikrolage betrachten sollte. Die Makrolage – als der am weitesten gefasste der drei Begriffe – beschreibt die regionale Umgebung der Immobilie. Dazu gehören zum Beispiel die Wirtschaftskraft, die demographische Entwicklung, die Kaufkraft der Bevölkerung und der Arbeitsmarkt. Das Pendant bildet die Mikrolage. Hier geht es ums Detail, also das Straßenbild, die Verkehrsanbindung der Immobilie und die Entfernung beispielsweise zu Geschäften. Auch wenn der Begriff Metalage nicht näher definiert ist, so kann man sich hierunter den Stadtteil oder Bezirk vorstellen. In Köln wäre das das „Veedel“, in dem die Immobilie liegt. Letztlich sind alle drei Aspekte von Bedeutung. Es nützt nichts, eine Wohnung in einer tollen Makrolage zu finden, wenn sich bei der Betrachtung der Mikrolage herausstellt, dass sich die Wohnung in einem hässlichen und verschmutzen Hochhaus befindet. Umgekehrt würde ich ein angesagtes Szeneviertel, also eine gute Metalage, in einer Region mit hoher Arbeitslosigkeit und rückläufiger Bevölkerungszahl ebenso als schwach einstufen.

Aber was ist jetzt die beste Strategie und wo sollte man kaufen? Die Antwort lautet: Es kommt auf den Zeitpunkt in Deiner Investorenkarriere an. Gerade zu Beginn können B- und C-Lagen das Wachstum beschleunigen, indem sie durch die Mietüberschüsse kurzfristig neues Kapital generieren und die eigene Bonität verbessern. Zudem hat man zu Beginn noch nicht viele Objekte und kann den Mehraufwand, den diese verlangen, auch organisatorisch gut abfedern, sofern man seine

Objekte überhaupt selbst verwalten möchte. Mit zunehmender Größe des eigenen Portfolios kann man es sich dann eher leisten, auch teurere Objekte in den Top-Lagen zu kaufen. Zudem halte ich es durchaus für sinnvoll, hinsichtlich der Standorte eine gewisse Streuung im Portfolio zu berücksichtigen. Letztlich kann nämlich keiner mit Sicherheit voraussagen, ob sich künftig die A-, B- oder C-Lagen besser entwickeln werden.

Auch die eigene Persönlichkeit spielt natürlich eine Rolle. Während der eine Investor die maximale Rendite erzielen will und den Mehraufwand dafür gerne in Kauf nimmt, will der andere vielleicht jegliche Probleme vermeiden und ist daher genügsamer im Hinblick auf seinen Gewinn. Letztlich sollte jeder selbst Für und Wider sorgfältig gegeneinander abwägen.

Es bleibt zu ergänzen, dass man in jedem Fall vermeiden sollte, an Standorten mit rückläufiger Bevölkerung zu investieren. Dort sehe ich ein Risiko, dass die Immobilienpreise langfristig tatsächlich sinken könnten, insbesondere dann, wenn ein sogenannter Tipping-Point[19] erreicht wird. Es kann passieren, dass durch den Wegzug der Menschen über die Zeit hinweg Geschäfte und Betriebe schließen, manchmal sogar auch Schulen. Dies wiederum führt dazu, dass noch mehr Menschen wegziehen, da das Alltagsleben sich zunehmend schwieriger gestaltet, und so entsteht eine regelrechte Abwärtsspirale.

Auch sind Regionen, in denen der Großteil der Bevölkerung bei einem einzigen Arbeitgeber beschäftigt ist, kritisch zu bewerten. Sollte dieser Arbeitgeber in der Zukunft seinen Betrieb oder sein Werk schließen, entweder weil er insolvent wird oder einfach weil der Betrieb an einen anderen Standort verlagert wird, so kann dies zu einem plötzlichen Schrumpfen der Bevölkerung führen, was sich in den Immobilienpreisen der Region niederschlagen wird. Positiv hingegen sind heterogene

---

[19] Tipping-Point meint hier einen sogenannten Kipp-Punkt, an dem eine kritische Schwelle überschritten wird.

Städte und insbesondere Städte mit Universitäten, da diese tendenziell wachsende Einwohnerzahlen aufweisen. Die folgende Grafik verdeutlicht die Vor- und Nachteile verschiedener Lagen.

Abb. 7: Qualitative Betrachtung unterschiedlicher Lagestrategien

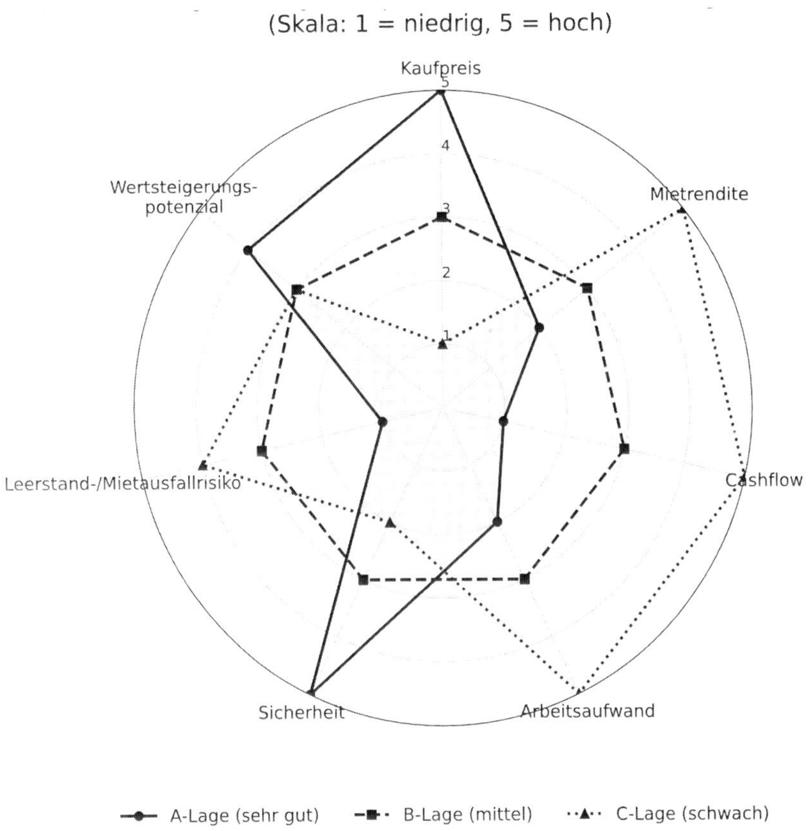

Zum Abschluss dieses Kapitels möchte ich noch einen Aspekt erwähnen, den ich den „Betonfaktor“ eines Immobilien-Portfolios nenne. Letztlich wollen wir Immobilien-Investoren eine gute Rendite auf den Gesamtwert unseres Portfolios erzielen. Stellen wir uns einfach mal ein Immobilien-Portfolio im Gesamtwert von zehn Millionen Euro vor. Aus wie vielen Wohneinheiten besteht dieses Portfolio? Nun, die Antwort kann sehr unterschiedlich ausfallen. Je nachdem, an welchem Standort sich die Immobilien befinden, kann dieses Portfolio aus 100 oder aus 10 Wohneinheiten bestehen. Ich besitze einzelne Wohnungen in Köln, die ebenso viel wert sind wie ein Sieben-Parteien-Haus in Krefeld. Mehr Wohneinheiten – und somit mehr Beton – bedeuten aber auch mehr Aufwand und in der Regel auch mehr Kosten. Alle Bäder in seinem Portfolio sanieren zu wollen, kann einen vor sehr unterschiedliche Herausforderungen stellen, je nachdem ob es darum geht, 10 oder 100 Bäder zu sanieren. Es bleibt also zu berücksichtigen, dass der Betonfaktor immer in einem guten Verhältnis zum Gesamtwert des Portfolios stehen sollte. Wie hoch dieser sein darf, muss aber jeder selbst definieren.

Und so lautet meine persönliche Strategie-Empfehlung:

Gerade zu Beginn halte ich es für sinnvoll, in cashflowstarke Immobilien zu investieren. Warum, weißt Du inzwischen. Sie ermöglichen ein schnelleres Wachstum, da sie neues Kapital generieren. Sie erhöhen aufgrund der Cashflow-Überschüsse die Bonität und sorgen für mehr Sicherheit, da Zahlungsausfälle, Leerstandszeiten oder Instandhaltungskosten leichter kompensiert werden können. Der Nachteil, dass diese Strategien meist nur in B- und C-Lagen funktionieren, wird dabei bewusst in Kauf genommen. Mit zunehmender Größe des eigenen Portfolios verlagert man seine Strategie dann aber in Richtung der A-Lagen und kauft dort teurere Objekte, um zum einen den „Beton-Faktor“ zu verbessern, zum anderen weniger Aufwand und Probleme zu haben und letztlich um die

Strategie insgesamt zu diversifizieren[20]. Schließlich weiß keiner im Vorfeld genau, welche Standorte sich zukünftig wie entwickeln werden. Auch hier macht eine Streuung des Risikos folglich Sinn.

Hinsichtlich der Objektart würde ich anfangs den Kauf von Eigentumswohnungen empfehlen, da sie weniger arbeitsintensiv und weniger riskant sind, später aber zunehmend auch Mehrfamilienhäuser kaufen. Hier ist man unabhängig von anderen Miteigentümern, und meist bieten diese auch mehr Entwicklungspotenzial.

EIN PROJEKT: SO FINDEST DU IMMOBILIEN

Wir haben uns nun ausreichend damit beschäftigt, warum Immobilien eines der besten Instrumente zum Vermögensaufbau sind, wie wir beurteilen können, ob ein Objekt ein sinnvolles Investment darstellt und was die Vor- und Nachteile verschiedener Standorte und Lagestrategien sind. Jetzt wollen wir uns damit beschäftigen, wie und wo wir geeignete Immobilien finden. Wie fangen wir überhaupt an?

Man hört häufig – das erlebe ich auch immer wieder, wenn ich mit Menschen spreche, die erstmals in Immobilien investieren möchten –, dass ohne Netzwerk heutzutage gar nichts mehr geht. Es werden die skurrilsten Geschichten darüber erzählt, dass jemand per Vitamin B den Deal seines Lebens gemacht hat, indem er eine Immobilie weit unter Marktpreis erworben hat. All denjenigen, die jetzt entmutigt sind, weil sie über kein Netzwerk verfügen, möchte ich Folgendes mit auf den Weg

---

[20] Unter Risiko-Diversifikation versteht man das Verteilen (auch: Streuen) des Risikos auf mehrere Einzelrisiken, die möglichst nicht positiv miteinander korreliert sind.

geben: Ich bin nun seit mehr als zehn Jahren in dieser Branche tätig und ich würde nicht abstreiten, dass ein Netzwerk gewisse Vorteile bieten kann, aber es wird deutlich überschätzt.

Bei Immobilien geht es in der Regel um sehr viel Geld. Warum sollte jemand eine Immobilie in seinem Netzwerk weit unter dem üblichen Preis anbieten, wenn er sie doch per Knopfdruck am Markt für deutlich mehr verkaufen könnte? Das ergibt keinen Sinn! Ausnahmen sind Notverkäufe, bei denen jemand darauf angewiesen ist, ein Objekt sehr schnell loszuwerden, weil er in finanziellen Nöten ist, aber das kommt sehr selten vor. Danach Ausschau zu halten gleicht der Suche nach der Nadel im Heuhaufen und ist sicherlich keine gute Strategie, wenn es darum geht, sich im Leben mehrere Immobilien zuzulegen.

Das andere, was man oft als eine Art Geheimtipp hört, sind Zwangsversteigerungen. Dazu sei Folgendes erklärt: Um bei einer Zwangsversteigerung mitbieten zu können, ist es in Deutschland notwendig, 10 % des Mindestgebotes zuvor als Sicherheit beim jeweiligen Amtsgericht zu hinterlegen. Dies kann per Überweisung oder aber in Form einer Bankbürgschaft geschehen. Sofern man die Immobilie über eine Bank finanzieren möchte – und wie wir gesehen haben, ist ja genau das sinnvoll –, muss die Bank diese zuvor bewerten und teilt einem dann ein Maximalgebot mit, bis zu dem sie bereit ist, das Objekt zu finanzieren. Dazu kommt, dass es bei Immobilien, die per Zwangsversteigerung angeboten werden, ja bereits zu Problemen mit den aktuellen Eigentümern gekommen ist, zum Beispiel, weil diese ihren Zahlungsverpflichtungen nicht mehr nachkommen. Diese Eigentümer sind daher in der Mehrheit der Fälle eher wenig kooperativ, weswegen Innenbesichtigungen der Immobilie häufig nicht möglich sind. Man kauft in solchen Fällen die Katze im Sack.

Meistens sitzen heutzutage dann auch noch sehr viele Interessenten in einer solchen Versteigerung und die Immobilie geht, sofern die Parameter in Ordnung sind, letzten Endes doch zu einem relativ normalen Preis über den Tisch. Kommt man selbst nicht zum Zug, so erhält man natürlich seine Sicherheitsleistung vom Gericht zurück. Aber dieses Prozedere ist für jeden Ersteigerungsversuch erneut vonnöten und auch Dein Bankberater wird in der Regel wenig Freude daran haben, diverse Immobilien einzuwerten und Darlehenszusagen zu erteilen, wenn es dann doch nie zu einem Kauf kommt. In der Praxis sind Zwangsversteigerungen daher eher etwas für Profis, die die Immobilien meist aus eigenen Mitteln finanzieren, um sie kurzfristig gewinnbringend weiterzuveräußern.

Nun die gute Nachricht: Ich kann Dir sagen, dass ich 98 % unserer eigenen Immobilien ganz normal über das Internet, in der Regel über Immobilienscout, gefunden habe. Das Portal hat laut einer Analyse der Zeitung „Die Zeit“ aus dem Jahr 2021 in Deutschland einen Marktanteil von rund 70 %. Zwar gibt es inzwischen auch gute Software-Tools, die bessere Such- und Filtermöglichkeiten bieten, aber auch diese greifen meist auf die Datenbank von Immobilienscout zurück, so dass sich hier einfach das meiste abspielt. Die größere Herausforderung besteht eher in der Frage, wie man sich gegen andere Kaufinteressenten durchsetzen kann, wenn sich viele Suchende für dasselbe Objekt interessieren. Auch darauf gehen wir später noch ein.

Um nun konkret eine passende Immobilie zu finden, ist es also zunächst erforderlich, alle wichtigen Parameter wie Größe, maximaler Kaufpreis, Lage etc. für sich selbst zu bestimmen. Im nächsten Schritt stellt man dann einen entsprechenden Suchauftrag auf Immobilienscout ein. Ich empfehle, diesen so spezifisch wie möglich zu definieren, um irrelevante Vorschläge von vornherein auszuschließen. Schließlich kostet es Zeit und auch Energie, eine Vielzahl von Inseraten zu screenen – so nennt man das Sichten der einzelnen Anzeigen –, und man möchte nur Vorschläge erhalten, die auch wirklich relevant sind. Anstatt also zum Beispiel einen Suchradius von 50 Kilometern um eine Stadt herum anzulegen, sollte man besser genau schauen, welche spezifischen Metalagen von Interesse sind, und dann mehrere detaillierte Suchaufträge anlegen. Man kann dann im nächsten Schritt der Software mitteilen, wie oft man über neu gefundene Vorschläge informiert werden möchte, beispielsweise immer sofort, wenn ein neues Inserat erscheint, oder nur gebündelt einmal am Tag. Dies hängt natürlich von der Dir zur Verfügung stehenden Zeit und weiteren Faktoren ab.

Was ich aber auf jeden Fall empfehlen möchte, ist, die Immobiliensuche nicht nebenher zu betreiben. Ich kenne Menschen, die mir seit drei Jahren erzählen, dass sie sich eine eigene Immobilie kaufen möchten, es aber immer noch nicht geschafft hätten, weil sie keine Zeit dazu fänden. So ein monate- oder jahrelanger Prozess, der zu keinem Ergebnis führt, ist zermürbend und demotivierend und endet in vielen Fällen damit, dass man irgendwann ganz von dem Thema ablässt.

Anstatt also ewig nebenher ein geeignetes Objekt zu suchen, empfehle ich Dir, daraus ein „Projekt“ von etwa vier bis sechs Wochen zu machen. In dieser Zeit klemmst Du Dich allerdings richtig dahinter, hältst Dir unnötige Termine vom Hals, so dass Du ausreichend Zeit für Deine Immobiliensuche hast. In dieser Zeit geht es, abgesehen von Deiner Arbeit, um kaum etwas anderes. Du wirst Anfragen versenden, Unterlagen prüfen, Besichtigungstermine wahrnehmen und mit Banken sprechen. Wenn Du das aber für diesen Zeitraum durchhältst, dann wirst Du auch eine passende Immobilie finden.

Zudem ist es wichtig, dass Du Ziele formulierst, die Du wirklich kontrollieren kannst. Was meine ich damit? Ich schaue mir durchschnittlich fünf Immobilien an, bevor ich eine davon kaufe. Anstatt mir vorzunehmen, „eine geeignete Immobilie zu finden“ – etwas, das ich nicht vollständig in der Hand habe –, nehme ich mir zum Beispiel vor, innerhalb von zwei Wochen fünf Besichtigungstermine zu vereinbaren. Das ist konkret, messbar und führt mich zuverlässig zum Ziel.

Letztlich sparst Du durch ein solches Vier- bis Sechs-Wochen-Projekt nicht nur Zeit und Energie – in einigen Jahren wirst Du Dir selbst dafür danken, dass Du es konsequent umgesetzt hast.

Wenn Du also so weit bist, dass Du mit Deinem ersten Immobilienkauf beginnen möchtest, dann blocke Dir ein Zeitfenster von vier bis sechs Wochen und lege einen entsprechenden Suchauftrag an. Suche nach geeigneten Objekten, konzentriere Dich auf die Renditeberechnung, prüfe die Objektunterlagen und nimm alle Besichtigungstermine war. Und natürlich solltest Du dann auch schon Deine Finanzierungs- und Bonitätsunterlagen vorbereitet und die ersten Bankkontakte geknüpft haben. Was Du hier im Einzelnen benötigst, darauf gehen wir später im Kapitel „Die Finanzierung" ein.

DIE BESICHTIGUNG

Die Besichtigung einer Immobilie und damit die Beurteilung des technischen Zustandes ist meiner Erfahrung nach derjenige Aspekt, der den meisten Menschen die größte Angst macht. Ich möchte Dir in diesem Kapitel daher einige wichtige Dinge rund um das Thema Besichtigung mit auf den Weg geben, Dir aber vor allen Dingen auch Deine Angst nehmen. Man sollte das Thema der technischen Zustandsbesichtigung nicht unterschätzen, aber ebenso wenig überschätzen.

Um das Risiko von teuren Instandhaltungs- oder Reparaturkosten gerade zu Beginn aber zu minimieren, bietet es sich an, zunächst – wenn man noch nicht sehr erfahren ist – in Eigentumswohnungen zu investieren und nicht in Ein- oder Mehrfamilienhäuser. Der Grund ist, dass es bei einer Eigentumswohnung, die ja Teil einer Gemeinschaft von Wohnungseigentümern ist, einen professionellen Verwalter gibt, der sich um das Gebäude im Ganzen kümmert. Somit sind schonmal viele Dinge, die es zu managen gilt, in guten Händen und Du musst Dich gar nicht darum kümmern. Hierzu gehören zum Beispiel Dach, Fassade und die Strangleitungen.

Du als Eigentümer der Wohnung bleibst aber verantwortlich für diejenigen Dinge, die sich im sogenannten Sondereigentum befinden, die also Deine Wohnung selbst betreffen. Das Gute daran ist, dass dies meist nicht die ganz teuren Angelegenheiten sind. Was innerhalb der Wohnung könnte also kaputtgehen oder erneuert werden müssen? Typische Beispiele sind defekte Heizkörper, die Erneuerung von Wand- und Bodenbelägen, das Badezimmer oder die Elektrik, sofern diese nicht mehr den aktuellen Anforderungen entspricht. Die letzten beide Aspekte dürften hier die kostspieligsten darstellen. Die übrigen Dinge aber sind von ihrem finanziellen Rahmen und somit dem damit verbundenen Risiko her überschaubar. Und größere Schäden – wie etwa ein Rohrbruch – sind ohnehin von der Gebäudeversicherung gedeckt, so dass diese zwar ärgerlich sind, aber nicht mit einem finanziellen Risiko einhergehen. Die Gebäudeversicherung trägt in einem solchen Fall auch eine mögliche Mietminderung durch den Mieter.

Ein Aspekt, der nicht immer einheitlich geregelt ist, ist die Instandhaltung der Fenster bei einer Eigentumswohnung. Diese kann entweder dem Wohnungseigentümer oder aber der Gemeinschaft obliegen. Welcher Fall zutrifft, ist in der sogenannten Teilungserklärung der Gemeinschaft geregelt. Verbreiteter ist die Regelung, dass die Instandhaltung der Fenster der Gemeinschaft obliegt. Prüfe dies dennoch immer vor dem Kauf.

Zu den wichtigsten Dingen, die Du bei der technischen Besichtigung einer Wohnung prüfen solltest, gehören somit also das Bad, die Elektrik inklusive Unterverteilung, Heizkörper und – sofern vorhanden – die Gasetagenheizung, die Wand- und Deckenbeläge, der Boden, die Türen und die Fenster.

Wenn Dir diese Dinge technisch und optisch gut erscheinen, ist das schon mehr als die halbe Miete. Ferner solltest Du Dir einen Eindruck vom Keller verschaffen. Achte hierbei darauf, was für einen Anschein die Leitungen und Rohre machen: Sind diese Jahrzehnte alt oder bereits erneuert worden, sind die Kellerwände feucht oder ist alles trocken und gepflegt, was für einen Eindruck macht ein eventuell vorhandener Waschkeller und ist das Treppenhaus ordentlich und sauber? Diese Dinge verraten nicht nur viel über den technischen Zustand des Hauses, sondern auch über die Hausbewohner und darüber, ob die Hausverwaltung ihre Arbeit ernst nimmt.

Wenn Du Dir allein unsicher bist, weil Du meinst, diese Dinge nicht ausreichend beurteilen zu können, dann überlege, ob Du vielleicht jemanden in Deinem familiären Umfeld oder Bekanntenkreis hast, der sich mit solchen Sachen auskennt und mit Dir gemeinsam die Immobilie besichtigen kann. Natürlich kannst Du auch einen professionellen Sachverständigen buchen, der dies für Dich übernimmt. Dies solltest Du aber erst dann machen, wenn Du Dir eigentlich schon sehr sicher bist, dass Du die Immobilie erwerben möchtest, und auch alle sonstigen Voraussetzungen stimmen, da ein solcher Sachverständigen-Termin etwa 400 bis 800 Euro kosten kann. In der Regel macht man so etwas bei einem zweiten Besichtigungstermin. Hier sollte es also nur um die letzte Absicherung gehen. Dazu sei angemerkt, dass ich persönlich die Erfahrung gemacht habe, dass die meisten Sachverständigen Immobilien tendenziell zu schlecht bewerten, da sie jedes noch so kleine Problem sehen. Dies solltest Du im Hinterkopf haben. Ich empfehle Dir daher, genau abzuwägen, ob es sich bei einem Mangel um etwas wirklich Relevantes handelt oder ob der Sachverständige nur zeigen möchte, was er alles sieht. Gegebenenfalls möchte er sich auch nur absichern, damit Du nicht hinterher sagen kannst, er hätte Dich auf dieses und jenes nicht hingewiesen. Sei also nicht überkritisch.

Neben der technischen und optischen Prüfung solltest Du natürlich auch noch checken, ob die Immobilie alle sonstigen von Dir festgelegten Kriterien erfüllt. Verfügt sie zum Beispiel über einen Balkon und ein eigenes Kellerabteil, gibt es einen Fahrradkeller, wie verhält es sich mit Verkehrsgeräuschen, ist schnelles Internet an dem Standort verfügbar und, und, und. Mache Dir auch während des Termins Notizen und – sofern gestattet – Fotos. Du wirst Dich wundern, an was man sich alles nicht mehr erinnert, wenn man erst mal wieder zu Hause ist. In Deinen Notizen und Fotos kannst Du immer wieder nachschauen, wenn Fragen aufkommen. Mit einer ausführlichen Checkliste gehst Du auf Nummer sicher, nichts zu vergessen oder zu übersehen.

Wenn Du möchtest, kannst Du Dir unter diesem Link eine Checkliste für Deine Besichtigungstermine herunterladen und ausdrucken, die Du dann immer wieder verwenden kannst:

Und nun noch ein paar Faustegeln, die Dir helfen sollen, die unterschiedlichen Sachverhalte besser beurteilen zu können:

Elektroleitungen haben eine Haltbarkeit von ca. 40 Jahren. Erkundige Dich, wie alt diese schon sind, damit Du weißt, wann sie erneuert werden müssen. Wichtig ist, dass heutzutage zwingend 3-adrige Leitungen vorliegen müssen, um den Sicherheitsstandards zu entsprechen. An Lampenauslässen oder Steckdosen kann man im Zweifel nachschauen, ob dies der Fall ist. Sollten die Leitungen noch 2-adrig sein, so muss die Elektrik angegangen werden. Außerdem siehst Du an diesen Auslässen, ob die Kabel bereits brüchig sind, was ein schlechtes Zeichen wäre. Zudem sollte in der Unterverteilung, umgangssprachlich: im Sicherungskasten, ein sogenannter FI-Schutzschalter vorhanden sein. Gib mal in der Google-Bildersuche ein, wie so ein Ding aussieht, dann siehst Du selbst, ob das der Fall ist. Ist kein FI vorhanden, so ist das kein Grund, die Wohnung nicht zu kaufen, diesen kannst Du für etwa 200 Euro nachrüsten lassen.

Wasserleitungen haben, wenn sie aus Stahl oder Kupfer sind, eine Haltbarkeit von 30 bis 40 Jahren. Im Falle von Eigentumswohnungen bist Du aber nur für die Leitungen innerhalb des Sondereigentums verantwortlich. Diese kannst Du zum Beispiel im Rahmen einer Badsanierung problemlos erneuern lassen. Um die sogenannten Strangleitungen, die bis in den Keller führen, muss sich die Gemeinschaft der Wohnungseigentümer im Ganzen kümmern; dies sollte der Verwalter koordinieren. Auch hier solltest Du daher fragen, wie alt das Bad schon ist, und eine Sanierung gegebenenfalls finanziell mit einplanen.

Heizungsrohre halten meist noch länger, da hier kein Sauerstoff eindringt und diese daher weniger anfällig für Korrosion sind. Sind die Heizungsrohre aufputz[21] verlegt, so

[21] Hierunter versteht man das Verlegen von Leitungen im Sichtbereich, also vor der Wand, während Unterputz-Verlegung bedeutet, dass Leitungen oder Rohre in der Wand und somit unsichtbar verlegt werden.

kann man den Zustand meist gut beurteilen, da man sieht, ob diese bereits angelaufen sind oder rosten; verlaufen diese in der Wand, ist dies natürlich nicht möglich. Dann hilft nur ein Blick auf die letzten Zentimeter, da, wo der Heizkörper angeschlossen ist. Kunststoffrohre aus Verbundrohr, das ist der heutige Standard, halten über 50 Jahre.

Einen einzelnen Heizkörper zu ersetzen kostet etwa 800 bis 1.000 Euro. Solltest Du sehen, dass die Heizkörper schon rostig sind, dann plane lieber eine Erneuerung mit ein.

Bei den Fenstern ist wichtig, dass diese zumindest zweifach verglast sind. Dies erkennst Du daran, dass es zwischen den beiden Scheiben ein Aluprofil – meist in Silber – gibt. Häufig ist in dieses Profil auch das Produktionsjahr des Fensters eingestanzt. Einfach verglaste Fenster kann man bei den heutigen Energiepreisen keinem Mieter und auch nicht der Umwelt zumuten. Diese müssten dann getauscht werden. Je nach Regelung in der Teilungserklärung wäre dies Aufgabe der Gemeinschaft. Prüfe auch, ob sich die Fenster gut öffnen und schließen lassen oder ob etwas klemmt oder schleift. Fenster kann man gut nachjustieren, sollten sich diese verzogen haben. Sofern die Fenster aus Holz sind, prüfe dessen Zustand. Gegebenenfalls müssen die Fenster mal neu lackiert oder lasiert werden.

Natürlich sind all diese Erläuterungen sehr oberflächlich und bilden keine Fachkunde. Wichtig ist, dass Du gewisse grundlegende Dinge überprüfen bzw. beurteilen kannst, damit Du keine Fehlinvestments machst. Du musst aber kein Sachverständiger werden. Laut statistischem Bundesamt besitzen 46,5 % der Deutschen eine selbst bewohnte Immobilie und weitere 11,45 Millionen Deutsche besitzen eine vermietete Wohnung.[22]

---

[22] Vgl. https://wohnglueck.de/artikel/immobilienbesitzer-deutschland-70720

All diese Menschen sind keine Fachleute, wenn es um Bausubstanz geht, und schaffen es dennoch, ihre Objekte instand zu halten und zu pflegen. Nimm das Thema nicht auf die leichte Schulter, aber überschätze es auch nicht.

WICHTIGE OBJEKTUNTERLAGEN

Bevor Du einen Kauf verbindlich zusagst, musst Du natürlich einige Objektunterlagen prüfen. In diesem Kapitel gehen wir darauf ein, welche Unterlagen Du Dir unbedingt anschauen solltest. Es ist ein bisschen Geschmacksache, ob Du lieber erst den Besichtigungstermin wahrnimmst und dann die Unterlagen prüfst oder ob Du es umgekehrt machst und den Besichtigungstermin erst wahrnimmst, wenn die Unterlagen in Ordnung sind. Auf diese Art und Weise kannst Du Dir unnötige Besichtigungstermine ersparen. Insbesondere bei weiteren Fahrten prüfe ich die Objektunterlagen vorab.

Es gehört übrigens zur Aufgabe des Maklers – oder wenn es keinen Makler gibt, des Verkäufers – Dir die erforderlichen Unterlagen zur Verfügung zu stellen. Ein Makler bekommt eine Menge Geld für die Vermittlung einer Immobilie und sollte seine Arbeit daher auch ernst nehmen. Wenn Dir also etwas fehlt, dann habe keine Scheu, den Makler darauf hinzuweisen und es einzufordern. Neben der Prüfung der Unterlagen in Deinem eigenen Interesse sind diese auch relevant für die Bank. Die Immobilie dient der Bank als Sicherheit für den Kredit, den sie Dir gewährt, daher möchte sie über das Objekt genau Bescheid wissen. Sofern also Unterlagen fehlen, wird die Bank diese in der Regel ohnehin anfordern. Manche Unterlagen sind nicht immer sofort verfügbar. Wenn beispielsweise ein Erschließungskostenbescheid bei der Stadt beantragt werden muss, so kann dies durchaus zwei bis drei Wochen dauern, daher empfehle ich Dir, fehlende Unterlagen frühzeitig anzufragen.

Welche Unterlagen werden nun aber konkret benötigt und warum sind diese wichtig?

Exposé

Unter dem Exposé versteht man eine kurze Beschreibung der Immobilie mit den wichtigsten Angaben wie Größe, Kaufpreis, Höhe der Miete, Zustandsbeschreibung und in der Regel auch ein paar Bildern. Die Inserate auf Immobilienscout zum Beispiel entsprechen einem Exposé. Das Exposé wird vom Makler oder Verkäufer erstellt und ist wichtig für die Bank, um sich auf die Schnelle ein Bild von dem Objekt machen zu können.

Grundbuchauszug

Der Grundbuchauszug umfasst alle Informationen zum Objekt, die im Grundbuch eingetragen sind, wie etwa die Grundstücksgröße, Eigentumsverhältnisse, Belastungen wie Grundschulden, Hypotheken oder auch Wegerechte. Der Grundbuchauszug kann beim jeweiligen Grundbuchamt der Stadt beantragt werden. Für eine Finanzierungsanfrage bei einer Bank darf dieser nicht älter als drei Monate sein. Wenn Du einen guten Kontakt zu einem Notar hast, kann auch dieser Dir den Grundbuchauszug zukommen lassen, da Notare online auf die Datenbanken des Grundbuchamtes zugreifen können. Dies ist nicht der gängige Weg, aber wenn es mal schnell gehen muss, kann ein Notar behilflich sein.

Grundrisse

Grundrisse dienen u. a. dazu, die Angaben zur Wohnfläche zu überprüfen, daher ist es wichtig, dass sie nicht nur die Form des Grundrisses wiedergeben, sondern auch Maßangaben enthalten. Oftmals spricht man daher auch von „bemaßten Grundrissen".

Schnitte

Darunter versteht man – im Gegensatz zu den Grundrissen, die eine Ansicht von oben bieten – seitliche Ansichten des Gebäudes in Form von Bauzeichnungen, aus denen sich beispielsweise die Form, die Höhe und die Anzahl der Geschosse erkennen lassen. Auch diese sollten bemaßt sein.

Wohnflächenberechnung

Die Wohnflächenberechnung enthält Angaben darüber, wie sich die Wohnfläche auf die einzelnen Räume einer Immobilie verteilt, und wird meist in Form einer Tabelle dargestellt. Üblicherweise wird die Wohnfläche nach der DIN 277 berechnet, die genau vorgibt, welche Regeln zu beachten sind. Beispielsweise ist bei Dachschrägen unterhalb gewisser Höhen ein Abzug vorzunehmen. Balkone und Terrassen werden der Wohnfläche anteilig, meist zu 25 % bzw. 50 % zugerechnet. Kellerabteile dürfen der Wohnfläche gar nicht zugerechnet werden. Die Wohnfläche entspricht daher nicht notwendigerweise der Grundfläche. Die Wohnflächenberechnung wird üblicherweise von einem Architekten erstellt.

Kubatur

Die Kubatur ähnelt der Wohnflächenberechnung, umfasst dabei aber auch noch das Volumen, ist also im Gegensatz zur Wohnflächenberechnung dreidimensional. Man nennt diese daher auch „Berechnung des umbauten Raums". Die Kubatur kann hilfreich sein, wenn zum Beispiel Baukostenschätzungen oder Masseberechnungen erstellt werden müssen. Banken verlangen diese insbesondere beim Kauf ganzer Häuser, seltener bei Eigentumswohnungen.

Energieausweis

Der Energieausweis enthält Angaben über die Energieeffizienz eines Gebäudes, ähnlich wie die Energieskalen, wenn man zum Beispiel einen Kühlschrank kauft. Man unterscheidet Verbrauchsausweis und Bedarfsausweis. Der Unterschied besteht in der Ermittlung der Kennzahlen. Während diese beim Verbrauchsausweis aufgrund tatsächlicher Messungen ermittelt werden, werden sie beim Bedarfsausweis aufgrund der Gebäude- und Heizungseigenschaften prognostiziert. Beide Varianten sind zugelassen und gewinnen aufgrund der aktuellen Diskussionen im Rahmen der Energiewende und des steigenden Kostenbewusstseins der Verbraucher immer mehr an Bedeutung. Ein sehr schlechter Energiewert einer Immobilie kann beim Verkauf oder bei der Vermietung tatsächlich ein Hemmnis darstellen.

Bei der Neuvermietung einer Immobilie ist es Pflicht, den Interessenten Einsicht in den Energieausweis zu gewähren, damit diese sich einen Eindruck von der Energieeffizienz des Gebäudes machen und somit die Heizkosten präziser prognostizieren können.

Nachweis über die Gebäudeversicherung

In Deutschland besteht keine Pflicht zur Versicherung eines Gebäudes. Wenn eine Bank allerdings eine Immobilie finanziert, dann kann sie verlangen, dass das Gebäude versichert wird. Dies ist in der Praxis auch regelmäßig der Fall. Um sich davon zu überzeugen, dass eine Gebäudeversicherung existiert, möchte die finanzierende Bank daher meist den aktuellen Beitragsbescheid der Gebäudeversicherung einsehen. Dies sollte natürlich auch in Deinem eigenen Interesse sein, schließlich will man im Falle eines Schadens nicht ohne Gebäudeversicherung dastehen.

Erschließungskostenbescheid (Negativattest)

Wenn eine Stadt oder eine Gemeinde Grundstücke an Versorgungsnetze anschließt, indem zum Beispiel Rohre, Kanäle oder Glasfaserleitungen in der Erde verlegt werden, oder auch dann, wenn Straßen und Bürgersteige saniert werden, können die damit verbundenen Kosten den angrenzenden Grundstückseigentümern auferlegt werden. Damit es nicht zu unerwarteten Überraschungen kommt, ist es ratsam, sich von der betreffende Gemeinde bescheinigen zu lassen, dass dies für das von Dir angefragte Grundstück nicht mehr zu erwarten ist. Man nennt diese Bescheinigung, aus der hervorgeht, dass keine Kosten mehr zu erwarten sind, daher „Negativattest". Dieses anzufordern ist insbesondere deshalb ratsam, weil einige Gemeinden diese Kosten erst Jahre später in Rechnung stellen. Im Kaufvertrag kann man ferner regeln, dass man nur für Maßnahmen aufkommt, deren Bau noch nicht begonnen wurde, und dass alte Maßnahmen auch bei künftiger Rechnungsstellung noch vom Voreigentümer getragen werden.

Auszug aus dem Baulastenverzeichnis

Dieser Auszug zeigt sogenannte Baulasten an, die auf dem Grundstück oder der Immobilie lasten. Ein gängiges Beispiel für eine Baulast ist ein Wegerecht, das einem Nachbarn gestattet, Dein Grundstück für die Zufahrt zu seinem Grundstück zu nutzen. Denkbar ist aber auch ein eingetragenes Recht für eine Gemeinde oder einen Konzern, Umspannungsstationen, Antennenanlagen oder Sirenen auf einem Grundstück oder Gebäude zu errichten. Meist sind solche Regelungen nicht wirklich schlimm, aber Du möchtest darüber Bescheid wissen.

Modernisierungskostenaufstellung

Wenn Du eine zuvor sanierte Immobilie erwirbst, dann lasse Dir eine sogenannte Modernisierungskostenaufstellung aushändigen, die tabellarisch nachweist, welche Maßnahmen im Einzelnen umgesetzt wurden und was diese gekostet haben. Je nach Kaufvertragsgestaltung hast Du unter Umständen auch noch Gewährleistungsansprüche gegenüber dem Verkäufer. Ferner verhilft dieses Dokument oftmals zu einer besseren Immobilienbewertung seitens der finanzierenden Bank, was sich u. a. positiv auf die Finanzierungskonditionen oder die Beleihungsgrenze auswirken kann.

Flurkarte

Die Flurkarte kann man sich wie einen Grundriss der ganzen Straße vorstellen, aus dem sich die genaue Lage des Gebäudes ergibt. Manchmal wird sie auch förmlich „Auszug aus dem Liegenschaftskataster" genannt. Die Bank möchte immer eine Flurkarte haben, um die genaue Lage der Immobilie einsehen zu können.

Lageplan

Der Lageplan ähnelt der Flurkarte, enthält aber meist noch weitere Angaben wie Himmelsrichtungen und Höhenlagen. Auch diesen möchte die Bank immer haben.

Mietvertrag

Ein Mietvertrag über eine Immobilie bedarf natürlich keiner weiteren Erklärung, dennoch sollte man diesen einmal im Hinblick darauf prüfen, ob er auch den Angaben des Exposés entspricht; konkret: Stimmt die Höhe der Miete und der

Nebenkostenvorauszahlungen, ist die Wohnfläche korrekt angegeben etc.?

Ferner sollte geprüft werden, ob es besondere Vereinbarungen gibt oder ob Paragraphen existieren, die rechtlich umstritten oder unzulässig sind und daher später zu Rechtsstreitigkeiten führen können. In einem solchen Fall sollte man gegebenenfalls nach dem Erwerb der Immobilie einen neuen Vertrag mit dem Mieter vereinbaren. Hierauf hat man rechtlich allerdings keinen Anspruch. Wichtig ist auch, dass man dazu erst berechtigt wäre, wenn die Umschreibung der Immobilie im Grundbuch erfolgt ist und man als rechtmäßiger Eigentümer der Immobilie eingetragen wurde. Schließt man schon vor der Umschreibung einen neuen Mietvertrag ab, so könnte dieser hinterher unwirksam sein. Zu guter Letzt möchtest Du natürlich wissen, wann die letzte Mieterhöhung stattgefunden hat, ob ein Staffel- oder Indexmietvertrag vorliegt und ob bzw. wann Du die Miete gegebenenfalls erhöhen kannst.

Nachweis der Mietzahlungen

Es ist ratsam, sich vom Verkäufer nachweisen zu lassen, dass der Mieter, sofern man diesen übernimmt, seinen Zahlungsverpflichtungen immer pünktlich nachgekommen ist. Auch hierauf hat man rechtlich keinen Anspruch, aber da der Verkäufer ein Interesse daran hat, das Objekt zu veräußern, wird er sich in der Regel kooperativ zeigen. Andernfalls kannst Du zumindest erahnen, dass hier vielleicht etwas nicht stimmt. Auch das wäre eine wertvolle Information.

Erbpachtvertrag

Nicht immer gehört eine Immobilie notwendigerweise demselben Eigentümer wie das Grundstück, auf dem sie steht. Dies ist zwar meistens der Fall, muss aber nicht so sein. Denkbar ist auch eine Konstellation, in der ein Grundstückseigentümer das Grundstück an jemand anderen verpachtet und ihm gestattet, ein Gebäude zu errichten. Das Gebäude hat dann einen anderen Eigentümer als das Grundstück. Einen solchen Überlassungs- oder Gestattungsvertrag nennt man einen Erbpachtvertrag. Für das Grundstück erhält der Grundstückseigentümer dann eine Art Miete, die sogenannte Erbpacht. Die größten derartigen Grundstücksbesitzer in Deutschland sind die Kirche und private Investmentgesellschaften. Da es sich beim Bau einer Immobilie auf einem fremden Grundstück um eine kostspielige Angelegenheit handelt, wird üblicherweise eine sehr lange Dauer für diese Pachtverträge vereinbart, gewöhnlich 99 Jahre, wobei auch andere Laufzeiten zugelassen sind. Am Ende dieser Laufzeit wird der Erbpachtvertrag entweder (zu neuen Konditionen) verlängert oder der Grundstückseigentümer hat das Recht, die Immobilie selbst zu erwerben. Da dies in der Praxis oft mit nicht unerheblichen Problemen bei der Preisfindung verbunden ist, kommt es aber selten vor. Häufiger ist eine Verlängerung des Erbpachtvertrages. Für den Immobilien-Eigentümer besteht hier ein gewisses Risiko, weswegen man Fälle von Erbpacht genau prüfen sollte. Je länger die Restlaufzeit des Erbpachtvertrages noch ist, desto geringer ist natürlich das Risiko für den Erwerber der Immobilie. Kritisch sind oft die Zeitpunkte, zu denen der Erbpachtvertrag ausläuft, da es hier zu Konflikten kommen kann.

Wichtig ist natürlich auch, dass man bei der Renditeberechnung berücksichtigt, dass in solchen Fällen neben den üblichen Bewirtschaftungskosten auch noch die Erbpacht gezahlt werden muss. Diese kann recht unterschiedlich hoch sein. Bei manchen Wohnungen sind es 25 Euro pro Monat, es können aber auch 250 Euro sein. Beachte auch, dass Erbpachtverträge in der Regel indexiert sind, das heißt, dass sich die Erbpacht, meist angelehnt an den Verbraucherpreisindex, über die Jahre hinweg erhöht. Steuerlich gesehen haben Erbpachtverträge einen kleinen Vorteil, da man ja nur den Gebäudeteil einer Immobilie über die Laufzeit abschreiben darf, nicht aber den Anteil für Grund und Boden. Den Erbpachtzins hingegen darf man steuerlich absetzen, was dazu führt, dass man in diesem Fall quasi auch den Grund- und Bodenanteil sowie den kompletten Kaufpreis der Immobilie absetzen kann.

Die nun noch folgenden Dokumente bzw. Unterlagen beziehen sich ausschließlich auf Eigentumswohnungen. Im Falle von Ein- oder Mehrfamilienhäusern, die keine Gemeinschaft von Wohnungseigentümern begründen, sind diese daher entbehrlich.

Teilungserklärung nebst Änderungen

Die Teilungserklärung ist gewissermaßen das „Regelwerk" einer Eigentümergemeinschaft. Hier finden sich Angaben zu den Eigentumsverhältnissen, zu Instandhaltungspflichten, zu Kostenregelungen und zu sonstigen Regeln hinsichtlich des Zusammenlebens in der Gemeinschaft. Auch ist hier genau geregelt, welche Gebäudeteile dem Gemeinschafts- und welche dem Sondereigentum zuzuordnen sind. Da es nicht selten vorkommt, dass Teilungserklärungen verändert werden, sollte man neben der originären Teilungserklärung auch die Änderungen und Nachträge prüfen. Ob es überhaupt Änderungen gegeben hat, kann man im Grundbuchblatt sehen, da diese auch dort vermerkt werden.

Wirtschaftsplan

Im Gegensatz zur Hausgeldabrechnung, die sich auf die Vergangenheit bezieht, ist der Wirtschaftsplan eine Prognose für die Zukunft. Hier werden also die Kostenpositionen für das kommende Jahr geschätzt und auf Basis dessen die monatlichen Vorauszahlungen für alle Eigentümer festgelegt. Du erfährst hier also die Höhe der prognostizierten Bewirtschaftungskosten der Immobilie.

Hausgeldabrechnung

Einmal jährlich werden die Vorschüsse aus dem Wirtschaftsplan mit den realen Kosten abgeglichen und abgerechnet. Die Hausgeldabrechnung zeigt also, wie hoch die Bewirtschaftungskosten im vorangegangenen Jahr tatsächlich gewesen sind und auch, wie viel Geld in der sogenannten Erhaltungsrücklage ist. Die Hausgeldabrechnung ist nicht zu verwechseln mit der sogenannten Betriebskosten- oder auch Nebenkostenabrechnung, die man als Vermieter mit seinem Mieter macht.

Protokolle der letzten Eigentümerversammlung

Mindestens einmal pro Jahr trifft sich die Gemeinschaft der Wohnungseigentümer in der sogenannten Eigentümerversammlung. Hier wird über alle möglichen Belange der Gemeinschaft und der Immobilie gesprochen und es werden sogenannte Beschlüsse gefasst, mittels derer Maßnahmen in der Zukunft umgesetzt werden sollen. Natürlich kann es auch zur Ablehnung von Beschlussanträgen kommen, wenn die Mehrheit gegen eine bestimmte Maßnahme ist. Das Wohnungseigentumsgesetz verpflichtet den GdWE-Verwalter über jede Eigentümerversammlung ein Protokoll sowie eine Beschlusssammlung zu führen. Diese Protokolle geben wertvollen Aufschluss darüber, welche Maßnahmen innerhalb der GdWE in den vergangenen Jahren diskutiert und umgesetzt wurden, aber auch darüber, was eventuell demnächst ansteht. Wer gut zwischen den Zeilen lesen kann, erhält hier aber auch wertvolle Informationen hinsichtlich der Harmonie innerhalb der GdWE. Werden die Beschlüsse mehrheitlich einstimmig gefasst oder gibt es oft Gegenstimmen? Gibt es Querulanten oder sogar Klageverfahren gegen Miteigentümer? Sind eventuell sogenannte Sonderumlagen geplant, da die Rücklage nicht ausreicht, um geplante Sanierungsmaßnahmen zu decken? Die Protokolle liefern als „Tagebuch“ der Gemeinschaft aufschlussreiche Einblicke. Usus ist es, dass man sich die Protokolle der letzten drei Jahre zeigen lässt.

Und jetzt noch eine Kleinigkeit zum Schluss: In der gesamten Anbahnungsphase des Immobilienkaufes empfehle ich Dir, trotz aller Gründlichkeit im Prüfungsprozess ein gewisses Fingerspitzengefühl an den Tag zu legen. Ich habe schon Menschen erlebt, die zum ersten Besichtigungstermin einen ganzen Koffer voller Werkzeug mitgebracht haben, um Feuchtigkeitsmessungen durchzuführen oder direkt ein Aufmaß der Wohnfläche vorzunehmen. Während es auf der einen Seite richtig und wichtig ist, gewisse Dinge zumindest stichprobenhaft zu prüfen, kommt eine solche Rigorosität bei vielen Verkäufern oder Maklern nicht gut an. Ich halte es daher für sinnvoll, gerade am Anfang ein Vertrauensverhältnis aufzubauen und nicht gleich im ersten Besichtigungstermin nach dem Kontoauszug mit den Mieteingängen zu fragen. Sei also durchaus gründlich und kritisch, aber wäge ab, welche Forderung zu welchem Zeitpunkt angebracht ist. Ein Immobilienkauf ist häufig eine sensible Angelegenheit und führt in der Regel dann zum besten Ergebnis, wenn beide Vertragspartner fair und auf Augenhöhe miteinander kommunizieren.

DIE FINANZIERUNG

Die Finanzierung stellt das Kernstück eines jeden Immobilien-Investments dar. Wie wir im Kapitel „Die Wunder der Mathematik“ gesehen haben, können auf der einen Seite große Fehler gemacht werden, auf der anderen Seite ist es aber gerade die gute Gestaltung einer Finanzierung, mit der sich viel Geld verdienen lässt. In der Regel entscheidet die Finanzierung darüber, wie viel Geld Du am Ende mit Deinem Investment verdient haben wirst. Es nützt also nur wenig, ein Experte auf allen anderen Gebieten rund um die Immobilie zu sein, dann aber bei der Finanzierung große Fehler zu machen.

Viele Menschen neigen dazu, bei einer Finanzierungsanfrage den Fokus ausschließlich auf die Höhe des Finanzierungszinses zu legen. Dabei gibt es so viel mehr, was Beachtung finden sollte.

Noch einmal kurz zur Wiederholung: Vom Grundsatz her wollen wir einen möglichst hohen Anteil des Kapitalbedarfs, also der Summe an Geld, die insgesamt benötigt wird, über ein Darlehen finanzieren, bestenfalls den gesamten Kaufpreis. Und zwar deshalb, weil ein geringerer Eigenkapitaleinsatz die Eigenkapitalrendite massiv verbessert. Dabei ist wichtig, dass das eingesparte Eigenkapital nicht einfach auf dem Konto liegen bleibt, sondern ebenfalls gewinnbringend investiert wird, damit keine Opportunitätskosten entstehen.

Die Kaufnebenkosten sollte man in der Regel aus Eigenkapital begleichen.

Eine weitere Prämisse für unsere Gleichung ist, dass das Investment mindestens cashflowneutral sein sollte, dass sich also Einnahmen und Ausgaben in etwa die Waage halten. Noch besser ist es, wenn die Einnahmen die Ausgaben übersteigen und ein positiver Cashflow generiert wird. Dieser Aspekt ist deshalb wichtig, weil man durch einen negativen Cashflow sein Wachstum hemmen würde, da man kein weiteres Geld mehr ansparen könnte. Zudem verschlechtert ein negativer Cashflow die eigene Bonität.

So weit also das Grundgerüst. Aber was gilt es nun sonst noch zu beachten?

Ganz häufig bieten die finanzierenden Banken ein sogenanntes Sondertilgungsrecht an, was bedeutet, dass einem das Recht eingeräumt wird, einmal pro Jahr eine Sondertilgung – meist limitiert auf maximal 5 % der Darlehenssumme – zu leisten, falls man etwas Geld „übrig" hat. Als Investor, der auf die Maximierung der Eigenkapitalrendite und ein starkes Wachstum fokussiert ist, macht es mathematisch allerdings keinen Sinn, Sondertilgungen zu leisten. Aus diesem Grund biete ich der Bank meist an, dass ich freiwillig auf mein Sondertilgungsrecht verzichte, wenn diese dafür die Zinskonditionen noch etwas verbessert. Dies ist also etwas, das man regelmäßig anfragen kann.

Ein zweiter ganz wichtiger Aspekt ist natürlich die Höhe der anfänglichen Tilgung. Man spricht hier deshalb von „anfänglicher" Tilgung, da sich die Höhe der Tilgung im Laufe der Zeit leicht erhöht. Ein Annuitätendarlehen zeichnet sich dadurch aus, dass es durch eine konstante jährliche Finanzierungsrate – die sogenannte Annuität – zurückgezahlt wird. Diese konstante Rate besteht immer aus einem Zinsanteil und einem Tilgungsanteil. Und obwohl die Höhe der Rate insgesamt gleich hoch bleibt, ändert sich das Verhältnis von Zins- und Tilgungsanteil. Da die noch offene Restschuld von Monat zu Monat kleiner wird, sinken die Zinsen, die noch zu zahlen sind. Um die Rate aber konstant zu halten, wird das, was an Zinsen wegfällt, durch Tilgung „aufgefüllt", also ersetzt. Das ist der Grund dafür, dass man von einem „anfänglichen" Tilgungssatz spricht. Die folgende Grafik verdeutlicht diesen Zusammenhang:

Abb. 8: Verhältnis von Zins- und Tilgungsanteil

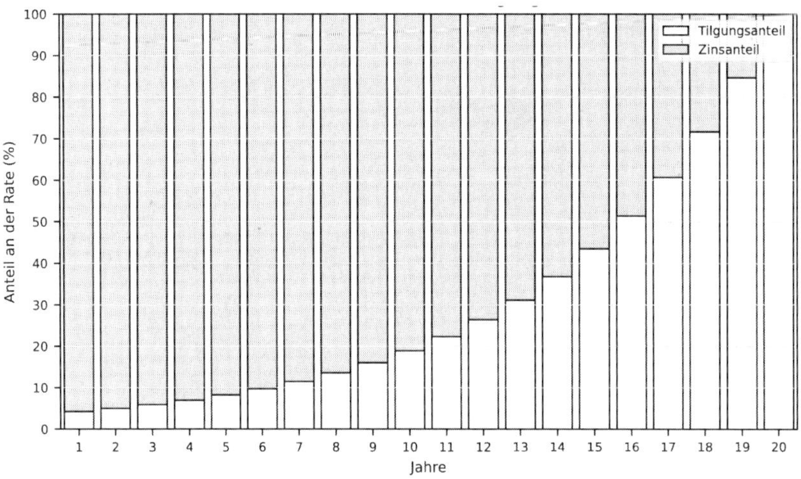

Die Höhe der anfänglichen Tilgung ist nicht festgelegt. Es gibt zwar übliche Sätze, die meist zwischen 1 und 2,50 % liegen, aber man kann diese durchaus verhandeln. Tendenziell gilt: Je höher der Darlehenszins, desto geringer kann der anfängliche Tilgungssatz sein. Das Interessante ist, dass sich die Gesamtlaufzeit, die es braucht, um das Darlehen vollständig zu tilgen, nur marginal verändert. Ungeachtet der Darlehenshöhe benötigt man beispielsweise bei einem Zinssatz von 1 % und einer anfänglichen Tilgung von 2,40 % etwa 35 Jahre, um sein Darlehen vollständig zurückzuzahlen. Bei einem Zinssatz von 4 % hingegen kann die anfängliche Tilgung auf 1,30 % reduziert werden und man ist ebenfalls in ca. 35 Jahren mit der Rückführung des Darlehens fertig. Banken finanzieren Immobilien meist höchstens über 40 Jahre. Zudem sehen die meisten Banken es gern, wenn das Darlehen kalkulatorisch getilgt ist, bevor man in Rente geht, also vor dem 67. Lebensjahr. Andernfalls muss man nachweisen, dass man auch im Rentenalter noch im Stande sein wird, seinen Zahlungsverpflichtungen nachzukommen. Hier liegt also eine natürliche

Grenze für die maximale Laufzeit einer Immobilienfinanzierung.[23] Innerhalb dieser Grenzen empfehle ich Dir aber, die Tilgung so niedrig wie möglich anzusetzen. Dies führt zwar dazu, dass Du über die Gesamtlaufzeit etwas mehr Zinsen zahlen wirst, aber durch die niedrigere Tilgung wirst Du erstens höhere Überschüsse generieren, die Du sofort wieder reinvestieren kannst. Zweitens verbessert sich durch die sinkende Rate Deine Haushaltsrechnung, was wiederum Deine Bonität verbessert. Und drittens gewinnt Dein Investment an Sicherheit, da Du Deinen monatlichen „Puffer" aus den Einnahmen vergrößerst und somit nicht so schnell in finanzielle Schieflage geraten kannst. Ich bin der Auffassung, dass diese Vorteile den Nachteil der höheren Zinskosten bei weitem überwiegen. Auch mathematisch betrachtet führt diese auf Wachstum ausgerichtete Strategie langfristig zu einem besseren Ergebnis; in der Entscheidungstheorie spricht man hier von einem „höheren Endvermögen". Setze also daher die anfängliche Tilgung immer so niedrig wie möglich an. Wichtig ist aber, dass der dadurch zusätzlich frei werdende Cashflow auch reinvestiert wird.

Zudem solltest Du die sogenannte „bereitstellungsfreie Zeit" beachten. Wenn Du eine Immobilie kaufst, dann müssen zunächst einige Voraussetzungen erfüllt werden, bevor der Kaufpreis fällig und die Immobilie an Dich übergeben wird. So muss beispielsweise im Grundbuch zunächst eine sogenannte Eigentumsvormerkung eingetragen werden. Ferner muss die Grundschuld zur Finanzierung bestellt werden, manchmal muss der Notar auch noch Vorkaufsrechte abfragen oder es ist die Zustimmung eines GdWE-Verwalters erforderlich. All diese Dinge brauchen Zeit. Manchmal ist es schwer abzuschätzen, wie lange diese Prozesse genau dauern werden, insbesondere dann, wenn man mit Behörden zu tun hat. Im Darlehensvertrag mit der Bank wird vereinbart, bis zu welchem Datum

---

[23] Bei cashflowpositiven Immobilien ist die Kapitaldienstfähigkeit automatisch gegeben, weswegen der Renteneintritt i. d. R. kein Hindernis für die Finanzierung darstellt.

das Darlehen spätestens ausgezahlt werden soll. Verschiebt sich die Auszahlung aber, etwa weil noch nicht alle Voraussetzungen erfüllt sind, dann kann die Bank sogenannte Bereitstellungszinsen berechnen. Diese können nicht unerheblich sein. Achte daher von vornherein darauf, dass die bereitstellungsfreie Zeit nicht zu kurz ist. Ich empfehle hier mindestens vier Monate, besser sechs, ab Erstellung der Verträge. Vor Erstellung des Darlehensvertrages ist es meist kein Problem, diesen Zeitraum zu verlängern.

Ein letzter Aspekt, auf den ich hier eingehen möchte, ist die sogenannte Zinsbindungsfrist. Es ist in Deutschland üblich, den Zinssatz einer Immobilienfinanzierung für eine bestimmte Laufzeit zu fixieren. Diese Laufzeit bezeichnet man als Zinsbindungsfrist, korrekter wäre die Bezeichnung Zinsbindungsdauer. Meist liegt diese zwischen fünf und 15 Jahren, wobei es auch kürzere und längere Laufzeiten gibt. Die in Deutschland meist gewählte Zinsbindungsfrist beträgt zehn Jahre, d. h. also, dass der mit der Bank vereinbarte Zinssatz für diese Dauer fix ist. Die Zinsbindungsfrist ist nicht zu verwechseln mit der Gesamtlaufzeit der Immobilienfinanzierung. Sie gibt lediglich an, wie lange der Zinssatz nicht verändert werden kann, sagt aber gar nichts darüber aus, wann die Immobilie abbezahlt ist. Zum Ende der Zinsbindungsfrist kommt es in der Regel – sofern Du die Immobilie dann nicht verkaufst – zu einer sogenannten Anschlussfinanzierung. Man hat also noch eine gewisse Restschuld bei der Bank offen und schließt dann einen neuen Darlehensvertrag – entweder bei derselben oder bei einer anderen Bank – über die noch offene Kreditsumme ab.

Aber wonach soll man nun beurteilen, welche Zinsbindungsfrist sinnvoll ist? Je länger die Zinsbindungsfrist, desto geringer ist für Dich das Risiko, dass eine sich ergebende Anschlussfinanzierung mit einem höheren Zinssatz abgeschlossen werden muss, etwa weil der übliche Finanzierungszins in einigen Jahren höher ausfällt als heute. Im Klartext: Wenn Du heute eine Finanzierung mit einer Zinsbindungsfrist von zehn Jahren abschließt und der Zins in zehn Jahren deutlich höher ist als heute, kann es sein, dass Deine Bankrate bei der Anschlussfinanzierung ansteigt. Aus diesem Grund präferieren viele Kunden eine lange Zinsbindungsfrist. Man sichert sich sozusagen den aktuellen Zinssatz für eine möglichst lange Laufzeit. Diese Sicherheit lassen sich die Banken allerdings gut bezahlen, indem sie den Zinssatz für längere Laufzeiten tendenziell höher ansetzen. Es gibt kein Patentrezept dafür, welche Laufzeit die richtige ist, aber die folgenden Aspekte sollten Beachtung finden: Ist es Deine Erwartung, dass der Zinssatz in den kommenden Jahren ansteigt, so ist eine längere Laufzeit empfehlenswert, andernfalls eher eine kürzere. Ist der Unterschied in der Höhe des Zinssatzes zwischen längerer und kürzerer Zinsbindungsfrist nur marginal, so sollte man sich eher den längerfristigen Zins sichern, ist der Preisaufschlag hingegen sehr groß, so kann die kürzere Laufzeit Sinn machen.

Wichtig ist aber auch: Während der Laufzeit ist nicht nur die Bank an den Zins gebunden, sondern auch Du. Wenn der Zins also in wenigen Jahren deutlich günstiger wird, dann kannst Du nicht einfach eine neue, günstigere Finanzierung abschließen. Würdest Du Deinen Darlehensvertrag etwa kündigen wollen, weil Du zum Beispiel in drei Jahren bei einer anderen Bank viel bessere Konditionen bekämst, so könnte die Bank Schadensersatz in Form einer sogenannten Vorfälligkeitsentschädigung verlangen. Du solltest also auch immer überlegen, ob es aus Deiner Sicht sinnvoll ist, Dich für eine bestimmte Zeit an die Finanzierung zu binden. Nach zehn Jahren hast Du gemäß §489 BGB ein Sonderkündigungsrecht, kommst also immer ohne Vorfälligkeitsentschädigung aus dem Darlehensvertrag heraus, auch dann, wenn Du eine längere Zinsbindungsfrist vereinbart hast. Die Kündigungsfrist beträgt in diesem Fall sechs Monate.

Zudem solltest Du darauf achten, dass – sofern Du mehrere Immobilien finanziert hast – diese nicht gleichzeitig aus der Zinsbindung herauslaufen. Dieses würde nämlich das Risiko eines Zinsanstiegs erhöhen. Nicht nur die Lagen Deiner

Immobilien solltest Du somit diversifizieren, sondern auch die Beendigungszeitpunkte der Zinsbindungen.

Es gibt noch viele weitere Aspekte, die man bei einer Finanzierung beachten sollte wie Stress-Tests, die Höhe der Restschuld bei Ablauf der Zinsbindungsfrist, Tilgungssatzwechsel und vieles mehr, aber für den Anfang solltest Du mit den Informationen aus diesem Kapitel gut gerüstet sein. Als Profi und mit wachsender Größe Deines Portfolios wird es dann später wichtig, Dich noch tiefgehender mit der Finanzierung zu befassen; da geht es dann aber um Feinheiten und Details.

Du weißt nun also, worauf Du bei Deiner Finanzierung achten solltest und wo gewisse Vor- und Nachteile liegen, so dass Du mit Deinem Finanzierungsberater auf Augenhöhe agieren kannst. Zusätzlich empfehle ich Dir, Deine Finanzierungsanfrage immer sorgfältig vorzubereiten. Achte darauf, dass alle Unterlagen vollständig sind, dass Du klare Vorgaben dahingehend machst, wie die einzelnen Parameter Deiner Finanzierung aussehen sollen. Als Immobilien-Investor ist es wichtig, dass Du ein gern gesehener Kunde bei Deiner Bank bist, denn Du bist später darauf angewiesen, dass Deine Banker und Berater Dir gut gesonnen sind. Und dies gelingt am besten, wenn diese nicht permanent mit Dir Rücksprache halten müssen, weil doch noch Unterlagen fehlen oder Dinge unklar sind. Auch solltest Du Deine Verhandlungen mit der Bank nicht immer bis auf das Äußerste ausreizen und Dich dadurch unbeliebt machen. Ich betrachte die Zusammenarbeit mit der Bank als eine Win-win-Beziehung, in der jeder Teil von dem anderen profitiert; es sollten also beide Seiten Spaß an der Geschäftsbeziehung haben. Behalte dies immer im Hinterkopf.

Um eine konkrete Finanzierungsanfrage zu stellen, kann ich Dir guten Gewissens sogenannte Finanzierungsvermittler empfehlen. Die bekanntesten in Deutschland sind „Interhyp“, „Dr. Klein“ oder „Pasch & Kruszona“. Diese Vermittler, manchmal auch Finanzierungsmakler genannt, arbeiten so, dass sie von Dir alle relevanten Informationen einholen, dann die Finanzierungsanfrage vorbereiten und diese dann bei mehreren Banken einreichen. In der Regel arbeiten sie mit mehr als hundert Banken zusammen. Dies hat für Dich viele Vorteile: Zunächst einmal ist es evident, dass die Arbeit für Dich extrem vereinfacht wird, da Du nur eine Anfrage stellst und diese dann an mehrere Banken weitergeleitet wird. Du musst also nicht selbst mehrere Banken kontaktieren, überall Deine Unterlagen einreichen und so weiter.

Zudem bereitet Dein Finanzierungsvermittler die Anfrage auf, d. h. er prüft Deine Unterlagen, Deine Haushaltsrechnung und vieles mehr und hilft Dir, Schwachstellen bereits im Vorfeld zu erkennen und zu beheben. Erst dann, wenn Deine Anfrage auch wirklich Aussicht auf Erfolg hat, wird diese bei einer Bank eingereicht. Stellst Du hingegen selbst eine Anfrage bei einer Bank und diese wird abgelehnt, weil zum Beispiel Deine Haushaltsrechnung negativ ist, dann bist Du bei dieser Bank „verbrannt“ und kannst hier nichts mehr korrigieren. Nur um das klarzustellen: Ich spreche hier nicht davon, seine Anfrage zu manipulieren oder Ähnliches, aber es gibt Dinge, die ein guter Vermittler auf die Schnelle beheben kann. Hast Du beispielsweise eine Finanzierung auf einen teuren Fernseher laufen, so macht es unter Umständen Sinn, diesen schnell auf einen Schlag abzubezahlen, so dass Du hier keine Konsumschulden vorweisen musst und sich die Haushaltsrechnung durch die entfallene Rate verbessert.

Zudem haben viele Banken interne Richtlinien für die Vergabe von Krediten. Dein Finanzierungsvermittler kann somit bereits im Vorfeld selektieren und entscheiden, bei welcher Bank eine Anfrage überhaupt Sinn macht. Ein Beispiel für eine solche interne Richtlinie wäre die Regel einer Bank, dass sie generell keine Wohnungen unter einer Größe von 40 Quadratmetern finanziert. Ja, so etwas gibt es tatsächlich. Stellst Du die Anfrage selbst bei dieser Bank, so wirst Du für eine entsprechende Wohnung eine Absage erhalten, manchmal sogar ohne Begründung, und alle Mühe war umsonst. Dein

Vermittler wird wissen, dass er diese Anfrage dort erst gar nicht zu platzieren braucht.

Vielleicht denkst Du jetzt, dass die Vermittlung Deiner Anfrage Geld kostet. Das tut sie auch, aber das Gute ist, dass nicht Du den Finanzierungsvermittler bezahlen musst; das machen die Banken. Der Hintergrund ist, dass der Finanzierungsvermittler die ganze Vorbereitung, Unterlagenprüfung und so weiter für die Bank übernimmt. Dies spart der Bank einiges an Kosten ein, so dass sie das eingesparte Geld für die Provision verwenden kann. Für Dich entstehen hier also keinerlei Kosten.

Zudem fragen Finanzierungsvermittler in der Regel nicht nur einen Kredit an, sondern bündeln die Anfragen ihrer Kunden, wodurch sie viel höhere Kreditvolumina erreichen. Das verbessert sogar oftmals die Konditionen im Vergleich zu einer Direktanfrage bei einer Bank. Ich habe selbst erlebt, dass mir eine Bank eine Finanzierungszusage erteilt hat und mein Finanzierungsvermittler nicht nur bei derselben Bank, sondern sogar bei derselben Mitarbeiterin eine deutlich bessere Kondition ausgehandelt hat.

Ein weiterer Vorteil von Finanzierungsvermittlern ist der, dass Du auch im Hinblick auf zukünftige Finanzierungsvorhaben alle Deine Unterlagen an einem Ort hast und sie nur dort fortlaufend aktualisieren musst. Du fängst also bei zukünftigen Finanzierungen nicht wieder von vorn an, sondern schickst Deinem Vermittler nur den letzten Steuerbescheid oder den aktuellen Kontoauszug, da alle anderen Unterlagen ja bereits vorliegen. Zu Beginn mag Dir dieses Argument vielleicht noch etwas schwach erscheinen, aber glaube mir, wenn ich sage, dass dies bei einer Vielzahl von Immobilien ein sehr großer organisatorischer Vorteil ist.

DIE ZWEI GRÖßTEN FEHLER BEI DER FINANZIERUNG

Wir sind oben bereits detailliert auf die wichtigsten Details einer Finanzierung eingegangen, dennoch möchte ich hier nochmal auf die beiden größten Fehler hinweisen, da ich diese bei vielen Investoren immer wieder sehe.

Fehler I: Das Einbringen von zu viel Eigenkapital

Um schnell wachsen zu können und ein größeres Immobilien-Portfolio aufzubauen, brauchen wir immer wieder Eigenkapital. Ohne Eigenkapital ist es nahezu unmöglich – und auch nicht empfehlenswert –, weitere Immobilien zu erwerben. Daher ist es essenziell, dass wir unser verfügbares Eigenkapital „zaghaft" einsetzen. Einmal investiertes Eigenkapital ist zunächst weg; es ist in der Immobilie „gefangen", bis diese verkauft wird. Natürlich gibt es auch noch die Möglichkeit der Nachbeleihung, aber die lässt sich nicht jederzeit realisieren und ist mit Aufwand und Kosten verbunden. Daher sollte man wirklich darauf achten, dass man immer nur so viel Eigenkapital wie unbedingt nötig in eine Finanzierung einbringt. Lass Dich nicht davon verleiten, dass Du bei einer höheren Eigenkapitalquote vielleicht etwas an Zinsen einsparen kannst, sondern behalte das zusätzliche Eigenkapital besser schon für den nächsten Immobilienkauf zurück.

Zwei Einschränkungen möchte ich hier dennoch machen: Wenn Du bei Deiner Finanzierung unmittelbar an einer Schwelle bist, wo Du durch lediglich ein paar Euro mehr an Eigenkapital einen deutlich besseren Zinssatz erhältst, dann macht es natürlich Sinn, dies auszunutzen.

Die zweite Einschränkung bezieht sich auf die sogenannte Beleihungsquote Deines gesamten Immobilien-Portfolios. Die

Beleihungsquote wird meist in Prozent ausgedrückt und gibt an, wie viel Deines Immobilien-Portfolios noch durch Fremdkapital finanziert ist. Hast Du beispielsweise ein Immobilien-Portfolio im Gesamtwert von einer Million Euro und auf der anderen Seite Schulden von 800.000 Euro, so beträgt die Beleihungsquote Deines Portfolios 80 %.

Eine Beleihungsquote von 80 % wird von Banken in der Regel als ausreichend eingestuft, 60 % sind sehr gut und wenn Deine Beleihungsquote deutlich unter 60 % liegt, ist das aus Bankensicht natürlich sehr attraktiv, da Deine Finanzierungen dann weitestgehend „aus dem Risiko" sind. Die Bank geht nämlich davon aus, dass – wenn Du Deinen Zahlungsverpflichtungen nicht nachkommen solltest – sie im Falle einer Zwangsversteigerung immer 60 % des Immobilienwertes erzielen wird, so dass hier für sie kein finanzielles Risiko mehr besteht. Liegt Deine Beleihungsquote hingegen darüber und die Bank versteigert eine Immobilie für nur 60 % des Wertes, so hätte sie einen Verlust hinzunehmen.

Liegt Deine Beleihungsquote hingegen deutlich unterhalb von 60 %, so bedeutet dies, dass Du Geld „auf der Strecke lässt". In diesem Fall wird es nämlich meist möglich sein, weiteres Kapital aufzunehmen, indem Du Deine Immobilien nachbeleihst. Machst Du von dieser Möglichkeit keinen Gebrauch, dann entstehen Dir wieder Opportunitätskosten in Form der unterlassenen Investmentmöglichkeit. Manche Investoren sagen hier etwas scherzhaft, es gäbe nichts Schlechteres als ein Immobilien-Portfolio, das zu mehr als 40 % abbezahlt ist. Da die meisten von uns dazu erzogen wurden, dass Schulden etwas Schlechtes sind, neigen wir dazu, diese schnell loswerden zu wollen, auch wenn es finanziell gesehen gar keinen Sinn ergibt. Wenn die Beleihungsquote aber zu hoch ist, und das ist ab etwa 90 % der Fall, dann solltest Du ausnahmsweise mehr Eigenkapital einbringen. Anfangs wird Deine Beleihungsquote natürlich zwingend über 90 % liegen, da Du ja den ganzen Kaufpreis der Immobilie finanzierst und noch nichts getilgt hast. Aber nach kurzer Zeit lässt sich durch Entwicklungsarbeit die Beleihungsquote zügig reduzieren.

Hier ein Beispiel:

Du kaufst eine vermietete Eigentumswohnung für 100.000 Euro, die einen Kaufpreisfaktor von 20 hat. Die Miete kannst Du durch eine Mieterhöhung um monatlich 60 Euro, also 720 Euro pro Jahr, steigern. Durch diese Mieterhöhung steigt der Wert der Immobilie um 14.400 Euro (720 Euro Jahresmiete * 20). Deine Restschuld bei der Bank beträgt immer noch 100.000 Euro, da noch nichts getilgt wurde, aber die neue Beleihungsquote berechnet sich wie folgt:

100.000/114.400 = 87 %

Da Banken intern das sogenannte Niederstwertprinzip anwenden müssen, bei dem der niedrigere der beiden Werte „Kaufpreis“ und „Beleihungswert“ angesetzt werden muss, darf die Bank, bei der Du die Immobilie finanziert hast, diese in den ersten drei Jahren nach Kauf nicht höher bewerten. Diese Regelung wurde 2014 im Zuge der starken Marktüberhitzung eingeführt, um sicherzustellen, dass Banken Immobilien nicht zu hoch bewerten. Nach drei Jahren darf die finanzierende Bank dann eine Neubewertung vornehmen.

Für andere Banken hingegen gilt sofort der neue Wert. Da auch diese bei weiteren Finanzierungsanfragen Dein Gesamtportfolio und dessen Beleihungsquote prüfen, hast Du hier bereits einen Vorteil. Versuche daher immer so schnell wie möglich, den Wert Deiner Immobilien durch sinnvolle Maßnahmen zu steigern, und behalte dabei die Beleihungsquote Deines Gesamtportfolios im Blick.

Der Vollständigkeit halber sei an dieser Stelle noch auf eine ähnliche Kennzahl, nämlich den Verschuldungsgrad, eingegangen. Dieser ist definiert als Fremdkapital/Eigenkapital.

Im obigen Beispiel des Portfolios von einer Million Euro bei 800.000 Euro Restschuld betrüge er folglich 800.000/200.000 = 4. Der Verschuldungsgrad sollte langfristig zwischen 1,5 und 4 liegen, wobei dieser natürlich umso besser ist, je kleiner er ist.

Fehler II: Eine zu hohe Annuität bzw. Bankrate

Der zweite große Fehler, der immer wieder gemacht wird, ist der, dass Menschen beim Abschluss ihrer Immobilienfinanzierung die monatliche Rate, mit der das Darlehen zurückgezahlt wird, zu hoch ansetzen. Auch dabei werden sie meist von der Motivation geleitet, entweder ihre Schulden schnell loswerden oder aber Zinsen einsparen zu wollen. Hier ist es wichtig, dass man die Dinge wirklich präzise kalkuliert. In der Mehrheit der Fälle wird es darauf hinauslaufen, dass man unter dem Aspekt der „Endvermögensmaximierung" – das ist genau das finanzmathematische Kriterium – besser damit fährt, seine Finanzierungsrate niedriger anzusetzen und das dadurch frei werdende Kapital wieder zu investieren. Dabei muss die Rendite des zusätzlichen Investments natürlich höher sein als die zusätzlichen Zinskosten im anderen Fall. Dies wird aber meist gegeben sein, insbesondere dann, wenn man auch noch den Zinseszinseffekt auf das zusätzliche Investment berücksichtigt.

Ein schoner Nebeneffekt einer niedrigeren Finanzierungsrate ist der, dass sie einem Sicherheit bietet, da man sich nicht zu übermäßig hohen Raten verpflichtet hat. Fällt dann mal eine Mietzahlung aus oder hat man anderweitig finanzielle Engpässe, so kann man eine niedrige Rate natürlich leichter abfedern als eine hohe.

Mir ist bewusst, dass es auch Kritiker meiner Ansicht gibt. Allerdings rechnen diese meist auf einen kurzen Horizont und vernachlässigen den Zinseszinseffekt auf das Zusatzinvestment. Ich empfehle Dir, hier einfach Deine eigene Berechnung anzustellen. Damit Du aber nicht Äpfel mit Birnen vergleichst, beachte, dass es mathematisch immer um die Maximierung des Endvermögens geht. Abschließend ein kleines Beispiel:

Stelle Dir vor, Du möchtest eine Eigentumswohnung für 100.000 Euro kaufen, Dein Finanzierungszins beträgt 3,50 %. Die Bank bietet Dir nun an, dass Du das Darlehen entweder mit monatlich 460 Euro oder mit 560 Euro zurückzahlen kannst. In ersterem Fall zahlst Du über die Laufzeit der Finanzierung hinweg natürlich mehr Zinsen, da das Darlehen langsamer getilgt wird, aber wenn Du dieses eingesparte Geld stattdessen gewinnbringend investierst – wobei die Rendite höher sein muss als der Finanzierungszins von 3,50 % –, dann fährst Du damit dennoch besser. In unserem Beispiel hättest Du in ersterem Fall nach zehn Jahren noch 14.353 Euro mehr Schulden bei der Bank als wenn Du schneller tilgst, dabei fallen zusätzliche Zinsen von 2.344 Euro an. Der Restbetrag kommt durch die langsamere Tilgung zustande.

Gehen wir nun aber davon aus, dass Du die frei zur Verfügung stehenden 100 Euro monatlich mit 7 % Rendite anderweitig investierst, so werden hieraus über ebenfalls zehn Jahre 17.208 Euro. Du hättest Dich also um 2.855 Euro besser gestellt. Je größer die Beträge, je höher die Rendite des Alternativ-Investments und je länger der Betrachtungszeitraum, desto größer werden natürlich auch die Unterschiede.

Viele Menschen haben in jungen Jahren beigebracht bekommen, dass Sparen eine ganz wertvolle Tugend ist. Kauft man etwas nicht zum günstigsten Preis, so hat man unweigerlich das Gefühl, einen Fehler gemacht zu haben. Auch bei Immobilienfinanzierungen, bei denen der Finanzierungszinssatz dem Kaufpreis einer Ware entspricht, sind die meisten Menschen so sehr auf diesen fixiert, dass sie viele weitere Parameter außer Acht lassen. Das Besondere daran ist, dass der alleinige Fokus auf den günstigsten Zinssatz oftmals konträr zu den eigenen Wachstumszielen steht, das Wachstum also eher hemmt. Dies erscheint im ersten Moment vielleicht kontraintuitiv, aber mit der folgenden Anekdote möchte ich nochmal verdeutlichen, was ich damit meine:

Stell Dir einen 39-jährigen Angestellten mit 2.500 Euro Netto-Gehalt im Monat vor. Nennen wir ihn Stefan.

Stefan möchte eine Eigentumswohnung für 200.000 Euro zuzüglich 20.000 Euro an Kaufnebenkosten als Kapitalanlage kaufen. Er vereinbart einen Termin bei seiner Hausbank zur Besprechung der Finanzierung.

Als der Banker ihn fragt, wie viel Eigenkapital er in die Finanzierung einbringen möchte, verkündet Stefan stolz, dass er bereits 60.000 Euro angespart habe. Er erzählt, dass er gelesen habe, man solle immer 20 % des Kaufpreises selbst mitbringen – hier also 40.000 Euro – sowie die Kaufnebenkosten in Höhe von 10 %, also nochmal 20.000 Euro. Insgesamt will Stefan also 60.000 Euro in die Finanzierung einbringen.

Es folgt die Frage des Bankers, bis wann Stefan die Wohnung abbezahlt haben möchte. Stefan, der sich natürlich im Vorfeld schlau gemacht hat, sagt, dass er so schnell wie möglich tilgen will, denn: je kürzer die Laufzeit, desto weniger Zinsen muss er insgesamt zahlen. Da die monatliche Netto-Kaltmiete der Wohnung 700 Euro beträgt, schlägt Stefan vor, monatlich auch 700 Euro an die Bank zurückzuzahlen, somit wäre die Wohnung nach ca. 21 Jahren, also im Alter von 60 Jahren, abbezahlt.

Da der Banker Stefans Lohnabrechnungen kennt und weiß, wie viel dieser verdient, schlägt er ihm vor, zusätzlich noch 100 Euro aus seinem Gehalt zur Rückführung des Darlehens zu verwenden. Insgesamt soll die monatliche Bankrate somit 800 Euro betragen. Aufgrund der höheren Tilgung könne er Stefan so einen noch besseren Zinssatz anbieten und außerdem wäre die Wohnung dann bereits nach 18 Jahren abbezahlt. Insgesamt würde Stefan somit satte 4.155 Euro an Zinsen sparen. Stefan ist begeistert und willigt sofort ein.

Der Banker kalkuliert etwas herum und wird selbst ganz euphorisch, als er bemerkt, dass er aufgrund der gesunkenen Beleihungsgrenze den Zins um weitere 0,1 Prozentpunkte senken könnte, wenn Stefan noch weitere 10.000 Euro an Eigenkapital in die Finanzierung einbringt; das wäre nochmal eine Zinsersparnis von 3.120 Euro über die gesamte Laufzeit hinweg. Stefan hat neben dem geplanten Wohnungskauf zwar nur noch 12.000 Euro als Reserve auf seinem Girokonto, aber der Gedanke, nochmal 3.120 Euro an Zinsen zu sparen, ist einfach zu verlockend. Er willigt ein. Außerdem sinkt der Darlehensbetrag jetzt auf 150.000 Euro, was dazu führt, dass die Wohnung schon nach 16,5 Jahren abbezahlt ist. Stefan ist rundum zufrieden und fühlt sich bestens beraten. Allein dieses Bankgespräch hat ihm 7.275 Euro an Zinsen eingespart. Zu Weihnachten schickt er seinem Banker als Dankeschön eine Flasche teuren Rotwein.

Fünf Jahre später trifft Stefan seine alte Schulkameradin Lisa. Sie hat von seinem Wohnungskauf erfahren und fragt ihn, wie es so läuft. Eigentlich hatte Stefan vorgehabt, noch weitere Wohnungen als Kapitalanlage zu kaufen, um sich eventuell schon vor dem offiziellen Renteneintritt zur Ruhe setzen zu können. Seine Mieteinnahmen sollten dann sein Einkommen ersetzen – so der Plan. Leider kam es bislang aber zu keinem weiteren Wohnungskauf. Nachdem Stefan die damalige Finanzierung abgeschlossen hatte, merkte er plötzlich, dass es immer schwieriger wurde, Geld zur Seite zu legen. Ohne wirklich darüber nachzudenken, hatte er sich durch die Finanzierung quasi eine Art „Gehaltssenkung“ zugefügt, da er jetzt monatlich weniger Geld zur Verfügung hatte als vor dem Wohnungskauf. Zudem hatte er ja 10.000 Euro mehr als ursprünglich geplant an Eigenkapital in die Finanzierung eingebracht, so dass er mit dem Sparen quasi wieder bei null anfangen musste. Aufgrund der „Gehaltssenkung“ gelang es ihm aber nicht, nennenswerte Beträge zur Seite zu legen. Als er einige Zeit später nochmal mit seinem Banker über eine neue Finanzierung sprach, wies dieser ihn darauf hin, dass Stefan jetzt ja rechnerisch nur noch 2.400 Euro, nämlich 2.500 Euro Gehalt abzüglich der 100 Euro, die zusätzlich in die Bankrate fließen, pro Monat verdiene und sich dadurch seine Bonität verschlechtert habe. Als Stefan seine Wohnung im Alter von 55 Jahren abbezahlt hat, will ihn kaum noch eine Bank bei einem neuen Kauf finanzieren, weil seine gesetzliche Rente und die Einnahmen aus einer Wohnung nicht ausreichen würden, um im Falle eines Mietausfalls die Lebenshaltungskosten und die Finanzierungsrate zu begleichen.

Lisa hat es anders gemacht: Sie wollte eine vergleichbare Wohnung zum selben Preis kaufen. Als ihr Banker sie ebenfalls fragte, wie viel Eigenkapital sie denn in die Finanzierung einbringen wolle, konterte sie mit einer Gegenfrage: „Wie viel Eigenkapital muss ich einbringen, damit die Bank der Finanzierung noch gerade so zustimmt?" Der Banker war etwas irritiert, ließ sich aber auf eine Vollfinanzierung ein, bei der der gesamte Kaufpreis finanziert wird. Lisa sollte demnach nur die Kaufnebenkosten von 20.000 Euro bezahlen. „Die Konditionen werden dadurch aber deutlich schlechter!", mahnte der Banker.

Hinsichtlich der Darlehensrate fragte Lisa, deren Mieteinnahme ebenfalls 700 Euro betrug, ob die Bank mit einer monatlichen Rate von 500 Euro einverstanden wäre, so könne sie jeden Monat 200 Euro aus den Mieteinnahmen zur Seite legen. Der Banker erschrak, als er kalkulierte, dass die Wohnung bei einer solch geringen Rate erst in 41 Jahren abbezahlt wäre, willigte aber trotzdem ein, da aus Sicht der Bank kein großes Risiko bestand. Weil sich Lisas kalkulatorisches monatliches Einkommen durch den Wohnungskauf nun um 200 Euro erhöhte, hatte sich ihre Bonität sogar noch verbessert.

Was aber war mit den Konditionen? Lisa zahlte einen höheren Zinssatz auf ein höheres Darlehen und das für eine deutlich längere Laufzeit. Insgesamt zahlte sie genau 37.540 Euro mehr

Zinsen als Stefan, aber es schien ihr völlig egal zu sein. Wie konnte das sein?

Lisa hatte durch den Wohnungskauf das ihr zur Verfügung stehende kalkulatorische Einkommen um monatlich 200 Euro erhöht und konnte, da sie zuvor auch ohne dieses Geld zurechtkam, den kompletten Betrag beiseitelegen. Da sie auch noch 40.000 Euro an Eigenkapital übrig hatte – sie hatte im Gegensatz zu Stefan statt 60.000 Euro nur 20.000 Euro in die Finanzierung eingebracht – kaufte sie nach dem gleichen Modell noch im selben Jahr zwei weitere Eigentumswohnungen. Allein aus ihren Mieteinnahmen konnte sie nun monatlich 600 Euro zur Seite legen. Alle zweieinhalb Jahre hatte Sie wieder genügend Eigenkapital für die nächste Wohnung angespart und konnte so ihren Bestand stetig ausbauen, so dass sie nach 16 Jahren, als auch Stefan seine Wohnung abbezahlt hatte, Immobilien im Gesamtwert von sage und schreibe 2 Millionen Euro besaß. Ihre Bonität hatte sich aufgrund des gestiegenen Einkommens verbessert und sie war gern gesehene Kundin bei ihrer Bank. Zu Weihnachten schickte ihr Banker ihr eine Flasche teuren Rotwein.

Der Unterschied dieser beiden Vorgehensweisen liegt darin, dass Stefans Ansatz auf das Sparen von Zinsen ausgerichtet war, was aber häufig zur Folge hat, dass ein weiteres Wachstum nicht mehr möglich ist. Lisas Ansatz hingegen zielte auf Wachstum ab. Dass dabei erheblich mehr Zinsen gezahlt werden, wird bewusst in Kauf genommen, da dieses Vorgehen langfristig dennoch zum deutlich besseren Ergebnis führt. Lisa ist Millionärin während Stefan den typischen Durchschnittsbürger mit einer Eigentumswohnung verkörpert. Wir wachsen damit auf, immer sparen zu wollen, und bemerken manchmal nicht einmal, dass wir uns dadurch selbst schaden, indem wir unser Wachstum limitieren.

Der Großteil der Immobilienfinanzierungen in Deutschland läuft nach dem oben beschriebenen Muster von Stefan ab, was dazu führt, dass die meisten Menschen selbst mit Immobilien nie richtig reich werden. Wenn Du diesen Unterschied – der sich zugegebenermaßen anfangs seltsam anfühlt – aber verinnerlichst, dann sind Deinem Wachstum keine Grenzen mehr gesetzt. Der Weg zu einem ansehnlichen Vermögen ist nur noch eine Frage der Zeit, aber Du wirst es auf jeden Fall erreichen.

Natürlich gibt es beim Vermögensaufbau durch Immobilien noch eine Reihe weiterer Aspekte, die es zu beachten gilt, wie Beleihungsquoten, Stress-Tests, Zinsniveaus und so weiter. Diese modellhafte Anekdote soll aber dazu dienen, den Grundgedanken klarzumachen, und der lautet: Liquidität geht vor Zinsersparnis. Wer also Wachstum erreichen möchte, der muss vorrangig darauf achten, seinen monatlichen Cashflow zu erhöhen.

Natürlich gibt es viele Menschen, die schlecht schlafen, wenn sie Schulden haben, und diese deshalb so schnell wie möglich wieder tilgen möchten. Aber es gibt verschiedene Arten von Schulden: gute und schlechte. Schlechte Schulden sind jene für beispielsweise Konsumgüter, die schnell an Wert verlieren und uns in Sachen Vermögensaufbau nicht weiterbringen wie der Kauf eines Fernsehers auf Raten oder die Finanzierung einer Küche. Gute Schulden hingegen sind solche, bei denen wir mit dem Geld anderer, also zum Beispiel dem Geld der Bank, unseren eigenen Vermögensaufbau beschleunigen können. Zudem stehen diesen guten Schulden Werte gegenüber, die höher sind als die Schulden selbst. Man muss also aufpassen, dass man nicht aus falschen emotionalen Motiven heraus schlechte Investmententscheidungen trifft und dadurch sein eigenes Vermögenswachstum beschränkt. Ich selbst habe aktuell mehrere Millionen Euro an Schulden und kann damit sehr gut schlafen, weil ich zum einen weiß, dass die Summe meiner Vermögenswerte deutlich höher ist, und zum anderen meine monatlichen Einkünfte aus Mieteinnahmen die monatlichen Ausgaben bei weitem übersteigen, so dass ich selbst dann, wenn ich nicht mehr arbeiten könnte, immer noch problemlos im Stande wäre, alle Finanzierungsraten zu bedienen.

Gute Schulden helfen uns somit beim Vermögensaufbau. Sie sind also nicht hinderlich, sondern vielmehr selbst das Mittel zum Zweck. Sie sind gewollt.

Zusammenfassend kann man festhalten, dass Du nicht mehr Eigenkapital in eine Finanzierung einbringen solltest als nötig, wobei Beleihungsgrenzen und Dein Verschuldungsgrad zu beachten sind. Ferner solltest Du die monatliche Finanzierungsrate nicht zu hoch ansetzen und das dadurch frei gewordene Geld lieber zusätzlich investieren.

Und noch etwas: Im Studium der Wirtschaftswissenschaften lernt man, dass Verschuldung dazu dient, seine gegenwärtige Situation zu Lasten der Zukunft zu verbessern. Durch die Aufnahme eines Kredites geht es einem heute besser, dafür in Zukunft aber schlechter, da man dann den Kredit zurückzahlen muss. Man tauscht also etwas ein. Aber: Durch den Kauf cashflowstarker Immobilien kann man seine gegenwärtige UND seine zukünftige Situation verbessern. Dies widerspricht der klassischen Beschreibung von Schulden. Wie im obigen Beispiel deutlich geworden ist, erhöht man dadurch sein gegenwärtiges Einkommen und investiert gleichzeitig in den zukünftigen Vermögensaufbau. Natürlich ist das nicht einfach, aber es ist immer wieder möglich!

DIE NOTARWAHL

Hat man eine Immobilie gefunden, die man erwerben möchte und ist die Finanzierung geklärt, so wird im nächsten Schritt ein Notar mit der Erstellung des Kaufvertrages beauftragt.

Eine Frage, die in diesem Zusammenhang oft gestellt wird, ist die, welchen Notar man mit dieser Aufgabe betraut. Häufig werde ich gefragt, ob ich einen guten Notar kenne. Dazu ist Folgendes zu sagen: Grundsätzlich ist es ein ungeschriebenes Gesetz bzw. eine Gepflogenheit, dass der Käufer, der ja bei einem Immobilienkauf für die Kosten des Notars aufkommt, diesen auswählen kann.

Da sich Immobilien-Kaufverträge inhaltlich von Notar zu Notar aber nur marginal unterscheiden, ist die Wahl des Notars in der Praxis eher von untergeordneter Bedeutung.

Dazu kommt, dass Notare nach der Bundesnotarordnung in Deutschland per Gesetz dazu verpflichtet sind, ihre Kosten nach dem Gerichts- und Notarkostengesetz (GNotKG) zu berechnen, so dass es zwischen den einzelnen Notaren auch nicht zu Preisunterschieden kommt. Es kostet also bei jedem Notar gleich viel, einen Kaufvertrag zu beurkunden. Allerdings ist die Höhe dieser Kosten vom Kaufpreis der Immobilie abhängig. Je höher der Kaufpreis, desto teurer der Notar.

Ich empfehle daher, sich eher damit auseinanderzusetzen, welche Details und Feinheiten, die nicht unbedingt standardisiert sind, man selbst noch im Kaufvertrag regeln sollte. Dennoch ist es – wenn man ein Immobilien-Portfolio aufbauen möchte – ratsam, sich einen „festen" Notar zuzulegen und nicht jeden Kauf bei einem anderen zu beurkunden, das aber aus folgendem Grund: Es ist sehr viel wert, einen Notar zu haben, den man gut kennt und auf den man sich verlassen kann, weil dieser einem durchaus mit Kleinigkeiten behilflich sein kann. Wenn ich zum Beispiel einen Grundbuchauszug benötige, dann kann ich entweder zum Grundbuchamt fahren und während der meist sehr eingeschränkten Öffnungszeiten dort stundenlang warten oder ich kann diesen in den meisten Gemeinden inzwischen auch online beantragen; dennoch wird es meist mehrere Wochen dauern, bis mir dieser zugestellt wird. Durch den guten Kontakt zu meinem Notar schickt mir dieser einen Grundbuchauszug meist innerhalb von zehn Minuten per Mail, wenn ich dort anrufe, da alle Notare in Deutschland die Grundbücher online einsehen können. So etwas kann Gold wert sein.

Auch dauert es meist eine gewisse Zeit, bis ein Notar einen Kaufvertragsentwurf gefertigt und zur ersten Ansicht an die am Kauf beteiligten Parteien verschickt hat. Da ich guter Kunde bei meinem Notariat bin, erhalte ich Verträge oft innerhalb eines einzigen Tages und bekomme auch immer sehr schnell einen Termin zur Beurkundung. Wenn man zu einem Notar eine gute Beziehung aufbaut, kann man also von solchen Kleinigkeiten profitieren.

Auf der anderen Seite ist die eigene Wahl des Notars für mich nicht in Stein gemeißelt. Ich traf kürzlich auf einen Verkäufer, der bereits einen Käufer gefunden und bei seinem Notar einen Kaufvertrag hatte anfertigen lassen. Dann war der Käufer jedoch abgesprungen und ich kam zum Zug. Hätte ich nun auf meinen Notar bestanden, so hätte der Verkäufer die Kosten für den ersten Vertragsentwurf zahlen müssen. Natürlich habe ich ihm den Gefallen getan, bei seinem Notar zu beurkunden.

Zusammenfassend kann man also sagen, dass die Suche nach einem Notar nicht überbewertet werden sollte, dennoch kann es Vorteile haben, zu einem Notar eine gute Beziehung aufzubauen.

Wichtiger ist die Frage, welche Aspekte man in einem Kaufvertrag regeln sollte, die nicht unbedingt immer enthalten sind. Mit einem guten Kaufvertrag lassen sich nämlich manchmal mehrere tausend Euro einsparen. Wie genau das geht, darauf gehen wir im nun folgenden Kapitel ein.

DER KAUFVERTRAG

Wie oben bereits erwähnt, sind Kaufverträge über Immobilien recht standardisiert. Im Folgenden möchte ich aber auf einige Aspekte eingehen, die vor einer Unterzeichnung immer geprüft werden sollten und mittels derer sich viel Geld einsparen lässt.

Zuvor möchte ich aber noch ganz kurz erklären, wie der Kaufprozess im Einzelnen vonstattengeht: Immobilienkäufe in Deutschland sind so ziemlich das Sicherste, was man machen kann. Um den Prozess sicher zu machen, wird – wenn Du und der Verkäufer den Kaufvertrag über eine Immobilie unterschrieben habt – zunächst eine sogenannte Eigentumsvormerkung zu Deinen Gunsten im Grundbuch eingetragen. Dies verhindert, dass der Verkäufer die Immobilie noch anderweitig veräußern oder mit Grundschulden belasten kann. Erst wenn diese Eintragung, ferner die Eintragung Deiner Grundschuld zur Absicherung des von Dir aufgenommenen Darlehens erfolgt und manchmal auch noch weitere Voraussetzungen erfüllt sind, wird der Kaufpreis überhaupt fällig.

Weitere Voraussetzungen könnten beispielsweise sein, dass der Verwalter einer Eigentümergemeinschaft dem Verkauf zustimmen muss. Diese Regel ist tatsächlich in vielen Eigentümergemeinschaften – verschriftlicht in der Teilungserklärung – verbreitet: Der GdWE-Verwalter soll so zunächst prüfen, wer in die Gemeinschaft eintritt. Zudem könnte es sein, dass bestimmte Vorkaufsrechte abgefragt werden müssen. So hat etwa eine Gemeinde immer dann ein Vorkaufsrecht, wenn die Immobilie in einem Bezirk mit einem sogenannten Bebauungsplan liegt. Zudem haben Mieter immer dann, wenn erstmals Wohnungseigentum begründet wird, also dann, wenn ein Mehrfamilienhaus in Eigentumswohnungen aufgeteilt wird, ein Vorkaufsrecht. Kaufst Du hingegen eine Immobilie auf einem Erbpachtgrundstück, so muss der Erbpachtgeber, also der Grundstückseigentümer, ebenfalls dem Kauf zustimmen.

Um alle diese Angelegenheiten kümmert sich aber der Notar und hält Dich auf dem Laufenden.

In 99 % der Fälle gibt es hier keine bösen Überraschungen, es handelt sich meist um reine Formsachen. Um aber dennoch Dein Kostenrisiko zu minimieren, möchte ich Dich darauf hinweisen, dass es möglich ist, die Grundschuld zur Absicherung Deines Darlehens erst im Anschluss zu beurkunden, falls zum Beispiel noch Vorkaufsrechte abgefragt werden müssen. Für die Grundschuld fallen Gebühren in Höhe von etwa 0,5 % des Darlehensbetrages an. Bei einem Darlehen über 200.000 Euro sind dies also 1.000 Euro. Für den Fall, dass wider Erwarten doch etwas schiefgeht, kannst Du Dir so zumindest diese 1.000 Euro sparen. Beachte aber, dass die Grundschuld eingetragen sein muss, bevor die Kaufpreisfälligkeit eintritt, das heißt, bevor die Bank den Kaufpreis zahlen muss. Plane also nicht zu kurzfristig.

Sind endlich alle Voraussetzungen erfüllt, dann wird der Kaufpreis fällig. Dazu erhältst Du eine gesonderte Mitteilung – die sogenannte Fälligkeitsmitteilung – vom Notar, in der nochmal explizit erwähnt wird, bis wann der Kaufpreis gezahlt werden muss. Üblich sind hier sieben bis zehn Tage nach dem Zugang dieser Mitteilung.

Der Notar überwacht dann, dass der Kaufpreis auch pünktlich gezahlt wird, und veranlasst erst danach die Umschreibung der Immobilie auf Deinen Namen. Auch die Umschreibung kann je nach Stadt oder Gemeinde nochmal einige Monate in Anspruch nehmen, allerdings ist es üblich, dass man mit der Zahlung des Kaufpreises den Zugang zur Immobilie erhält, die Schlüssel vom Verkäufer ausgehändigt bekommt und auch schon sogenannter „wirtschaftlicher Eigentümer" wird, was bedeutet, dass man für alle Einnahmen und Ausgaben verantwortlich ist. Die Umschreibung im Grundbuch ist dann nur noch eine Formalie.

Nachdem Du nun genau weißt, wie der Kauf im Einzelnen vollzogen wird, gehen wir auf die Details ein, die Du unbedingt im Kaufvertrag regeln solltest.

Zunächst solltest Du Dich fragen, ob Du mit der Immobilie auch irgendwelche Gegenstände übernimmst wie etwa eine Einbauküche, Terrassenmöbel, Markisen oder Ähnliches. Der Hintergrund dieser Frage ist der, dass gemäß §2 des Grunderwerbsteuergesetzes (GrEStG) solche Gegenstände nicht der Grunderwerbsteuer unterliegen. Die Höhe der Grunderwerbsteuer ist von Bundesland zu Bundesland unterschiedlich, liegt aber zwischen 3,50 % und 6,50 %. Kaufst Du nun eine Immobilie einschließlich verschiedener sonstiger Gegenstände im Wert von zum Beispiel 10.000 Euro, so fällt auf diese Summe keine Grunderwerbsteuer an. Dies gilt allerdings nur, wenn diese Gegenstände zum einen nicht fest mit dem Gebäude verbunden sind, sich demnach auch einzeln veräußern lassen, und zum anderen explizit im Kaufvertrag mit dem jeweiligen Zeitwert aufgeführt sind. In der Regel fertigt man hierzu einfach eine tabellarische Liste, die dem Vertrag als Anlage beigefügt wird. In diesem Beispiel würdest Du Dir durch das Auflisten der Gegenstände – je nach Bundesland – bis zu 650 Euro an Grunderwerbsteuer sparen.

Früher war auch die Erhaltungsrücklage von der Grunderwerbsteuer befreit, wenn sie einzeln im Vertrag aufgeführt war, das gilt allerdings heute leider nicht mehr.

Ein weiterer wichtiger Aspekt eines jeden Kaufvertrages ist die sogenannte Kaufpreisaufteilung in „Grund und Boden" einerseits sowie den Gebäudeanteil andererseits. Dabei ist auch ein nachvollziehbarer Rechenweg anzugeben. Wie das genau funktioniert, schauen wir uns im Kapitel „Grundlagen der Steuerberechnung" an, wichtig ist aber, dass Du die Kaufpreisaufteilung in jedem Fall mit aufnehmen lässt. Auch hierdurch wirst Du ein paar hundert Euro einsparen, allerdings jährlich – solange Du die Immobilie besitzt –, und zwar deshalb, weil die Kaufpreisaufteilung maßgeblichen Einfluss auf die Abschreibungsgrundlage Deiner Immobilie hat. Da die Abschreibung jedes Jahr im Rahmen der Steuererklärung geltend gemacht wird, kommen hier über die Jahre hinweg schnell ein paar tausend Euro zusammen. Auch die Kaufpreisaufteilung solltest Du dem Kaufvertrag als Anlage beifügen. Wichtig ist an dieser Stelle, dass Du weißt, dass das Finanzamt eine dem Kaufvertrag beigefügte, nachvollziehbare und begründete Kaufpreisaufteilung nach allgemeiner Rechtsprechung der Finanzgerichte anerkennen muss. Gibt es hingegen keine Kaufpreisaufteilung im Vertrag, dann wird die Abschreibungsgrundlage Deiner Immobilie mittels der sogenannten Arbeitshilfe des Bundesministeriums der Finanzen berechnet, derer sich auch fast alle Steuerberater bedienen. Dass diese Berechnung nicht zu Deinem Vorteil ist, dürfte außer Frage stehen. Merke Dir also, dass eine Kaufpreisaufteilung in jeden Kaufvertrag gehört.[24]

Für den Verkäufer hat diese übrigens weder Vor- noch Nachteile.

Ein weiterer wichtiger Aspekt – und hier spreche ist aus eigener Erfahrung: Sofern Du einen Mieter übernimmst, sollte explizit aufgeführt werden, dass der Verkäufer sich dazu verpflichtet, Dir die im Mietvertrag aufgeführte Kaution auszuzahlen, und zwar ungeachtet der Tatsache, ob der Mieter diese auch tatsächlich geleistet hat oder nicht. Ich habe einen Fall erlebt, in dem ein Mieter niemals die im Mietvertrag vereinbarte Kaution an den vorherigen Eigentümer zahlte, was laut Rechtsprechung dazu führt, dass der Verkäufer mir auch keine Kaution schuldet. Unmittelbar nach dem Kauf der Wohnung hatte ich somit das Problem, dass ich erstmal eine Kaution vom Mieter einfordern musste, was natürlich schon zu den ersten Reibereien geführt hat. Ich bin der Auffassung, dass es Sache

---

[24] Bei Erbpachtgrundstücken ist eine Kaufpreisaufteilung entbehrlich, da man hier den Grund und Boden ja nicht kauft, sondern pachtet. Folglich bezieht sich der gesamte Kaufpreis auf den Gebäudeanteil und kann vollständig abgeschrieben werden.

des Verkäufers ist, der ja zuvor der Vermieter war und den Mieter unter Umständen auch ausgewählt hat, sich um die Kaution zu kümmern, und dass er dieses Problem nicht auf Dich abwälzen darf. Da die Rechtsprechung das leider anders sieht, lass es entsprechend im Kaufvertrag regeln. So gehst Du sicher, die im Mietvertrag aufgeführte Kaution auch zu erhalten.

Kaufst Du eine Immobilie und planst, diese zunächst zu sanieren oder zu renovieren, wäre es eine Überlegung wert, mit dem Verkäufer zu verhandeln, dass dieser Dir bereits unmittelbar nach der notariellen Vertragsunterzeichnung einen Satz Schlüssel aushändigt, so dass Du sofort und nicht erst nach der Kaufpreiszahlung mit den Arbeiten beginnen kannst. Dies birgt natürlich das Risiko, dass – sofern der Kauf aus irgendeinem Grund scheitert – Du Geld umsonst ausgegeben hast und rechtlich sogar noch dazu verpflichtet werden kannst, die Immobilie in den Zustand bei Kauf zurückzuversetzen. Eine solche Regelung solltest Du also nur dann treffen, wenn Du Dir der Sache sehr sicher bist, dann gehört sie aber in jedem Fall auch in den Kaufvertrag, damit der Verkäufer es sich nicht anders überlegt.

Ich habe dies bereits häufig gemacht, da es mir viel Zeit spart und ich die Wohnung nach der späteren Kaufpreiszahlung dann sofort vermieten kann. Andernfalls würde ich mit zwei bis drei Monaten Leerstand starten, so kann ich mir also einen kleinen Liquiditätsvorteil verschaffen. Um dem Verkäufer entgegenzukommen bzw. diesem einen Anreiz zu bieten, auf meinen Wunsch einzugehen, biete ich an, ab dem Tag der Schlüsselübergabe bereits das Hausgeld sowie Strom und Heizung zu bezahlen. Somit hat der Verkäufer auch einen kleinen Vorteil und ist eher dazu geneigt, meiner Bitte nachzukommen.

Kaufst Du eine Wohnung, die vom Verkäufer zuvor umfassend saniert worden ist oder sogar von einem Bauträger, sollte im Kaufvertrag explizit geregelt werden, welche einzelnen

Maßnahmen umgesetzt wurden, da Du dann – im Falle eines gewerblichen Verkäufers – per Gesetz fünf Jahre Gewährleistung auf diese Maßnahmen erhältst. Handelt es sich nicht um einen gewerblichen Verkäufer, sondern um eine Privatperson, und die Immobilie wird „wie sie steht und liegt"[25] verkauft, dann hast Du zwar keine Gewährleistung gegenüber dem Verkäufer, aber dessen Gewährleistungsrechte gegenüber den von ihm beauftragten Firmen werden auf Dich übertragen, auch wenn die Frist hier in der Regel nur noch sechs Monate beträgt. Dennoch sollte man das nicht verschenken. Dazu muss man über die einzelnen Maßnahmen natürlich Bescheid wissen.

Ein Aspekt, der nicht immer geregelt ist, ist die Verteilung bestimmter Kostenpositionen. Es ist Usus, dass der Käufer die Kosten des Kaufvertrages sowie die Grunderwerbsteuer bezahlt und der Verkäufer die Kosten der sogenannten Lastenfreistellung des Objektes. Damit sind diejenigen Kosten gemeint, die mit der Löschung der alten Grundschuld zusammenhängen. Offen bleibt, wer die Kosten für die Verwalterzustimmung bezahlt, das kann man also noch verhandeln, wobei es in der Regel nur um 100 bis 150 Euro geht.

DIE RICHTIGE REIHENFOLGE BEI DER VERTRAGSUNTERZEICHNUNG

Sind sich Käufer und Verkäufer einig und die Finanzierungszusage von der Bank ist erteilt, dann müssen der Kaufvertrag und der Darlehensvertrag unterschrieben werden. Während der Kaufvertrag zwingend beim Notar unterzeichnet

---

[25] So bezeichnet man tatsächlich einen privaten Immobilienverkauf ohne Gewährleistungsansprüche.

wird (dies ist gesetzlich vorgeschrieben), reicht es aus, den Darlehensvertrag in der Bankfiliale und bei hinreichend guter Geschäftsbeziehung sogar postalisch zu unterzeichnen. Es stellt sich aber die Frage, in welcher Reihenfolge man dies am besten tut. Dabei bestehen die folgenden beiden Risiken: Nehmen wir einmal an, man hat den Kaufvertrag beim Notar unterzeichnet und die Bank zieht – aus welchen Gründen auch immer – ihre Finanzierungszusage zurück. Das hieraus resultierende Problem ist offensichtlich: Man muss den Kaufpreis zahlen, hat aber keine Finanzierung mehr. Die Folge wäre, dass der Verkäufer unmittelbar gegen einen vollstrecken könnte, da der notarielle Kaufvertrag einem Schuldtitel ähnelt. Ferner hat der Verkäufer einen Anspruch auf Schadensersatz in Form von Verzugszinsen. Wird der Kauf dann rückabgewickelt, da Du den Kaufpreis nicht zahlen kannst, besteht auch das Risiko, dass der Verkäufer keinen Käufer zum selben Preis mehr findet. Verkauft er die Immobilie dann zu einem günstigeren Preis an jemand anderen, so hat er sogar gemäß §280 BGB einen Schadensersatzanspruch aufgrund des geringeren Kaufpreises. All dies ist Stress, den man sich sparen kann.

Was aber passiert im umgekehrten Fall? Unterzeichnet man den Darlehensvertrag zuerst und der Kauf scheitert, zum Beispiel, weil der Verkäufer es sich anders überlegt hat, so kann man das Darlehen nicht mehr abnehmen und macht sich hierdurch schadensersatzpflichtig gegenüber der Bank, da dieser nun ein Schaden in Höhe der entgangenen Zinsen entsteht. Und dieser Schaden bemisst sich über die gesamte Zinsbindungsfrist von maximal zehn Jahren. Das können schnell einige zehntausend Euro sein. Wer jetzt einwendet, man könne das Darlehen ja einfach trotzdem abnehmen, damit die Bank keinen Schaden hat, dem sei gesagt, dass die Bank es nicht mehr auszahlen wird, da die Sicherheit, die dem Darlehen zugrunde liegen sollte, nämlich die Immobilie, ja gar nicht mehr zur Verfügung steht. Die Bank vergibt das Darlehen nur, wenn auch die versprochene Sicherheit übereignet wird. Dies funktioniert also auch nicht.

An der Stelle sei angemerkt, dass ich persönlich beide Fälle schon erlebt habe, es ist also keinesfalls so, dass wir hier über ein rein theoretisches Problem reden.

Aber wie macht man es nun am besten?

Ich empfehle folgendes Vorgehen: Man unterzeichnet zunächst den Darlehensvertrag bei der Bank, da man hier ein 14-tägiges Widerrufsrecht als Verbraucher hat. Kurz nach der Unterzeichnung des Darlehensvertrages unterzeichnet man dann den Kaufvertrag beim Notar, so dass man im Falle des Scheiterns noch ausreichend Zeit hat, von seinem Widerrufsrecht gegenüber der Bank Gebrauch zu machen.

Zudem hat diese Vorgehensweise den Vorteil, dass man die teuren Notargebühren auch nur dann zahlen muss, wenn der Kaufvertrag wirklich zustande kommt. Im umgekehrten Fall könnte es nämlich passieren, dass man den Kauf rückabwickeln, Schadensersatz an die Bank leisten und dann auch noch die Notarkosten zahlen muss.

Manchmal ergeben sich Konstellationen, in denen der Verkäufer nicht zum Beurkundungstermin beim Notar erscheint, sondern den Kaufvertrag bei einem anderen Notar nachgenehmigen möchte, zum Beispiel, wenn er sehr weit weg wohnt. Auch dies ist möglich und rechtlich zulässig. Um die oben beschriebenen Risiken zu vermeiden, würde ich hier zwingend mit dem Verkäufer vereinbaren, dass dessen Nachgenehmigung innerhalb der Widerrufsfrist zu erfolgen hat, damit man andernfalls noch seinen Rücktritt vom Darlehensvertrag ausüben kann.

Ich möchte noch anmerken, dass es auch hier wieder für jedes Problem eine Lösung gibt. Scheitert zum Beispiel der Kauf, nachdem die Widerrufsfrist gegenüber der Bank verstrichen ist, so kann man eine andere Immobilie suchen, die hinsichtlich Wertigkeit, Substanz und Kaufpreis in etwa der alten Immobilie entspricht, und das Darlehen dann für die neue Immobilie beanspruchen. Man nennt dies einen

„Pfandtausch". Allerdings muss die Bank hierfür ihre Zustimmung erteilen und hat zusätzlichen Prüfungsaufwand, den sie in aller Regel berechnen wird. Diesen Stress kann man sich ersparen, indem man die richtige Reihenfolge bei der Vertragsunterzeichnung von vornherein beachtet.

Wichtig ist noch zu erwähnen, dass das 14-tägige Widerrufsrecht nur für Verbraucher, also Privatpersonen, gilt. Kaufst Du eine Immobilie zum Beispiel in Deine GmbH (eine Kapitalgesellschaft), so gibt es kein Widerrufsrecht. In einem solchen Fall sollte also alles umso mehr in trockenen Tüchern sein bzw. Du solltest überlegen, welches Szenario des Scheiterns eintreten könnte und den betreffenden Vertrag dann zuerst unterzeichnen. Auch sollten eine schriftliche Finanzierungszusage der Bank und nötigenfalls ein kurzer schriftlicher Vorvertrag mit dem Verkäufer vorliegen. Diese Dinge haben im Streitfall zwar kaum Relevanz, da sie nicht rechtsbindend sind, können aber die Fälle des Scheiterns reduzieren.

DIE ÜBERGABE

Ist der Verkauf zustande gekommen, dann muss die Immobilie zu einem im Kaufvertrag vereinbarten Stichtag vom Verkäufer an den Käufer übergeben werden.

Hierzu sollte man unbedingt ein Übergabeprotokoll anfertigen, in dem die wichtigsten Dinge festgehalten werden. Zu beachten ist auch, dass die Immobilie so übergeben werden muss, wie sie vom Käufer besichtigt wurde. Änderungen darf der Verkäufer nach der Besichtigung nicht mehr vornehmen, es sei denn, diese wurden ausdrücklich vereinbart. Auch aus diesem Grund ist es empfehlenswert, schon bei der Besichtigung Fotos von der Immobilie zu machen, um mögliche Verschlechterungen nachweisen zu können.

Im Protokoll sollten dann Zählerstände, bauliche Mängel und die Anzahl der ausgehändigten Schlüssel vermerkt werden. Gibt es Schäden, die der Verkäufer noch zu beheben hat, so sollte hierfür eine angemessene Frist vereinbart werden.

Mit dem Stichtag der Übergabe übernimmt man als Käufer alle Rechte, aber auch alle Pflichten bezüglich der Immobilie. Wichtig ist es also, entsprechende Energielieferverträge sowie Verträge mit Kommunen oder Versorgern umzumelden, sofern dies nicht Sache des Mieters ist. Ferner sollte man sich bei der Hausverwaltung als neuer Eigentümer vorstellen und, sofern man einen Mieter übernimmt, diesem gegenüber kommunizieren, dass es einen Eigentümerwechsel gegeben hat und der Mieter seine Mietzahlungen an die neue Bankverbindung leisten soll. Der Verkäufer wiederum ist nun verpflichtet, die vom Mieter gestellte Kaution an einen weiterzuleiten.

Hier findest Du eine Vorlage für ein Übergabeprotokoll, die Du gerne downloaden und verwenden kannst:

DIE VERMIETUNG

Übernimmt man mit der Immobilie auch ein bestehendes Mietverhältnis, so gilt der Grundsatz „Kauf bricht Miete nicht“, das heißt, der bestehende Mietvertrag behält grundsätzlich seine Wirksamkeit. Änderungen des Mietvertrages sind nur in dem Umfang zulässig, der sich auch bei Fortführung durch den alten Vermieter ergeben hätte. Dies gilt beispielsweise auch für Mietanpassungen. Oft hat man als Erwerber ein Interesse daran, die Miete zu erhöhen, insbesondere dann, wenn diese aufgrund alter Verträge nicht mehr der aktuellen lokalen Miethöhe entspricht. Dabei müssen dann zum Beispiel der Zeitpunkt und die Höhe der letzten Mieterhöhung des Vorbesitzers berücksichtigt werden.

Übernimmt man eine Immobilie hingegen leerstehend und möchte diese nicht selbst nutzen, so steht nach der Übergabe die Vermietung an.

Hierfür kann man einen Makler beauftragen oder aber die Vermietung selbst durchführen. Ein Makler nimmt in der Regel eine Provision in Höhe von zwei, manchmal auch drei Kaltmieten, so dass man abwägen muss, ob es einem das Geld wert ist. Diese Gebühr beinhaltet normalerweise die Erstellung des Inserats bzw. Exposés, die Veröffentlichungskosten für das Inserat – zum Beispiel auf Immobilienscout –, die Koordination und Durchführung der Besichtigungstermine, die Erstellung des Mietvertrages sowie die Übergabe der Wohnung an den Mieter und die Erstellung des Übergabeprotokolls.

Möchte man die Vermietung selbst durchführen, so kann man innerhalb weniger Minuten das Inserat auf einem Portal – beispielsweise Immobilienscout oder Kleinanzeigen – erstellen und veröffentlichen. Über die Software kann man zudem wunderbar die Kommunikation mit den Interessenten führen und Besichtigungstermine koordinieren. Ich empfehle, immer ausreichend potenzielle Mieter zur Besichtigung einzuladen, da selbst in Städten mit akutem Wohnungsmangel die Quote derer, die gar nicht erst zum Besichtigungstermin erscheinen, bis zu 30 % betragen kann.

Ich persönlich bin kein Freund von Massenbesichtigungen, insbesondere auch deshalb nicht, weil ich mich gerne kurz mit den Interessenten unterhalte, um diese ein bisschen kennenzulernen; schließlich möchte ich wissen, wer künftig in meiner Immobilie wohnen wird. Zudem finde ich es den Interessenten gegenüber fairer, wenn nicht 20 Leute oder mehr gleichzeitig durch eine Wohnung laufen. Kleine Gruppen von zwei bis drei Interessenten hingegen finde ich legitim. Man kann nicht 20 Einzeltermine machen, um eine Immobilie zu vermarkten, das versteht auch jeder Interessent.

Wichtig ist auch, dass man sich im Termin ein paar kurze Stichpunkte notiert. Man wundert sich, wie schnell man nach dem Termin einzelne Infos wieder vergessen hat.

Wundere Dich außerdem nicht, wie viele Interessenten nach einer Besichtigung die Wohnung absagen oder nie wieder etwas von sich hören lassen, da ihnen letztendlich der Schnitt, die Mikrolage, das Bad, der fehlende Balkon oder was auch immer nicht gefallen hat. Es ist also keinesfalls so, dass jeder, der kommt, die Wohnung auch haben möchte. Und das trifft auch auf schöne Wohnungen zu. Berücksichtigt man dies zusammen mit dem Aspekt, dass einige Interessenten erst gar nicht zum Besichtigungstermin erscheinen, und der Tatsache, dass auch Du als Vermieter eine gewisse Auswahl haben möchtest, so empfehle ich Dir – je nach Lage und Attraktivität der Wohnung –, etwa 20 bis 25 Interessenten einzuladen. Geht man davon aus, dass etwa 30 % gar nicht erst erscheinen, 30 % die Wohnung nicht haben möchten und weitere 30 % nach dem Kennenlernen für Dich nicht in Frage kommen, so bleiben Dir am Ende zwei bis drei Interessenten, zwischen denen Du Dich entscheiden kannst. Lass Dir natürlich ausreichend Bonitätsnachweise, also eine Mieter-Selbstauskunft, Gehaltsabrechnungen, Schufa-Auskunft und bestenfalls auch eine Vorvermieter-Bescheinigung vorlegen, aus der hervorgeht, dass der Mietinteressent in der Vergangenheit pünktlich seinen vertraglichen Pflichten nachgekommen ist. Ersatzweise hilft hier auch ein Kontoauszug des Interessenten, auf dem dies ersichtlich ist.

Hast Du Dich dann für einen Interessenten entschieden, sende ihm den Mietvertrag zur Ansicht und Prüfung zu und bitte ihn, diesen innerhalb von ein bis zwei Tagen unterschrieben zurückzusenden. Natürlich kannst Du auch einen persönlichen Termin zur Unterschrift machen, eine ausreichende Zeit zur Prüfung solltest Du dem Interessenten aber auf jeden Fall geben. Gesetzlich ist es zulässig, Mietverträge digital zu signieren und per Mail zu verschicken.

Ein Tipp aus der Praxis lautet, den anderen Mietinteressenten erst dann die Immobilie abzusagen, wenn Dir der unterschriebene Mietvertrag zugegangen und wirksam zustande gekommen ist. Es kommt nämlich manchmal vor, dass es sich Dein Top-Interessent anders überlegt, weil er etwas vermeintlich Besseres gefunden hat. Hast Du den anderen Kandidaten dann schon abgesagt, sind sie als Interessenten womöglich verloren.

Neben dem Mietvertrag solltest Du Dir von Deinem Mieter noch eine Datenschutzerklärung unterschreiben lassen[26] sowie die Erlaubnis einholen, im Falle von Instandhaltungs- oder Reparaturarbeiten den Kontakt an die betreffende Firma weitergeben zu dürfen, damit diese direkt einen Termin mit dem Mieter vereinbaren kann. Somit läuft das nicht alles über deinen Schreibtisch. Ich selbst – das ist allerdings kein Muss – lasse mir immer noch den Nachweis einer Haftpflichtversicherung des Mieters zeigen. Es gibt – wenn auch sehr selten – Fälle, in denen durch den Mieter ein Schaden entsteht, der aufgrund von Eigenverschulden nicht durch die Gebäudeversicherung gedeckt ist. Ein realistisches Beispiel, das

---

[26] Nach DSGVO müssen auch Vermieter ihre Mieter über Art, Zweck und Dauer der Datensicherung aufklären.

sich tatsächlich so abgespielt hat, war eine Situation, in der die sechsjährige Tochter eines Nachbarn das Spülbecken in der Küche für nahezu eine halbe Stunde hat überlaufen lassen, ohne dass es jemand mitbekommen hat. In der darunter liegenden Wohnung kam es zu einem Haftpflichtschaden in Höhe von ca. 17.000 Euro. Dieser Schaden wurde dem betreffenden Eigentümer in Rechnung gestellt.

Rechtlich hatte dieser Eigentümer natürlich einen Anspruch gegen den Mieter; dieser Rechtsanspruch hilft aber natürlich nur in dem Maße, in dem der Mieter ihn auch erfüllen kann. Hat er hingegen kein Geld, so bleibt der Eigentümer trotzdem auf dem Schaden sitzen. Da im vorliegenden Fall eine Haftpflichtversicherung bestand, hat diese den Schaden gegenüber dem Vermieter reguliert. Aus diesen Gründen empfehle ich Dir, darauf zu achten, dass Dein Mieter eine Haftpflichtversicherung besitzt. Diese gibt es bereits ab ca. 50 Euro pro Jahr und sie lässt auch Deinen Mieter gut schlafen, sollte er einmal einen Schaden verursachen. Zudem hilft sie ihm auch außerhalb des Mietverhältnisses weiter, da sie jeden Schaden gegenüber einem Dritten deckt. Daher sollte meines Erachtens ohnehin jeder Mensch auch in seinem eigenen Interesse eine Haftpflichtversicherung haben.

DIE HÖHE DER MIETE

Bei jeder Neuvermietung sollte zunächst die optimale Höhe der Miete ermittelt werden. Auf der einen Seite möchte man natürlich kein Geld verschenken, wenn die Miete zu niedrig angesetzt wird; dies insbesondere deshalb, da die Miete ja in erster Linie dazu dienen soll, das Darlehen bei der Bank zu tilgen und zusätzlich neues Eigenkapital anzusparen. Auf der anderen Seite will man die Miete nicht unverhältnismäßig hoch ansetzen, sei es aus ethischen Motiven heraus oder einfach vor dem Hintergrund, ausreichend potenzielle Mietinteressenten zu finden, um einen bestmöglichen Kandidaten auswählen zu können.

Für die Ermittlung der Miethöhe gibt es Vergleichsportale im Internet, auch Immobilienscout selbst bietet hierfür Tools an. Die städtischen Mietspiegel kann ich zur Ermittlung der Miethöhe nur bedingt empfehlen, da diese meist zwei bis drei Jahre hinterherhinken und die dortigen Zahlen somit oftmals nicht aktuell sind. Dennoch geben sie natürlich Anhaltspunkte. Wichtig ist bei den amtlichen Mietspiegeln, dass hier immer auch die Qualität der Ausstattung, das Alter des Gebäudes und weitere Faktoren berücksichtigt werden müssen. In manchen Städten und Gemeinden sind die Mietspiegel recht allgemein gehalten und es findet keine ausreichende Differenzierung statt. In einem solchen Fall bleibt zu prüfen, ob die eigene Immobilie aufgrund individueller Merkmale vom Mietspiegel abweichen darf.

Deutlich aussagekräftiger ist es, sich als vermeintlicher Mietinteressent auf die gängigen Immobilienportale zu begeben und nach einer hinsichtlich Lage, Größe und Ausstattung vergleichbaren Immobilie zu suchen. Auf diese Art und Weise erhält man sehr schnell ein Gefühl dafür, welche Miete für die eigene Immobilie angemessen ist.

Zu beachten sind natürlich rechtliche Beschränkungen. Generell gelten die folgenden wichtigen Regeln:

Innerhalb eines bestehenden Mietverhältnisses darf die Miete nicht über die ortsübliche Vergleichsmiete hinaus erhöht werden. Diese wird durch die amtlichen Mietspiegel der jeweiligen Kommunen ermittelt. Gibt es in einer Kommune keinen amtlichen Mietspiegel, so werden vergleichbare Wohnungen zur Ermittlung der Vergleichsmiete herangezogen. Liegt die bestehende Miete unterhalb der ortsüblichen Vergleichsmiete, so hast Du als Vermieter das Recht, eine Erhöhung bis zu dieser Grenze vorzunehmen; dabei gelten ergänzend die folgenden Beschränkungen:

a) Die Miete muss seit mindestens zwölf Monaten unverändert sein.

b) Die Mieterhöhung muss mit einer Frist von mindestens drei Monaten angekündigt werden.

c) Die Miete darf einschließlich der neuen Mieterhöhung innerhalb von drei Jahren insgesamt nicht um mehr als 20 % steigen (sogenannte Kappungsgrenze). In angespannten Regionen liegt die Kappungsgrenze sogar bei 15 %.

Bei einer Neuvermietung ist es hingegen erlaubt, bis zu maximal 10 % über die ortsübliche Vergleichsmiete hinauszugehen (sogenannte Mietpreisbremse)[27].

Wie immer in der deutschen Gesetzgebung gibt es hier natürlich auch ein paar Ausnahmen. Danach gilt die Mietpreisbremse nicht

a) in allen Bundesländern, so zum Beispiel nicht im Saarland, in Sachsen und Sachsen-Anhalt

b) für Neubauten, die erstmals nach dem 01.10.2014 vermietet wurden (vgl. §556f BGB)

c) für das erste Mietverhältnis nach umfassender Modernisierung (vgl. §556f BGB)

d) wenn bereits dem letzten Mietverhältnis eine Miete zugrunde lag, die höher war (vgl. §556e Abs. 1 BGB)

e) wenn der Vermieter innerhalb der letzten drei Jahre vor Beginn des neuen Mietverhältnisses eine Modernisierung durchgeführt hat, die geeignet gewesen wäre, eine Modernisierungsmieterhöhung nach §555b zu verlangen. (vgl. §556e Abs. 2 BGB, sogenannte umfassende Sanierung)

f) bei Kurzzeitvermietungen

---

[27] Vgl. §556d BGB

In diesen Fällen darf die Miete bei einer Neuvermietung also auch über der ortsüblichen Vergleichsmiete liegen.

Puh ... Das war jetzt wirklich sehr trocken. Sicherlich ist es nun an der Zeit, einmal kurz durchzuatmen, sich ein Glas Wein zu gönnen und nochmal darüber nachzudenken, was Dein übergeordnetes Ziel ist und welche Träume Du Dir im Leben erfüllen möchtest. Spätestens nach den letzten Absätzen könnte einem sonst die Lust vergehen, sich mit dem Thema „Immobilien" weiter auseinanderzusetzen. Leider gehört auch so etwas manchmal dazu. Aber glaube mir, wenn ich sage, dass auch ich es nicht genieße, solche Paragraphen und Regeln zu lesen oder zu überlegen, welche Ausnahmeregelung ich jetzt bei einem neuen Mietvertrag wieder beachten muss. Wenn ich dann aber, so wie heute, am Strand in Kroatien sitze, den Sonnenuntergang beobachte und mir verdeutliche, dass ich es geschafft habe, von jedem Ort der Welt aus arbeiten zu können, einem langersehnten Buchprojekt nachzugehen und das zu machen, was mir wirklich Freude bereitet, dann ist das mehr als eine Entschädigung für die harten Phasen meines Portfolioaufbaus, das Lesen von Gesetzestexten und die unzähligen Stunden des Lernens. Bitte lasse Dich daher nicht entmutigen und verdeutliche Dir, dass es immer leichter und leichter wird.

Zudem musst Du Dir die Gesetze wirklich nicht einprägen. Wichtig ist, dass Du sie kennst und weißt, wo Du im Zweifel nochmal nachschauen kannst.

Nachdem die Höhe der Miete nun ermittelt und festgelegt werden kann, schauen wir uns im nächsten Kapitel den Mietvertrag an.

DER MIETVERTRAG

Der Mietvertrag stellt die Grundlage und sozusagen das Regelwerk eines meist langen Vertragsverhältnisses zwischen Dir und Deinem Mieter dar. Daher sollte man sich ausreichend Gedanken dazu machen, welche Aspekte hier geregelt werden sollen.

Auf alle einzelnen Punkte eines Mietvertrages einzugehen, würde den Rahmen sprengen, aber das Allerwichtigste möchte ich dennoch kurz ansprechen.

Zunächst halte ich es für ratsam, keine Mietvertragsvorlage aus dem Internet zu benutzen, sondern einmal einen professionellen Vertrag – zum Beispiel von einem Fachanwalt für Mietrecht – aufsetzen zu lassen. Dies macht umso mehr Sinn, wenn Du ohnehin vorhast, viele Immobilien zu erwerben bzw. zu vermieten, da Du diesen Vertrag dann immer wieder benutzen kannst.

Im Internet gibt es sogenannte Formular-Mietverträge, bei denen man lediglich Daten wie Mietername, Anschrift, Höhe der Miete usw. in einem Formular ergänzt und dann durch eine Art Software der fertige Vertrag generiert wird. Diese Verträge haben aus Vermietersicht ganz entscheidende Nachteile:

Zum einen sind einige der Textbausteine, die diese Verträge nutzen, veraltet, entsprechen nicht mehr dem aktuellen Mietrecht und sind somit anfechtbar.

Zum anderen haben Gerichte einige der verwendeten Klauseln und Paragraphen in der Vergangenheit für unwirksam erklärt. Diese sind somit nicht zulässig, was zur teilweisen Unwirksamkeit solcher Mietverträge führen kann.

Zudem fehlt es an Flexibilität, um individuelle Vereinbarungen treffen zu können.

Hier nun die wichtigsten Aspekte in aller Kürze:

Oftmals streiten Mieter und Vermieter darüber, ob die im Mietvertrag ausgewiesenen Quadratmeterangaben den tatsächlichen Verhältnissen entsprechen. Wird in einem Mietvertrag über eine Wohnung beispielsweise eine Wohnfläche von 100 Quadratmetern ausgewiesen und es stellt sich später heraus, dass diese nur 95 Quadratmeter beträgt, dann hat der Mieter das Recht, die Miete um die anteilige Fläche – hier also 5 % – zu kürzen, da die Wohnfläche eine sogenannte Beschaffenheitsvereinbarung darstellt. Dies kann man umgehen, indem man vereinbart, dass die exakte Wohnfläche eben keine Beschaffenheitsvereinbarung darstellt, was rechtlich zulässig ist. Stattdessen stellt man auf eine ungefähre Quadratmeterangabe sowie die Anzahl der Räume ab.

Ein weiterer unverzichtbarer Punkt betrifft die im vorherigen Kapitel angesprochenen Ausnahmeregelungen von der Mietpreisbremse. Kommt bei Dir eine solche Ausnahme zum Tragen, so muss die entsprechende Regelung zwingend im Mietvertrag benannt werden, da die Ausnahme sonst nicht zulässig ist.

Solltest Du Dich dafür entscheiden, einen Staffelmietvertrag abzuschließen, so müssen alle Staffelungen einzeln – also Jahr für Jahr – mit Zeitpunkt der Anpassung und neuer Miethöhe aufgelistet werden. Nur zu sagen, die Miete erhöhe sich alle zwölf Monate um X Euro, ist nicht ausreichend und somit unwirksam. Bei Indexmietverträgen hingegen genügt es, darauf hinzuweisen, dass die Miete sich entsprechend dem Verbraucherpreisindex anpasst. Da man ja nicht weiß, wie sich dieser entwickelt, ist eine Auflistung der einzelnen Beträge ohnehin nicht möglich.

Auch die umlagefähigen Betriebskosten sind einzeln aufzulisten. Nicht benannte Positionen sind per Gesetz nicht umlagefähig; diese braucht der Mieter also nicht zu bezahlen. Überlege daher einmal genau, welche Kostenarten zukünftig anfallen könnten, auch wenn dies vielleicht aktuell noch nicht der Fall ist. Seltenere Kostenarten, die unter Umständen vergessen werden könnten und auch in den Standardverträgen aus dem Internet meist nicht benannt werden, sind zum Beispiel Pförtnerdienste, Kosten eines Swimmingpools oder Kosten für Gartenpflege. Im Zweifel liste lieber mehr als weniger Kostenarten auf. So bist Du in der Zukunft auf der sicheren Seite.

Bei der sogenannten Kleinreparaturklausel handelt es sich um eine gängige Vereinbarung, die besagt, dass der Mieter für kleinere Reparaturen wie zum Beispiel einen defekten Duschschlauch selbst aufkommen muss. Ich erachte dies auch als angemessen. Für diese Kleinreparaturklausel galt früher eine Grenze von 100 Euro pro Einzelfall sowie insgesamt jährlich maximal 6 % der Jahreskaltmiete. Inzwischen werden hier auch 150 Euro pro Einzelfall bzw. 8 % der Jahreskaltmiete akzeptiert, so dass Du die Grenzen leicht erhöhen kannst.

Schließt Du einen Mietvertrag mit mehr als einer Person ab, zum Beispiel einem Ehepaar, so solltest Du unbedingt vereinbaren, dass alle Mieter „gemeinschaftlich" für die Zahlungsverpflichtungen aus dem Mietverhältnis haften. Nur durch diese Regelung kannst Du im Falle offener Zahlungen immer an alle Parteien in voller Höhe herantreten, ungeachtet dessen, wie diese intern ihre Zahlungsverpflichtungen geregelt haben. Dies erhöht Deine finanzielle Sicherheit.

Befristungen sind ein sehr heikles Thema und oft nicht zulässig. Die Voraussetzungen für eine wirksame Befristung sind inzwischen sehr streng. Möchtest Du einen Mietvertrag befristen (sogenannter Zeitmietvertrag), so prüfe bitte nochmal separat die entsprechenden Voraussetzungen. Diese findest Du in §575 BGB. Mindestens sollten der Grund der Befristung, zum Beispiel spätere Eigennutzung durch die Tochter, der exakte Zeitraum der Befristung sowie die genaue Bezeichnung der Person, die die Wohnung später nutzen soll, angegeben werden. Ohne einen spezifischen Grund ist eine Befristung heutzutage nicht mehr zulässig.

Zu guter Letzt empfehle ich Dir – wie schon erwähnt –, vor Abschluss des Mietvertrages vom Mieter den Nachweis einer bestehenden Haftpflichtversicherung zu fordern. Es ist zwar nicht zulässig, eine Klausel im Mietvertrag zu vereinbaren, die den Mieter dazu verpflichtet, eine solche Versicherung abzuschließen, vor Unterschrift einen entsprechenden Nachweis zu fordern hingegen schon. Sollte der Mieter später einen Schaden in Deiner Wohnung verursachen, so hast Du Gewissheit, dass er über eine entsprechende Versicherung verfügt (sofern er diese nicht später ohne Dein Wissen kündigt). Im Falle eines erhöhten Gefahrenpotenzials, zum Beispiel, wenn jemand ein großes Aquarium oder ein Wasserbett hat, kannst Du ausnahmsweise auch im Mietvertrag auf eine solche Versicherung bestehen.

Unter diesem QR-Code kannst Du Dir meine Mietvertrags-vorlage herunterladen:

DIE NEBENKOSTENABRECHNUNG

Die Nebenkostenabrechnung, oft auch Betriebskostenabrechnung genannt, ist ein recht unbeliebtes Thema, wird aber generell maßlos überschätzt. Es gibt ein paar Regeln, die es zu beachten gilt, wenn man aber weiß, wie es geht, kann man eine Nebenkostenabrechnung in 15 bis 20 Minuten selbst erstellen. Dazu kann man Excel bzw. Numbers nutzen, es gibt jedoch heutzutage gute und günstige Vermietungssoftware, mittels derer man auch die Betriebskostenabrechnung erstellen kann.

Inzwischen gibt es viele Anbieter, die die Abrechnung für Preise zwischen 30 und 50 Euro pro Wohnung übernehmen, man kann dies also auch outsourcen. Die meines Erachtens größte Arbeit besteht allerdings in der Zusammenstellung der Abrechnungsunterlagen, also dem Zusammenstellen der Rechnungen, Belege etc. Diese Arbeit kann einem kein Dienstleister abnehmen. Wichtig ist, dass man gut organisiert ist und alle Belege zentral an einer Stelle sammelt. Wenn man dies beachtet, ist das Erstellen der eigentlichen Abrechnung ein Kinderspiel. Wer dies selbst tun möchte, dem wird hier erklärt, wie es geht:

Im Rahmen der Vermietung fallen eine ganze Reihe von Kosten an, die mit der Vermietung zu tun haben. Beispiele sind Energiekosten, Reparaturkosten, Grundsteuern, Verwaltungskosten und viele mehr.

Einige dieser Kostenpositionen muss man als Vermieter selbst tragen, andere wiederum dürfen dem Mieter weiterbelastet werden. Letztere nennt man „umlagefähige“ Kosten; die Kosten, die man nicht weiterbelasten darf, nennt man hingegen „nicht umlagefähige“ Kosten.

Im Gesetz ist genau geregelt, was man umlegen darf und was nicht. Dies findet man in §1 bzw. §2 der Betriebskostenverordnung (BetrKV):

Zu den nicht umlagefähigen Kosten gemäß §1 Abs. 2 der BetrKV gehören:

1. Verwaltergebühren

2. Kontoführungsgebühren

3. Reparatur- und Instandhaltungskosten

4. Beträge, die einer Rücklage zugeführt werden

Am besten prägst Du Dir diese vier Positionen ein. Nahezu alle anderen Kostenarten sind nämlich umlagefähig. Diese findest Du in §2 der BetrKV.

Wie erwähnt, ist es wichtig, dass die umlagefähigen Kosten im Mietvertrag aufgeführt werden müssen, damit sie auch weiterbelastet werden dürfen. Was nicht namentlich benannt ist, darf auch nicht auf den Mieter umgelegt werden, selbst wenn das Gesetz es eigentlich erlauben würde.

Die Frist zur Zustellung der Nebenkostenabrechnung ist der 31.12. des Folgejahres, man hat also genau zwölf Monate Zeit, die Nebenkostenabrechnung für ein Jahr zu erstellen.

Wie genau wird dies aber nun gemacht?

Man führt am besten in einer Tabelle sämtliche angefallenen umlagefähigen Kosten des Jahres für den Mieter auf. Nehmen wir einmal an, die Summe ergäbe 1.250 Euro. Dann schaut man, welche Vorauszahlungen der Mieter für die Nebenkosten bereits geleistet hat. Nehmen wir hier an, der Mieter zahlt jeden Monat 100 Euro an Nebenkostenvorauszahlung, so ergibt dies 1.200 Euro pro Jahr. In diesem Beispiel ergäbe sich somit eine Nachzahlung für den Mieter von 50 Euro.

Betragen die angefallenen Kosten in unserem Beispiel hingegen nur 1.140 Euro, so bekäme der Mieter 60 Euro zurückerstattet, da er ja bereits 1.200 Euro geleistet hat. Man vergleicht also die tatsächlich angefallenen Kosten mit den Vorauszahlungen des

Mieters, die gewissermaßen eine Prognose darstellen. Mehr ist es nicht.

Eine Sache gilt es noch zu beachten:

Hat das Mietverhältnis, für das Du die Nebenkostenabrechnung erstellen möchtest, nicht für das ganze Jahr bestanden, zum Beispiel weil der Mieter erst am 01.05. eingezogen ist, so dürfen die umlagefähigen Kosten natürlich auch nur für den Zeitraum weiterbelastet werden, in dem das Mietverhältnis bestanden hat. Da das Jahr zwölf Monate hat und das Mietverhältnis für acht Monate bestanden hat, dürfen in diesem Beispiel also 8/12 der Kosten umgelegt werden. Betragen die Kosten für das ganze Jahr wie oben 1.250 Euro, dann können 8/12 davon, folglich 833,33 Euro, umgelegt werden. Hat der Mieter 100 Euro monatlich als Vorauszahlung geleistet, insgesamt also 800 Euro, so führt dies zu einer Nachzahlung von 33,33 Euro.

Und woher erfährst Du nun, wie hoch die Kosten insgesamt gewesen sind? Im Falle einer Eigentumswohnung dient die Hausgeldabrechnung, die Du selbst von der GdWE-Verwaltung bekommst, als Grundlage für die Betriebskostenabrechnung des Mieters. In der Regel kommt hier nur noch eine Kostenposition hinzu, nämlich die Grundsteuer. Der Grundsteuerbescheid wird nämlich Dir als Eigentümer direkt zugestellt, während alle anderen umlagefähigen Kosten über die WEG abgerechnet werden.

Im Falle eines eigenen Mehrfamilienhauses hast Du etwas mehr Arbeit. Dann trägst Du als Eigentümer ja alle Kostenpositionen selbst, musst die Einzelpositionen also benennen und nach den in den Mietverträgen aufgeführten Verteilerschlüsseln auf die einzelnen Mieter umlegen, zum Beispiel nach Quadratmetern oder nach Personenanzahl.

Hier findest Du eine Vorlage für eine Nebenkostenabrechnung:

VERWALTEN ODER VERWALTEN LASSEN

Hat man eine Immobilie erworben und vermietet diese, so muss sie auch verwaltet werden. Hierzu gehören vielfältige Aufgaben: Hat der Mieter ein Anliegen – zum Beispiel, weil die Heizung ausgefallen ist –, so muss sich jemand darum kümmern. Es muss beispielsweise eine Sanitärfirma beauftragt, ein Kostenvoranschlag eingeholt und ein Reparaturtermin mit dem Mieter abgestimmt werden.

Die Verwaltung umfasst aber auch Dinge wie das Erstellen der Nebenkostenabrechnung, das Ausstellen einer Wohnungsgeberbescheinigung zur Ummeldung des Wohnsitzes, das

Inkassowesen, sollte der Mieter einmal nicht zahlen, und vieles mehr.

Es stellt sich nun die Frage, ob man die Verwaltung selbst machen sollte oder ob man lieber einen professionellen Immobilienverwalter damit beauftragt. Diese Art der Verwaltung nennt man übrigens Sondereigentumsverwaltung (auch SE-Verwaltung). Sie ist nicht zu verwechseln mit der sogenannten GdWE- bzw. WEG-Verwaltung[28], bei der der Verwalter das Miteinander der einzelnen Eigentümer innerhalb einer Wohnungseigentümergemeinschaft regelt. Während der GdWE-Verwalter also die Gemeinschaft im Ganzen verwaltet, ohne dass davon die Mieter betroffen sind, kümmert sich der SE-Verwalter um das Verhältnis zwischen Mieter und Vermieter.

Es gibt Verwaltungen, die beides anbieten, aber es handelt sich um zwei strikt getrennte Geschäftsbereiche. Die meisten GdWE-Verwalter bieten gar keine SE-Verwaltung an und vice versa.

In diesem Kapitel geht es um die SE-Verwaltung; der Verwalter soll also Dich als Ansprechpartner für den Mieter ersetzen.

Bei der Entscheidung, ob man nun einen Verwalter beauftragt oder die Verwaltung lieber selbst macht, sind viele Aspekte zu berücksichtigen. Zum einen steht natürlich die Frage im Raum, wie viel Zeit man für diese Aufgabe zur Verfügung hat. Ich gehe davon aus, dass Du, wie die meisten meiner Leser, anderweitig berufstätig sein wirst und kein professioneller Immobilien-Investor bist, so dass abgeschätzt werden muss, ob Du diese Aufgabe zeitlich noch unterbekommst. Die gute Nachricht ist: Wenn man in solide Immobilien investiert, schönen Wohnraum zur Verfügung stellt und „vernünftige“

---

[28] Seit der Reform des WEG im Jahr 2020 ist GdWE-Verwalter der fachlich korrekte Begriff, umgangssprachlich wird aber immer noch der alte Begriff WEG-Verwalter genutzt.

Mieter findet, ist der zeitliche Aufwand deutlich geringer, als man vielleicht meinen mag. Überlege doch selbst einmal, wie oft Du pro Jahr Deinen Vermieter anrufst, weil Du ein Anliegen hast. Bei der Mehrheit der Menschen dürfte die Antwort maximal ein- bis zweimal pro Jahr lauten. Und wie oben bereits erwähnt, ist auch das Erstellen der Nebenkostenabrechnung keine zeitaufwendige Sache, wenn man gut organisiert ist.

Ich selbst habe – als ich noch hauptberuflich beim Fernsehen gearbeitet habe – ca. 30 Wohnungen selbst verwaltet. Erst als es mehr wurden, habe ich eine Mitarbeiterin eingestellt, die mir dies nun abnimmt. Ich würde behaupten, dass man auch dann, wenn man in Vollzeit arbeitet, relativ entspannt bis zu zehn Wohnungen selbst verwalten kann. Natürlich gibt es Jobs, die einem 70 Stunden oder mehr pro Woche abverlangen, dann sieht es anders aus. Wenn Du also Unternehmensberater bei McKinsey bist, beauftragst Du besser einen professionellen Verwalter.

Eine weitere Frage, die man sich unbedingt stellen sollte, ist die, wie stressresistent man ist. Ich kenne Menschen, deren zeitliches Pensum für die Immobilienverwaltung bei unter 20 Stunden pro Jahr liegt, dennoch bekommen sie jedes Mal fast einen Nervenzusammenbruch, wenn der Mieter anruft; einfach deshalb, weil die Themen „Handwerker", „Nebenkostenabrechnung" und „Eigentümerversammlung" Stress in ihnen auslösen. Diese Menschen könnten die Verwaltung zeitlich ohne weiteres übernehmen, aber es ist einfach nicht gut für ihre Psyche. Auch in solchen Fällen, kann es ratsam sein, die Verwaltung in professionelle Hände zu geben. Schließlich soll das Investieren Spaß machen, einen im Leben weiterbringen und keinen Stress verursachen.

Die dritte Frage, die sich Immobilien-Eigentümer oft stellen, ist die der Wirtschaftlichkeit; schließlich übernimmt ein professioneller Verwalter diese Arbeit nicht umsonst. Tatsächlich ist die Antwort auf diese Frage komplexer, als man zunächst meinen mag und, wenn Du mich fragst, auch der wichtigste Grund, warum ich Dir empfehlen möchte, die Verwaltung selbst zu machen, sofern irgendwie möglich.

Die Verwaltung einer Wohneinheit durch einen professionellen Verwalter kostet in etwa 30 Euro pro Monat, also einen eher überschaubaren Betrag. Warum ich Dir die obige Empfehlung ausspreche, hat einen ganz anderen Grund: Der Verwalter soll Dir ja nach Möglichkeit den Rücken freihalten und sich beispielsweise auch um Reparaturen kümmern. Und das ist der Punkt, wo ein Verwalter sehr teuer werden kann, und zwar dadurch, dass es nicht sein eigenes Geld ist, das er verwaltet. Der Verwalter will mit möglichst wenig Aufwand das Problem lösen. In der Regel wird er daher nicht mehrere Angebote einholen, diese nachverhandeln, abwägen, Alternativen suchen etc., sondern einfach die nächstbeste Firma beauftragen. Und das kann schnell sehr teuer werden.

Wir hatten einen Fall, bei dem es um einen Wasserschaden aufgrund eines defekten Siphons unterhalb der Duschtasse ging. Über Wochen hinweg hatte der Siphon unbemerkt getropft und das ganze Wasser war in die Holzbalkendecke gelaufen. Der Schaden wurde erst bemerkt, als sich beim Nachbarn unten drunter die Gipskartondecke wölbte. Die damalige Hausverwaltung hatte einen Sachverständigen beauftragt, der zunächst ein Gutachten mit diversen Maßnahmen anfertigte, die ergriffen werden sollten: Zunächst sollte eine Trocknungsfirma kommen, um den Boden im Bad vier Wochen lang zu trocknen. Parallel sollte ein Statiker ein Gutachten anfertigen, da der nasse Holzbalken in der Zwischendecke durch den Schaden morsch war und ausgetauscht werden musste. Der Statiker sollte also berechnen, welche Balkenstärke erforderlich sei. Nach dem Austausch des Balkens sollte zunächst wieder der Unterboden aus Holzdielen hergestellt werden, dann ein Fließestrich gegossen, der ca. drei Wochen austrocknen muss, bevor neu hätte gefliest werden können. Im gesamten Zeitraum hätte der Mieter das Bad – ganz abgesehen vom Schmutz der Baustelle – nur eingeschränkt nutzen können. Die Dusche hätte gar nicht funktioniert. Vermutlich hätte der Mieter für mehrere Wochen in ein Hotel umziehen müssen.

Das Gutachten, welches ohne irgendeinen Handschlag der Handwerker schon 470 Euro gekostet hatte, kam zu dem Ergebnis, dass der Schaden im Bereich von etwa 15.000 Euro lag.

Zwar war dieser über unsere Gebäudeversicherung gedeckt, dennoch wusste ich, dass sich ein solch hoher Schaden negativ auf die Versicherungsprämie auswirken würde. Ähnlich wie bei Kfz-Versicherungen steigt diese natürlich an, wenn man viele bzw. hohe Schäden hat.

Ich schnappte mir also zwei meiner Handwerker, fuhr am nächsten Tag zur Immobilie, und wir machten Folgendes:

Vormittags wurden die alten Fliesen und der marode Holzdielenboden rausgerissen. Dann wurde der durchnässte Holzbalken vermessen und ausgebaut. Mittags fuhren wir zu einem Baumarkt und kauften exakt denselben Balken neu ein, den wir noch vor Ort auf die richtige Länge schneiden ließen. Nach der Mittagspause bei McDonalds wurde der neue Balken eingesetzt, es wurde ein neuer Unterboden mit OSB-Platten hergestellt und ein Trockenestrich aufgebracht, weil dieser keine Trocknungszeiten hat. Um 16:30 Uhr waren die Arbeiten abgeschlossen, so dass bereits am Folgetag der Fliesenleger kommen konnte. Der Mieter war dankbar, dass ihm ein Horrorszenario erspart blieb, und ich habe als Dankeschön meine Mitarbeiter zum Essen eingeladen. Die gesamte Maßnahme inklusive des Lohns für meine Mitarbeiter hat weniger als 4.000 Euro gekostet.

Wozu sollte man einen Statiker beauftragen, wenn die Dimensionierung der Balkenlage doch bekannt war? Wozu Trocknungsgeräte aufstellen, wenn man doch alles feucht Gewordene einfach ausbauen konnte? Wozu einen Fließestrich aufbringen, der mehrere Wochen trocknen muss, wenn man einen Trockenestrich verwenden konnte?

Ich finde, diese wahre Geschichte veranschaulicht sehr schön, warum ein Verwalter richtig Geld kosten kann. Nicht die 30 Euro pro Monat sind teuer, sondern der schlechte Umgang mit Problemen, die auftauchen können, und die Verschwendung Deines Geldes. Heute arbeite ich gar nicht mehr mit externen SE-Verwaltern zusammen.

Nun liegt es an Dir, abzuwägen, was am meisten Sinn für Dich macht. Ich möchte Dir aber Mut zusprechen, denn die Verwaltung der eigenen Immobilie ist meist weniger aufwendig, als man zunächst denkt. Zudem haben die kleinen Hürden, die auf dem Weg liegen können, den schönen Nebeneffekt, dass man immer mehr dazulernt und so über die Zeit hinweg zum Experten wird. Inzwischen bin ich sehr, sehr gut ausgebildet, auch was die technischen Aspekte des Gebäudemanagements angeht. Ich bin froh darüber, dass ich mich in diese Materie eingearbeitet habe. Es erleichtert mir die Arbeit, da ich auch mit Handwerkern auf Augenhöhe kommunizieren kann; dennoch ist dies kein Muss. Solltest Du die Verwaltung also in professionelle Hände geben wollen, so ist dies natürlich völlig in Ordnung und alles andere als verkehrt.

WICHTIGE VERSICHERUNGEN

Wenn man eine Immobilie erworben hat, sollte geprüft werden, welche Versicherungen im Einzelfall erforderlich sind.

Hierzu müssen wir zunächst unterscheiden, um welche Art von Immobilie es sich handelt. Bei ganzen Häusern, also Ein- oder Mehrfamilienhäusern, sollte man unbedingt eine Wohngebäudeversicherung abschließen. Zwar gibt es in Deutschland keine gesetzliche Verpflichtung dazu, so wie es bei einer Kfz-

Versicherung der Fall ist, dennoch würde ich es als fahrlässig bezeichnen, keine Gebäudeversicherung zu haben, da die finanziellen Folgen eines Schadens einfach zu groß sein können.

Was aber deckt eine Wohngebäudeversicherung genau ab? In der Regel kommt sie für alle Schäden am Gebäude auf, die durch Feuer, Blitzschlag, Überspannung, Vandalismus, Sturm und Hagel sowie Leitungswasser entstehen. Ein Beispiel wäre ein Rohrbruch, bei dem Wasser austritt und Wände oder Fußböden beschädigt.

Nicht versichert über die Gebäudeversicherung sind in der Regel Schäden durch Regen oder Grund- bzw. Hochwasser. Einige Versicherungsunternehmen bieten hierfür jedoch Zusatzbausteine an.

Ebenfalls nicht versichert sind Schäden an eigenen Gegenständen wie Möbeln oder Kleidung. Ich persönlich halte es für vertretbar, dass diese Dinge nicht versichert sind. Wer jedoch teure Gegenstände zu Hause hat, kann diese über eine Hausratversicherung versichern lassen. Dies wäre dann aber Sache des Mieters.

Vermietet man seine Immobilie hingegen möbliert, so würde eine sogenannte Inhaltsversicherung Schäden am Inventar übernehmen. Wie oben bereits angesprochen, kann man aber auch seine Mieter bitten, eine Haftpflichtversicherung abzuschließen. Diese kostet in der Regel weniger als 50 Euro pro Jahr und deckt Schäden an Gegenständen Dritter ab, in diesem Fall an Deinen. Geht dem Mieter also etwas kaputt, so haftet seine Haftpflichtversicherung Dir gegenüber. Dies kommt zwar nicht sehr häufig vor, dennoch lasse ich mir vom Mieter vor dem Einzug immer einen Nachweis seiner Haftpflichtversicherung zeigen.

Wie aber verhält es sich bei Eigentumswohnungen? Kauft man eine Eigentumswohnung und ist somit Teil einer Wohnungseigentümergemeinschaft, so ist die Gemeinschaft Versicherungsnehmer der Gebäudeversicherung. Man muss diese also nicht selbst abschließen. Sinnvoll ist es hingegen, sich beim Kauf der Wohnung den aktuellen Nachweis der Gebäudeversicherung vom Verkäufer oder vom Verwalter zeigen zu lassen, nur um sicherzugehen, dass diese auch besteht.

Solltest Du einmal ein größeres Sanierungsprojekt planen, bei dem Du zum Beispiel ein ganzes Mehrfamilienhaus sanierst und dieses über Monate hinweg leer steht, dann benötigst Du hierfür eine sogenannte Bauleistungsversicherung. Diese ersetzt für den Zeitraum der Sanierung die Gebäudeversicherung und ist insbesondere dann wichtig, wenn es durch die Sanierungsarbeiten selbst zu Schäden kommt, sei es durch einen Brand, eine angebohrte Leitung oder zu einem Schaden am Nachbargebäude.

Zusammenfassend sollte man meiner Meinung nach immer eine Gebäudeversicherung haben. Für die selbst genutzte Immobilie macht eine Hausratversicherung zusätzlich Sinn, bei einer vermieteten Immobilie mit teurer Einrichtung optional eine Inhaltsversicherung. Der Mieter sollte ferner immer eine Haftpflichtversicherung nachweisen. Bei größeren Sanierungen ist eine Bauleistungsversicherung unverzichtbar.

Wer Sorge vor Mietausfällen hat, kann auch dieses Risiko in Deutschland versichern. Darauf gehen wir im nächsten Kapitel ein.

ANGST PUR: MIETNOMADEN UND MIETAUSFALL

In meinen Gesprächen mit Menschen, die sich erstmals mit dem Gedanken befassen, in Immobilien zu investieren, scheint mir die Sorge vor Mietnomaden eine der dominierenden Ängste zu sein. Das ist auch verständlich, denn ein solcher

Schaden kann schnell mehrere tausend Euro ausmachen, abgesehen von langwierigen Prozessen und dem Ärger, der damit verbunden ist, einen solchen Mieter wieder loszuwerden.

Interessant ist hingegen, wie selten dieses Phänomen in der Praxis tatsächlich auftritt. Die Zahlen über Mietnomaden in Deutschland schwanken je nach Quelle stark. Während das Bundesbauministerium von nur 1.500 Fällen in den letzten 44 Jahren ausgeht, spricht „Haus & Grund" von 15.000 aktuellen Fällen.[29] Der Deutsche Mieterbund geht von aktuell 1.000 Fällen aus und eine Studie der Universität Bielefeld ermittelte noch weniger belegbare Fälle, wobei diese Studie aus dem Jahr 2010 nicht repräsentativ war.[30]

Es ist also schwer zu sagen, wie oft ein solcher Fall tatsächlich eintritt. Fakt ist jedoch, dass es wohl deutlich seltener ist, als die meisten Menschen glauben. Laut Umweltbundesamt leben ca. 58 % der 41 Millionen Haushalte in Deutschland zur Miete, und zwar in knapp 24 Millionen Mietverhältnissen. Setzt man nun die Zahl von 15.000 Mietnomaden – also die höchste der Schätzungen – ins Verhältnis zu den 24 Millionen Mietverhältnissen, so sieht man, dass etwa einer von 1.600 Mietern betrügerische Absichten hat, dies entspricht ca. 0,06 %.

Die erwähnte Studie der Universität Bielefeld kam zu dem Ergebnis, dass in 75 % der Fälle der jeweilige Schaden für den Vermieter bei unter 15.000 Euro lag, in den übrigen Fällen war der Schaden höher. In der Regel dauerte es etwa 15 Monate, den Mieter aus der Wohnung zu bekommen.

Wer sich nun trotz der geringen Wahrscheinlichkeit, einem Mietnomaden aufzusitzen, gegen dieses Problem absichern möchte, der kann eine sogenannte Mietausfallversicherung

---

[29] Vgl. https://www.homeday.de/de/immobilienvermietung/mietnomaden/ sowie https://www.focus.de/immobilien/mieten/problem-offenbar-deutlich-geringer-als-gedacht-mietnomaden_id_1985692.html

[30] Vgl. https://www.uni-bielefeld.de/fakultaeten/rechtswissenschaft/

abschließen. Die Höhe der Prämie richtet sich dabei natürlich nach der Höhe der Miete und auch nach der Lage der Wohnung; oft liegt die Prämie zwischen 100 und 400 Euro pro Jahr.

Ganz wichtig ist es, das Kleingedruckte in den Versicherungsbedingungen zu lesen, damit es im Schadenfall nicht unerwartet zu einer Ablehnung der Versicherung kommt. Manche Versicherer machen es zum Beispiel zur Voraussetzung, dass bei Abschluss des Mietvertrages eine positive Schufa-Auskunft vorgelegen hat. Zwar sollte man sich diese ohnehin vor Abschluss des Mietvertrages zeigen lassen, wer dies aber später nicht mehr nachweisen kann, bleibt unter Umständen selbst auf dem Schaden sitzen, weil die Versicherung die Regulierung dann ablehnen kann. Auch denkbar sind Regularien wie die, dass bei maximal drei offenen Mieten gekündigt werden muss, da die Versicherung natürlich ein Interesse daran hat, den Schaden klein zu halten. Zudem schließen viele Versicherer die Übernahme eines Schadens bei gewerblichen Vermietern oder bei der Vermietung von Ferienwohnungen aus. Diese Details sollte man kennen. Prüfe daher unbedingt die AGBs der Versicherung vor Abschluss eines solchen Vertrages und vor Abschluss eines Mietvertrages.

Hier noch meine persönliche Erfahrung: Ich hatte in den bisherigen zehn Jahren der Vermietung noch keinen Mietnomaden. Häufiger kam allerdings schon vor, insbesondere wenn wir Mehrfamilienhäuser erworben und uns die Mieter sozusagen mit eingekauft haben, dass Mieter ihre Mieten verspätet zahlen oder mit ein bis zwei Mieten in Rückstand geraten, diese dann aber verspätet wieder leisten. Daher ist es wichtig, immer über ausreichend Puffer und Liquidität zu verfügen.

DIE SOFTWARE

Eine Frage, die unweigerlich früher oder später auf Dich zukommen wird, ist die, ob Du eine Software zur Verwaltung Deiner Immobilien einsetzen möchtest. Um Dir hier eine bestmögliche Unterstützung zu sein, möchte ich im Folgenden einmal kurz aufzeigen, zu was eine Software überhaupt nützlich sein kann, und dann auch eine Empfehlung aussprechen.[31]

Ich erinnere mich noch mit einem Schmunzeln daran, wie ich früher mit selbst erstellten Excel-Tabellen die einzelnen Mieteingänge nachgehalten habe und mir Notizen machte, wenn etwas offen war. Heute läuft das glücklicherweise anders ab.

Aber was kann eine professionelle Immobilien-Software überhaupt leisten? Zunächst kann sie als Datenbank dienen. Das erste Anlegen der Daten ist zwar mit etwas Aufwand verbunden, wenn Du die Datenbank aber gut pflegst, hast Du hier alle Daten Deiner Immobilien an einem Ort gebündelt und musst nicht nach Informationen suchen. Das beginnt bei Infos bezüglich der Wohneinheiten selbst wie Quadratmeterangaben, Baujahr, Kaufpreis, Ausstattung etc., geht über die Infos, die die Mieter und das Mietverhältnis betreffen wie Kontaktdaten, Kommunikationswege, Höhe der Miete und der Nebenkostenvorauszahlung, bis hin zu laufenden Daten des Mietverhältnisses wie Zählerständen usw. Optional kannst Du hier auch Fotos einstellen, um dann aus dieser Datenbank heraus ein Inserat oder Exposé für die Vermietung zu erstellen. Dabei gibt es sogar eine Verknüpfung zu Immobilienscout, so dass Du die Daten dort nicht alle neu eingeben musst. Das ist schon recht praktisch.

---

[31] Nur der Form halber sei angemerkt, dass ich dafür selbstverständlich nichts bekomme. Die Empfehlung spiegelt meine eigene Meinung und Erfahrung wieder.

Darüber hinaus kannst Du hier auch Dateien und Unterlagen archivieren und – was besonders praktisch ist – diese den Wohneinheiten zuordnen. Suchst Du zum Beispiel nach einem Mietvertrag oder einem Übergabeprotokoll, so findest Du diese übersichtlich in der entsprechenden digitalen Mieterakte.

Theoretisch ist es möglich, die Software auch als Kommunikationstool bzw. -weg mit den Mietern zu benutzen. Den Vorteil sehe ich darin, dass alle Chats in Schriftform gespeichert bleiben und man diese später nochmal einsehen kann. Ein Nachteil ist, dass Du Dich immer erst in die Software einloggen musst, um auf die Nachrichten zuzugreifen.

Die definitiv größte Hilfe ist die Software im Bereich der kaufmännischen Verwaltung, also bei allen Themen rund um Finanzen und Buchhaltung. Üblicherweise werden dabei Deine Mietkonten mit der Software verknüpft, so dass diese automatisch alle Mieteingänge ausliest und den richtigen Wohneinheiten zuordnet. Einmal im Monat bekommst Du dann eine automatische Mail von der Software, die Dich darauf hinweist, falls noch Mieten offen sind, so dass Du bestenfalls gar nichts mit dem Thema „Mieteingangskontrolle“ zu tun hast. Sollte ein Mieter in Verzug sein, so kannst Du per Mausklick aus der Software heraus eine Zahlungserinnerung versenden, wobei Du zwischen SMS, E-Mail, einfachem Postweg und Einschreiben wählen kannst. Dies ist insbesondere dann hilfreich, wenn Du – so wie ich – häufig im Ausland bist, da Du auch aus dem Ausland einfach Post verschicken kannst. Diese wird dann in Deutschland gedruckt, frankiert und versendet. Du brauchst also weder einen Drucker noch musst Du selbst Briefe aufgeben. Die entsprechenden Kosten – und diese sind wirklich nicht hoch – werden einmal im Monat von Deinem Konto abgebucht. Wiederkehrende Schreiben wie Zahlungserinnerungen, Begleitschreiben zu Nebenkostenabrechnungen usw. kannst Du selbst einmalig anlegen und dann immer wieder verwenden, wobei die Mieterdaten und Beträge automatisiert eingefügt werden; das spart Zeit.

Inzwischen gibt es Schnittstellen zu allen gängigen Buchhaltungssoftwares, so dass Du die Daten theoretisch an Deine Buchhaltungssoftware exportieren kannst. Auch Kosten können hier bereits erfasst werden. Hilfreich ist auch, dass Du aus der Software heraus die Anlage V für Deine Steuererklärung generieren kannst. Das funktioniert natürlich nur dann, wenn Du über das Geschäftsjahr hinweg auch alle Einnahmen und Ausgaben in der Software erfasst hast.

Und zu guter Letzt kannst Du mit einer Software die Nebenkostenabrechnungen für die Mieter erstellen. Dabei musst Du die betreffenden Verteilerschlüssel einmalig anlegen und dann nur noch die zu verteilenden Kosten eingeben. Die Software ordnet diese den einzelnen Mietverhältnissen dann richtig zu, berücksichtigt Einzug- und Auszugdatum und die geleisteten Vorauszahlungen. Insbesondere bei Mehrfamilienhäusern und über mehrere Jahre in Folge – wenn also alles bereits angelegt ist – erstellst Du eine solche Abrechnung in wenigen Minuten. Und natürlich kannst Du diese dann auch wieder aus der Software heraus verschicken.

Wie viele dieser Funktionen Du am Ende wirklich nutzt, bleibt natürlich Dir überlassen. Wenn Du Dich aber dafür entschieden hast, ein kleineres oder größeres Immobilien-Portfolio aufbauen zu wollen, empfehle ich Dir, eine professionelle Software zu nutzen. Das Gute ist, dass die Preise meist gestaffelt sind, das heißt, wenn Du zunächst noch wenige Einheiten verwaltest, sind die Kosten für die Software überschaubar. Mit zunehmender Anzahl an Wohneinheiten steigen diese dann an.

Ein Kritikpunkt ist noch zu nennen: Du gibst natürlich alle Daten an einen Dienstleister und gerade der Aufwand für die Ersteinrichtung sollte nicht unterschätzt werden. Sollte der Dienstleister eines Tages die Software vom Markt nehmen oder die Preise dafür erhöhen, dann ist der Wechsel zu einem anderen Anbieter mit sehr hohem Aufwand verbunden. Die

Wahl des Anbieters sollte daher nicht leichtfertig erfolgen, da man sich auf eine gewisse Art und Weise an diesen bindet.

Ich selbst habe 2022 verschiedene Softwares ausprobiert und mich dann für *Immocloud* entschieden. Und zwar deshalb, weil mir die Software von den Funktionen her am umfangreichsten erschien und ich das Preis-Leistungs-Verhältnis gut fand. Zudem hat mir gefallen, dass es sich damals noch um ein kleines Start-up handelte und man selbst Vorschläge machen und Input geben konnte, der teils auch umgesetzt wurde. Die telefonische Erreichbarkeit war bislang auch immer gut. Seit 2022 ist sicherlich einiges auf dem Markt passiert; mache Dir daher auch gerne ein eigenes Bild.

KAPITEL 5 – STEUERPARADIES DEUTSCHLAND

DIE FUNKTIONEN VON STEUERN

Wenn man an Steuerparadiese denkt, dann kommen einem oft Länder wie Dubai, Lichtenstein oder die Cayman Islands in den Sinn. Dabei kann sich auch Deutschland wie ein Steuerparadies anfühlen, wenn man bestimmte Dinge weiß. Mir ist wichtig zu betonen, dass es hier nicht um irgendwelche – möglicherweise sogar illegalen – Steuertricks geht, sondern um ganz normale Steuergesetze, die zudem einen tieferen Sinn verfolgen und die man sich zunutze machen kann.

Bevor wir darauf im Einzelnen eingehen, schauen wir uns doch mal an, welche Ziele Steuern verfolgen: Die Mehrheit der Leser wird hier schnell die Finanzierbarkeit öffentlicher Ausgaben im Kopf haben. Privatpersonen und Unternehmen müssen also Steuern zahlen, um öffentliche Ausgaben wie zum Beispiel Straßenbau, Schulen und Krankenhäuser zu finanzieren. Dazu kommen natürlich auch Ausgaben für unsere Sozialsysteme und vieles mehr. Dies ist auch korrekt, allerdings bei weitem nicht der einzige Grund, warum der Staat Steuern erhebt. Neben dieser sogenannten Finanzierungsfunktion verfolgen Steuern noch zwei weitere wichtige Ziele: die Umverteilungsfunktion und die Lenkungsfunktion.[32]

So heißt es wörtlich auf der Seite des Bundesfinanzministeriums: „Neben der Deckung des Staatshaushalts werden Steuern auch zur Lenkung von Verhaltensweisen oder zur Umverteilung unter dem Aspekt der sozialen Gerechtigkeit erhoben."

Beginnen wir mit der Umverteilungsfunktion: Wir alle haben Floskeln wie „Die Schere zwischen Arm und Reich wird immer größer" schon oft gehört. Tatsächlich hat dies damit zu tun, dass es umso einfacher ist, Geld zu vermehren, je mehr man bereits davon hat. Jemand, der nicht viel besitzt und Mühe hat, überhaupt über die Runden zu kommen, wird in der Regel auch nicht investieren, einfach, weil er dafür keine Mittel hat.

Ist jemand hingegen bereits vermögend, so kann er überschüssiges Kapital gewinnbringend anlegen und häuft so noch mehr Vermögen an. Hinzu kommt, dass Vermögende häufig eine höhere Affinität zu Geld haben, sie beschäftigen sich mit Finanzmärkten und kennen sich tendenziell auch besser aus. Insofern stimmt es, dass die Schere zwischen Arm und Reich immer größer wird, wenngleich sie nicht so weit auseinanderklafft, wie viele immer meinen.

Die Umverteilungsfunktion der Steuer soll diesem Effekt gezielt entgegenwirken. Dies wird zum Beispiel dadurch erreicht, dass wir einen progressiven Steuersatz haben, höhere Einkommen also stärker besteuert werden als geringere Einkommen. Den

[32] Vgl. https://www.bundesfinanzministerium.de/Content/DE/Glossareintraege/S/steuer.html?view=renderHelp#:~:text=Wichtigstes%20Ziel%20der%20Erhebung%20von,elementare%20Aufgaben%20f%C3%BCr%20das%20Gemeinwesen.

„Reichen“ wird also ein Teil ihres Vermögens wieder abgenommen und, zum Beispiel über die Sozialsysteme in Form von Arbeitslosen- oder Bürgergeld, an die „Ärmeren“ umverteilt. Auf diese Art und Weise möchte der Staat dafür sorgen, dass die Schere nicht noch weiter auseinandergeht. Und tatsächlich verdienen nach Auskunft des Deutschen Instituts für Wirtschaft etwa 70 % der Deutschen zwischen 1.000 und 3.000 netto im Monat. Nur 20 % liegen darüber. Alarmierend sind eher die 10 %, die weniger verdienen.

Allerdings verdienen nur 3 % der Deutschen über 5.400 Euro netto im Monat, was bedeutet, dass 97 % darunterliegen. Und wenn man die Haushalte mit mindestens zwei Personen betrachtet, so liegen nur 3 % über einem Haushaltsnettoeinkommen von 7.800 Euro.[33] Man kann also sagen, dass fast alle Deutschen unter 5.400 Euro (Single) bzw. unter 7.800 (mindestens Zweipersonenhaushalt) im Monat verdienen. Müssen wir uns über die 2 % ärgern, die mehr verdienen?

Auch wenn wir immer glauben, dass es so viele Reiche in Deutschland gibt, trifft dies in Wirklichkeit – je nach Definition – nur auf 1 bis 2 % der Bevölkerung zu. Und selbst, wenn dies für viele eine immer noch zu große Ungleichheit bedeutet, so erfüllt unser Steuersystem in großen Teilen seine Umverteilungsfunktion und bremst damit das Anwachsen dieser Ungleichheit im Gegensatz zu einem linearen oder degressiven Steuersatz.

Der dritte Aspekt der Besteuerung besteht in der Lenkungsfunktion, konkreter im Lenken von Geldflüssen.

Unter Staatsaufgaben versteht man die Aktivitäten und Funktionen eines Staates, um das Allgemeinwohl zu gewährleisten und die Interessen seiner Bürger zu schützen. Im deutschen Rechtssystem sind diese Aufgaben im Grundgesetz

---

33 Vgl. zu diesen Statistiken: https://www.iwkoeln.de/presse/interaktive-grafiken/judith-niehues-maximilian-stockhausen-einkommensverteilung-in-deutschland.html

verankert. Sie werden dort allerdings nicht einzeln aufgelistet, sondern ergeben sich vielmehr aus der Ausgestaltung übergeordneter Ziele.

Da der Staat aber nicht alle Aufgaben selbst übernehmen bzw. ausführen kann, bedient er sich steuerlicher Anreize, um Personen oder Unternehmen dazu zu motivieren, ihn bei der Verrichtung dieser Aufgaben zu unterstützen.

Durch die Lenkungsfunktion will man also Prozesse in eine bestimmte Richtung lenken. Damit es den Menschen in einer Gesellschaft gut geht, benötigen diese u. a. Wohnraum. In einem weiter gefassten Kontext gehört Wohnraum zur Infrastruktur eines Landes und die Schaffung von Wohnraum ist somit Aufgabe des Staates. Seit Jahren vergeht kaum ein Tag, an dem man nicht in der Presse von „Wohnraummangel“, „explodierenden Mieten“ oder „Wohnungsnot“ liest bzw. hört. Dass es zu wenig Wohnraum in Deutschland gibt, ist also kein Geheimnis. Da der Staat dieses Problem aber nicht allein lösen kann, schafft er Anreize für Privatpersonen oder Unternehmen, sich des Problems anzunehmen. Diese Anreize schlagen sich vorrangig in der Steuergesetzgebung nieder. Hier ein Beispiel:

Wir sind es gewohnt, dass wir Kosten, die uns im Zusammenhang mit der Erzielung von Einkünften entstehen, steuerlich absetzen können. Wer also zum Beispiel eine Firma hat oder als Freiberufler arbeitet, kann von seinen Einnahmen sämtliche Kosten abziehen und muss nur den verbleibenden Gewinn versteuern. Aber wie ist das bei vermieteten Immobilien? Hier darf ich auch zunächst alle Kosten wie etwa Reparaturen, Modernisierungsmaßnahmen, Zins- und Verwaltungskosten von meinen Mieteinnahmen abziehen. Aber dabei bleibt es nicht. Zusätzlich darf ich noch eine Abschreibung auf das Gebäude vornehmen. Bei dieser Abschreibung handelt es sich aber um eine fiktive und nicht liquiditätswirksame Position, da ich ja nicht wirklich etwas bezahlen muss. Dies führt in der Praxis oft dazu, dass ich auf der Liquiditätsebene positive Einnahmen habe, also tatsächlich

Geld übrig bleibt, ich jedoch steuerlich einen Verlust ausweisen kann. Diese Verluste darf ich dann sogar noch mit anderen Einkommensarten verrechnen. Sie schmälern somit das Gesamteinkommen.

Und es geht noch weiter: Entscheidet man sich dazu, seine Immobilien nicht als Privatperson zu vermieten, sondern in einer sogenannten vermögensverwaltenden GmbH, so kann diese nach § 9 Abs. 1 Satz 2 Gewerbesteuergesetz (GewStG) die vollständige Befreiung von der Gewerbesteuer beantragen, muss also gar keine Gewerbesteuer mehr zahlen, sondern nur noch etwa 15 % Körperschaftssteuer. Das muss man sich nochmal verdeutlichen: Nahezu alle Unternehmen in Deutschland unterliegen der Gewerbesteuer, die immerhin ca. 15 % beträgt. Als Gegenleistung für die Unterstützung, die man als Wohnungsunternehmen leistet, bietet der Staat also einen Steuererlass von 15 %. Und der verbleibende niedrige Steuersatz der Körperschaftssteuer, kombiniert mit der fiktiven Abschreibung auf Immobilien führt im Ergebnis meist dazu, dass die vermögensverwaltende GmbH so gut wie keine Steuern auf Mieteinnahmen zahlt.

Dass hierdurch die Schaffung von Wohnraum gefördert werden soll, sieht man gut daran, dass die alleinige Verwaltung von Kapitalvermögen – wie zum Beispiel Aktien – nicht zur Befreiung von der Gewerbesteuer berechtigt. Der Staat will also nicht die Vermögenden bevorzugen, wie oft behauptet wird, sondern das Schaffen von Wohnraum fördern.

Ein weiteres Beispiel für steuerliche Anreize ist die Tatsache, dass sich die steuerlichen Verluste aus Vermietung und Verpachtung mit anderen Einkunftsarten verrechnen lassen. Auch dies ist beispielsweise bei Kapitalerträgen nicht möglich. Verluste aus Kapitalanlagen dürfen nur mit Gewinnen aus Kapitalanlagen verrechnet werden, nicht jedoch mit beispielsweise Arbeitseinkommen oder Einnahmen aus Vermietung und Verpachtung. Ein Gutverdiener kann somit seine Steuerlast durch die Vermietung von Immobilien reduzieren und erhält als Anreiz für ebendiese Vermietung einmal jährliche eine Steuerrückerstattung, die er ohne Immobilien nicht bekommen hätte. Ein Aktien-Investor kann das nicht, auch nicht dann, wenn er Verluste erleidet.

Als letzten Aspekt möchte ich noch auf den steuerfreien Verkauf von Immobilien nach zehn Jahren eingehen. Egal, wie viel Gewinn Du mit einer Immobilie machst, wenn Du sie für mindestens zehn Jahre gehalten hast, musst Du keinen Cent Steuern auf den Gewinn zahlen. Diese Regelung gilt zwar nicht für die oben erwähnte vermögensverwaltende GmbH, dennoch muss diese nur etwa 15 % Körperschaftssteuer auf den Verkaufsgewinn zahlen. Eine solche Steuerfreiheit gibt es seit 2009 für Aktien, ETFs und andere Kapitalanlagen ebenfalls nicht mehr. Hier werden die Gewinne immer mit etwa 25 % Kapitalertragssteuer belegt.

Der Gesetzgeber will also denjenigen unterstützen, der ihm beim Erreichen eigener Ziele – hier: der Schaffung von Wohnraum – behilflich ist. Kritiker werfen Immobilien-Besitzern oftmals vor, dass sich diese auf Kosten anderer bereichern und Steuerschlupflöcher ausnutzen würden; wenn man die Hintergründe der Steuergesetzgebung aber kennt und versteht, dann sieht das Bild plötzlich anders aus.

Um die Tragweite dieser Aspekte noch einmal zu verdeutlichen, möchte ich Dir hier ein realistisches Beispiel aufzeigen:

Stell Dir vor, Du sparst 30 Jahre lang fleißig 500 Euro monatlich in einen ETF-Sparplan und erwirtschaftest eine durchschnittliche Rendite von 7 % pro Jahr. Nach 30 Jahren hast Du (Rendite-Reihenfolge-Risiko einmal außen vor gelassen)[34] ein stolzes Vermögen von 588.000 Euro, wovon Du

[34] Hierunter versteht man das Risiko, das damit einhergeht, in welcher Reihenfolge positive und negative Renditejahre auftreten. Dies kann eine erhebliche Auswirkung auf die Gesamtrendite und somit auch auf den Endwert eines Portfolios haben.

180.000 Euro selbst eingezahlt (500 Euro * 12 Monate * 30 Jahre) und 408.000 Euro als Gewinn durch Kurssteigerungen erwirtschaftet hast. Nach 30 Jahren willst Du nun alles verkaufen, um Dir einen unbeschwerten Lebensabend zu bescheren. Die 408.000 Euro Gewinn unterliegen der Kapitalertragssteuer (ca. 25 %) und der Fiskus freut sich über 102.000 Euro. Aber Du hast halt auch keine „Staatsaufgaben" übernommen, indem Du den Bürgern Wohnraum angeboten und diesen über Jahre hinweg in Schuss gehalten hast. Das ist ja das Ziel hinter den steuerlichen Anreizen.

Hättest Du hingegen mit 30.000 Euro an Eigenkapital eine Immobilie im Wert von 325.000 Euro gekauft (inzwischen weißt Du ja, wie das geht) und hättest von den Mieteinnahmen über die Laufzeit hinweg das Darlehen getilgt, dann wäre die Immobilie bei einer angenommenen Wertsteigerung von 2 % jährlich nach 30 Jahren ebenfalls genau 588.000 Euro wert. Du könntest diese nun verkaufen und hättest nur 30.000 Euro Deines eigenen Geldes ausgegeben statt 180.000. Der Mieter hätte das Darlehen über die Laufzeit hinweg für Dich getilgt, so dass Du mit viel weniger Eigenkapital zum selben Ergebnis gekommen wärst. Und obendrein wäre der Gewinn auch noch vollständig steuerfrei, Du müsstest also keine 102.000 Euro an Steuern zahlen. Das geht aber nur, wenn Du den Staat bei seinen Aufgaben unterstützt.

GRUNDLAGEN DER STEUERBERECHNUNG

Wie im vorherigen Kapitel bereits erwähnt, gibt es in Deutschland eine Fülle an steuerlichen Regelungen, die es einem gestatten, sein zu versteuerndes Einkommen aus der Vermietung von Immobilien zu reduzieren. Im Folgenden wollen wir uns dies nun einmal genauer anschauen, damit Du die Kernprinzipien verstehst und mit Deinem Steuerberater auf Augenhöhe kommunizieren kannst.

Dabei gehen wir auf die zwei Aspekte „Absetzbare Kosten“ sowie „Abschreibung für Abnutzung (AfA)“ ein.

Wenn Du eine Immobilie vermietest, musst Du nicht sämtliche Mieteinnahmen versteuern, sondern darfst zunächst die damit im Zusammenhang stehenden Kosten steuerlich absetzen. Dies sind im Wesentlichen Kosten wie Hausgelder, Reparaturen, Renovierungskosten, Verwaltungskosten, Kontoführungsgebühren, Porto für die Mieterkommunikation, Vertriebskosten für die Vermietung etc. und vor allem die Zinskosten für das Darlehen; letztere machen meistens den größten Kostenfaktor aus.

Wichtig ist in der Praxis also, dass Du ein geeignetes System für Deine Buchhaltung etablierst, damit Dir nichts durchgeht und Du nicht am Ende eines Jahres erst einmal alle Belege zusammensuchen musst. Lege Dir am besten von Anfang an einen physischen oder digitalen Ordner an, in welchem Du alle anfallenden Ausgaben – nach Jahren sortiert – unmittelbar ablegen kannst.

Auch die Kosten, die im Zusammenhang mit dem Kauf einer Immobilie entstehen wie zum Beispiel die Grunderwerbsteuer, Notar- und Gerichtskosten sowie Maklergebühren, können steuerlich geltend gemacht werden. Im Gegensatz zu den im vorherigen Absatz aufgeführten Kosten dürfen diese allerdings nicht vollständig im Steuerjahr ihrer Entstehung angesetzt werden, sondern werden – gemeinsam mit dem Kaufpreis – über die Restnutzungsdauer der Immobilie abgeschrieben. Eine Ausnahme bilden die Kosten für die Eintragung einer Grundschuld; diese dürfen bereits vollständig im Jahr der Entstehung geltend gemacht werden.

Was genau bedeuten nun aber „Abschreibung“ und „Restnutzungsdauer“? Steuerlich gesehen geht man davon aus, dass eine Immobilie nur eine bestimmte Zeit lang genutzt werden kann und danach zu marode oder kaputt ist. Diese Zeit nennt man Restnutzungsdauer. Damit man aber nicht für jede Immobilie in aufwendigen Verfahren die Restnutzungsdauer ermitteln muss, hat der Gesetzgeber sogenannte fiktive Restnutzungsdauern für Immobilien eingeführt, aus denen sich der jeweilige Abschreibungssatz ableiten lässt. Die Kosten für den Kauf der Immobilie werden dann über diese Restnutzungsdauer verteilt, indem man Jahr für Jahr einen gleichbleibenden Prozentsatz absetzt.

Für alle Gebäude, die vor 1925 erbaut worden sind, geht man von einer fiktiven Restnutzungsdauer von 40 Jahren aus; pro Jahr dürfen also 2,5 % (100 % geteilt durch 40 Jahre = 2,5 %) des Kaufpreises steuerlich abgeschrieben werden. Bei Gebäuden, die nach 1925 fertiggestellt wurden, sind es 50 Jahre bzw. 2 % p. a. und bei Gebäuden, deren Bau ab Oktober 2023 begann, beträgt der AfA-Satz 3 %.

Wer jetzt gut aufgepasst hat, wird vielleicht überrascht darüber sein, dass Gebäude, die erst 2023 erbaut wurden, eine höhere Abschreibung zulassen als ältere Gebäude. Dies widerspricht ja dem logischen Denken, wonach neuere Gebäude noch länger halten müssten. Tatsächlich ist dies aber so. Die Antwort auf diese Frage finden wir in der oben erwähnten Lenkungsfunktion von Steuern: Insbesondere Anfang der 2020er Jahre und kurz nach der Corona-Krise wurde die Wohnungsnot in Deutschland immer größer. Wir erinnern uns, dass Baukosten plötzlich auszuufern drohten, viele Bauprojekte aufgrund gestiegener Kosten gestoppt wurden und nicht wenige Bauträger Insolvenz anmelden mussten. Hier schritt der Gesetzgeber ein, indem er mit der hohen Abschreibung Anreize schaffte, die das Bauen und den Kauf von neuen Immobilien wieder lukrativer machen sollten. Ob der hohe AfA-Satz für immer so bleiben wird, ist abzuwarten. Ich könnte mir vorstellen, dass man irgendwann wieder auf das alte Niveau von 2 % heruntergeht, sollte die Wohnungsnot einmal stark nachlassen.

Eine Einschränkung gibt es allerdings noch: Die Abschreibung darf nicht auf den vollständigen Kaufpreis einer Immobilie angewendet werden, sondern nur auf den sogenannten Gebäudeanteil. Ich weiß, dies klingt jetzt alles sehr trocken, aber es ist wichtig, dass Du auch bestimmte Hintergründe kennst, denn nur so kannst Du sichergehen, dass Du nicht in irgendwelche steuerlichen Fallen trittst.

Beim Gebäudeanteil geht es um Folgendes: Wenn man eine Immobilie kauft, so kauft man nicht nur das Gebäude, sondern auch das Grundstück, auf dem die Immobilie steht. Bei einem Einfamilienhaus zum Beispiel ist das einleuchtend. Kauft man hingegen eine Eigentumswohnung in einem Mehrparteienhaus, dann kauft man das Grundstück nur anteilig. Da man davon ausgeht, dass das Grundstück sich im Zeitverlauf nicht abnutzt – hier wird ja quasi nichts abgenutzt – darf man dieses auch nicht abschreiben. Den Anteil für das Gebäude hingegen schon. Und obwohl es im Kapitel „Der Kaufvertrag" schon angesprochen wurde, nochmal kurz zur Wiederholung: Seit April 2021 wird die Aufteilung eines Kaufpreises in „Grund und Boden" auf der einen Seite sowie Gebäudeanteil auf der anderen Seite mittels der sogenannten Arbeitshilfe zur Ermittlung der Kaufpreisaufteilung des Bundesministeriums der Finanzen berechnet. Hierbei handelt es sich um ein Excel-Tool, in das bestimmte Parameter der Immobilie eingegeben werden, um die entsprechende Aufteilung zu berechnen. Oftmals ist dieses Ergebnis steuerlich nachteilig. Besser ist es, und dies hat der BGH eindeutig erlaubt und für rechtens erklärt, selbst eine Kaufpreisaufteilung vorzunehmen. Wichtig ist dabei, dass diese zum einen realistisch ist und ihre Berechnung zum anderen plausibel dargelegt werden muss. Ferner sollte diese Kaufpreisaufteilung bereits im notariellen Kaufvertrag festgehalten werden, zum Beispiel als Anlage.

Ein möglicher Weg zur Berechnung des Gebäudeanteils bei einer Eigentumswohnung sieht so aus, dass man die Grundstücksfläche nach Miteigentumsanteilen auf alle Wohneinheiten verteilt. Ist das Grundstück etwa 1.000

Quadratmeter groß und auf die zu erwerbende Wohnung entfallen 900/10.000 Miteigentumsanteile, dann entfielen auf die Wohnung somit 90 Quadratmeter des Grundstücks. Diese Fläche multipliziert man nun mit dem aktuellen Bodenrichtwert, um den anteiligen Wert am „Grund und Boden" zu errechnen. Wäre der Bodenrichtwert zum Zeitpunkt des Kaufs beispielsweise 400 Euro pro Quadratmeter, so entspräche der Wert von Grund und Boden 36.000 Euro. Der übrige Teil des Kaufpreises wäre somit dem Gebäudewert zuzuschreiben. Die Höhe des Bodenrichtwertes kannst Du einfach im Internet nachsehen, in Nordrhein-Westfalen gibt es hier zum Beispiel die Internetseite Boris.nrw.

Merke Dir also, dass in jeden Kaufvertrag über eine Immobilie eine Kaufpreisaufteilung gehört, die plausibel und nachvollziehbar ist, so dass Du bereits vor dem Kauf Sicherheit über die Höhe der jährlichen Abschreibung hast, welche Dein steuerliches Ergebnis maßgeblich beeinflusst.

Darüber hinaus gibt es eine Möglichkeit, die Abschreibung zu erhöhen, um das steuerliche Ergebnis zu optimieren. An der Stelle sei nochmal erwähnt, dass Moral und Ethik nicht außen vor gelassen werden sollten. Es geht nicht darum, Deinen persönlichen finanziellen Erfolg zu Lasten der Gesellschaft zu erzielen, und sicherlich ist es richtig, dass jeder Mensch – im Rahmen seiner Möglichkeiten – Steuern zahlt und somit seinen Beitrag zur Gesellschaft leistet.

Andererseits gibt es Steuergesetze, die für jeden gelten. Manchmal sind sie von Nachteil und in diesem Fall von Vorteil: Wird eine Immobilie zum Beispiel über 50 Jahre abgeschrieben, so liegt dem der Gedanke zugrunde, dass diese noch eine fiktive Restnutzungsdauer von 50 Jahren hat. Wie oben erwähnt kannst Du hier also 2 % des Gebäudeanteils jährlich steuermindernd ansetzen.

Nach §7 Abs. 4 Satz 2 EStG kann eine Immobilie aber alternativ auch über die **tatsächliche** Restnutzungsdauer abgeschrieben werden. Du hast also das Recht nachzuweisen, dass Deine Immobilie eine kürzere Restnutzungsdauer aufweist. Dazu kannst Du zum Beispiel ein sogenanntes Restnutzungsdauer-Gutachten anfertigen lassen. Ein Gutachter ermittelt dann die tatsächliche Restnutzungsdauer des Gebäudes. Kommt er nun beispielsweise zu dem Ergebnis, dass diese nur noch 30 Jahre beträgt, dann liegt Dein AfA-Satz anstelle von 2 % auf einmal bei 3,33 % (100 % geteilt durch 30 Jahre). Nehmen wir weiter an, dass der Gebäudeanteil Deiner Immobilie 200.000 Euro beträgt, so erhöht sich die Abschreibung von 4.000 Euro auf 6.660 Euro. Dies mindert erneut Deine Steuerlast. Bei einem angenommenen Grenzsteuersatz von 40 % hättest Du hier also weitere 1.064 Euro an Steuern gespart – und das nicht nur einmalig, sondern in jedem Jahr, solange Du die Immobilie vermietest! Das Gutachten selbst kostet einige hundert Euro, die zwar erst bezahlt werden müssen; wie das Beispiel zeigt, amortisiert sich das meist aber bereits nach ein bis zwei Jahren.

FALLSTRICK 1: DIE 15 %-GRENZE

Du hast in diesem Buch nun einiges gelernt und solltest inzwischen bestens vorbereitet sein für Deinen Weg zum Immobilien-Investor. In den folgenden Kapiteln möchte ich aber noch auf drei ganz bestimmte Fallstricke eingehen, auf die viele Menschen immer wieder hereinfallen, weil sie im Vorfeld nicht gut beraten wurden. Erinnerst Du Dich noch an Thomas, den Du schon zu Beginn des Buches kennengelernt hast und der diese hohe Steuernachzahlung hatte? Auch er ist einem dieser Fallstricke zum Opfer gefallen. Nicht nur hat ihn das über 181.000 Euro an Steuern gekostet, vielmehr hatte er über einen langen Zeitraum schlaflose Nächte und sein Leben war kurzzeitig geradezu aus den Fugen geraten.

Um Dir eine mögliche Angst zu nehmen, kann ich Dir jedoch sagen, dass Du nach der Lektüre dieses Buches mehr über Immobilien und Steuern wissen wirst als die meisten Immobilien-Besitzer und daher bestens für das Thema gerüstet bist.

Wie wir oben bereits erfahren haben, dürfen Kosten, die im Zusammenhang mit Reparaturen oder Modernisierungen entstehen, steuerlich geltend gemacht werden. Wie aber so oft im Leben gibt es auch hier wieder eine Ausnahme: Investierst Du in den ersten drei Jahren nach Kauf der Immobilie einen Betrag in Modernisierungen, der netto, also ohne Mehrwertsteuer, 15 % des Kaufpreises der Immobilie übersteigt – und jetzt gilt nur der Gebäudeanteil, nicht der Grund und Boden –, so darfst Du diese Kosten nicht im Jahr der Entstehung absetzen, sondern musst sie über die Restnutzungsdauer der Immobilie abschreiben. Man spricht dann davon, dass die Reparatur- bzw. Instandhaltungskosten in sogenannte „Nachträgliche Anschaffungs- und Herstellungskosten" umqualifiziert werden. Werden diese Ausgaben hingegen erst getätigt, nachdem man die Immobilie mindestens drei Jahre besessen hat, so kann man sie vollständig im Jahr der Entstehung absetzen. Investierst Du zum Beispiel 50.000 Euro in eine Sanierung und Dein Jahresgehalt beträgt ebenfalls 50.000 Euro, so kannst Du die komplette Investition geltend machen, so dass Du in dem betreffenden Jahr ein zu versteuerndes Einkommen von null Euro hast. Sofern Du über die monatlichen Lohnabrechnungen bereits zwölfmal 908 Euro an Lohnsteuer gezahlt hast, in Summe also 10.896 Euro, würdest Du diese im Zuge der Steuererklärung vollständig zurückerhalten. Und das gilt auch, wenn Du die Sanierung über ein Darlehen finanziert hast.

Wenn Du dieses Gesetz jedoch nicht kennst und die Investition stattdessen innerhalb der ersten drei Jahre nach Kauf tätigst, muss diese zwingend abgeschrieben werden. Bei einem AfA-Satz von 2 % darfst Du jährlich also nur 1.000 Euro absetzen und bekommst somit pro Jahr nur 400 Euro an Steuern zurückerstattet (bei einem angenommenen Grenzsteuersatz von 40 %). Es kann einzelne Fälle geben, in denen ein solches Vorhaben Sinn macht. Wichtig ist aber, dass Du diese Regelungen kennst, damit Du ganz bewusste und sinnvolle Entscheidungen treffen kannst.

FALLSTRICK 2: DIE 3-GEWERKE-REGEL

Nachdem Du nun die sogenannte 15 %-Grenze als einen möglichen Fallstrick kennengelernt hast, lass mich Dir noch die „3-Gewerke-Regel“ erklären, die unmittelbar daran anknüpft.

Selbst dann, wenn Du mit der Sanierung Deiner Immobilie drei Jahre ab Kauf wartest, werden Reparatur- bzw. Instandhaltungskosten in Nachträgliche Anschaffungs- und Herstellungskosten umqualifiziert, wenn eine übergeordnete

Sanierungsmaßnahme mindestens drei der vier Gewerke „Sanitär", „Elektro", „Heizung" und „Fenster" betrifft und dadurch eine „wesentliche Verbesserung" der Immobilie herbeigeführt wird. Dies wird in der Regel insbesondere dann unterstellt, wenn die Immobilie zum Zeitpunkt des Kaufs bereits vermietet war und trotzdem eine Generalsanierung durchgeführt wird.

Umfasst eine Sanierung hingegen weniger als drei dieser Gewerke oder liegt keine „wesentliche Verbesserung" vor, sondern der Qualitätsstandard der Immobilie bleibt auf vergleichbarem Niveau, dann handelt es sich um sogenannte Erhaltungsaufwendungen, welche sofort in ganzer Höhe abgesetzt werden dürfen.

Im Detail macht es natürlich Sinn, mit Deinem Steuerberater zu sprechen, wenn Du ein solches Vorhaben planst, damit er Dir konstruktiven Input geben kann. Wichtig ist aber erst einmal, dass Dir diese Fallstricke überhaupt bewusst sind, damit Du sinnvoll planen kannst und nicht mangels besseren Wissens darauf hereinfällst. Außerdem ist es wichtig, dass Du jetzt die entsprechenden Kriterien kennst (zum Beispiel „wesentliche Verbesserung") und Sachverhalte gegenüber dem Finanzamt entsprechend nachweisen kannst.

FALLSTRICK 3: NACHBELEIHUNG VON IMMOBILIEN

Für diejenigen, die schon Immobilien besitzen, oder diejenigen, die einen längerfristigen Wachstumsplan schmieden, stellt die Nachbeleihung vorhandener Objekte zum Zwecke der Kapitalbeschaffung eine beliebte und durchaus auch von mir empfohlene und praktizierte Strategie dar. Dabei werden Immobilien, die man bereits besitzt und die schon zu einem gewissen Teil abbezahlt wurden, neu beliehen, um neues Geld von Banken zu erhalten.

Hierbei gibt es einen weiteren Fallstrick, auf den ich explizit hinweisen möchte: Der Gesetzgeber erkennt die steuerliche Absetzbarkeit von Zinskosten im Rahmen einer vermieteten Immobilie an, allerdings nur – und das wissen die meisten Menschen nicht – für die Finanzierung von Immobilien zu Vermietungszwecken und das auch nur bei der Erstfinanzierung. Es muss ein kausaler Zusammenhang zwischen dem Kredit, dessen Zins man absetzen möchte, und dem Kauf der Immobilie bestehen. Wer eine Immobilie nachbeleiht, kann die Zinsen für den neuen Kredit nicht absetzen! Aber nochmal im Detail:

Ist eine Immobilie bereits (zum Teil) abbezahlt und wird dann neu beliehen, so sind diese Zinsen nur dann absetzbar, wenn sie der Finanzierung einer weiteren Immobilie dienen und zwar im Rahmen der Steuer der neuen Immobilie, für deren Anschaffung sie ursächlich waren.

Wer hingegen einen Kredit durch Nachbeleihung aufnimmt, um damit andere Zwecke zu erfüllen, zum Beispiel den Kauf eines Eigenheimes oder gar eines Autos, der darf diese Zinsen nicht absetzen, auch wenn sie über die vermietete Immobilie besichert werden. Die Zinsen stellen dann keine Kosten der Vermietung mehr dar, sondern gelten privaten Zwecken.

Wichtig ist also der direkte Zusammenhang zwischen der Kapitalbeschaffung und der Finanzierung einer neuen vermieteten Immobilie. Die Zahlungsflüsse sollten demnach transparent sein und genau zugeordnet werden können.

Hier nochmal ein Beispiel:

Du besitzt eine Immobilie A, die inzwischen 200.000 Euro wert ist. Bei der Bank ist nur noch eine Restschuld von 60.000 Euro offen. Diese Bank ist nun bereit, Dir ein neues Darlehen über

100.000 Euro, besichert durch Immobilie A, zu gewähren, um damit eine neue Immobilie B zu erwerben.

Die Zinsen, die Du auf die 100.000 Euro Darlehen zahlst, sind nun bei den Mieteinnahmen, die Du mit der neuen Immobilie B erzielst, abzusetzen. Das Absetzen bei Immobilie A würde vom Finanzamt nicht anerkannt, da das neue Darlehen nicht dem ursprünglichen Kauf der Immobilie A dient.

Solltest Du mit dem neuen Darlehen Dein Eigenheim oder sogar ein Auto finanzieren, so kannst Du die Zinsen gar nicht absetzen.[35]

Da Du jetzt den Fallstrick kennst und weißt, worauf Du achten musst, kannst Du den Weg der Nachbeleihung jedoch anwenden, um damit weiteres Eigenkapital zu generieren, das für neue Investments einsetzbar ist. Dies kann Dein Wachstum ungemein beschleunigen.

DIE RISIKEN: EIN WORST-CASE-SZENARIO

Tätigt man ein Investment, bei dem es um größere Geldbeträge geht, so ist es wichtig, neben den Chancen, die dieses Investment mit sich bringt, auch die Risiken zu beleuchten.

Neben wirtschaftlichen Risiken, auf die ich gleich noch näher eingehen werde, gibt es natürlich das Risiko eines unverhofften Ereignisses wie zum Beispiel eines Leitungswasserschadens oder sonstiger technischer Defekte am Gebäude.

---

[35] Es gibt hypothekarische Kredite ohne einen bestimmten Verwendungszweck, bei dem dies tatsächlich möglich wäre, da die Bank die Mittelverwendung nicht prüft.

Zur kurzen Wiederholung: Ein absolutes Muss ist die sogenannte Gebäudeversicherung. Hierbei handelt es sich um diejenige Versicherung, die technische Schäden am Gebäude abdeckt. Darunter fallen zum Beispiel die bereits erwähnten Leitungswasserschäden inklusive deren Folgeschäden, Brände, aber – je nach individueller Ausgestaltung – auch Vandalismusschäden wie Graffiti, Glasbruch oder Elementarschäden wie Hochwasser und Starkregen.

Natürlich ist es sehr ärgerlich und mit Aufwand verbunden, im Falle eines Schadens die entsprechenden Maßnahmen in die Wege zu leiten, um den Schaden beheben zu lassen. Ich möchte aber, dass Du verstehst, dass das finanzielle Risiko weitestgehend abgesichert ist. Natürlich will ich nicht verschleiern, dass es auch Fälle gibt, in denen die Versicherung eine Regulierung ganz oder teilweise ablehnt; dies ist aber selten der Fall und sollte durch gute Verträge verhindert werden können.

Solltest Du ein eher risikoscheuer Mensch sein, so kannst Du gegen Aufpreis auch den Versicherungsumfang erhöhen. Erwähnenswert, aber auch paradox ist, dass die Kosten der Gebäudeversicherung zu den umlagefähigen Kostenpositionen gehören, Du diese also auf den Mieter umlegen kannst und nicht selbst zahlen musst. Du kannst folglich den Versicherungsschutz verbessern, ohne dass es Dich etwas kostet. Nichtsdestotrotz solltest Du natürlich auch darauf achten, dass die Nebenkosten Deiner Mieter nicht unnötig teuer werden.

Eine weitere große Sorge vieler Immobilien-Besitzer ist der Mietausfall. Wir waren hierauf oben bereits eingegangen. Die statistische Wahrscheinlichkeit, dass es sich bei einem Mieter um einen Mietnomaden handelt, der regelmäßig seine Miete nicht zahlt, liegt bei etwa 0,06 %, d. h., dass ein solcher Fall in einem von 1.600 Mietverhältnissen auftritt.

Häufiger sind Fälle, in denen Mieter kurzfristige Zahlungsschwierigkeiten haben und ihre Miete lediglich verspätet zahlen, weswegen es ratsam ist, über einen entsprechenden

Liquiditätspuffer zu verfügen, so dass im Falle verspäteter Mieteingänge Darlehensraten, Hausgelder etc. dennoch regulär abgebucht werden können.

Nochmal zur Erinnerung: Das Risiko des Mietausfalls lässt sich über eine sogenannte Mietausfallversicherung begrenzen.

Neben Gebäudeschäden und Mietausfallrisiken fürchten viele potenzielle Investoren aber auch das Risiko, dass ihre Immobilie im Zeitverlauf an Wert verlieren könnte und sie somit nicht die ursprünglich angestrebte Rendite erzielen werden. An dieser Stelle möchte ich nochmal auf meine Aussagen im Kapitel „Inflation und warum wir sie lieben sollten" verweisen. Hier wird dargelegt, dass es langfristig nicht nur wahrscheinlich ist, sondern von den Zentralbanken geradezu als wünschenswert erachtet wird, Inflation zu haben. Daher halte ich es für sehr unwahrscheinlich, dass der Wert einer Immobilie langfristig sinkt, erst recht, wenn man sich verdeutlicht, dass über den Kaufpreisfaktor ein stark korrelierender Zusammenhang zwischen der Höhe der Miete und dem Wert der Immobilie besteht und die Mieten sehr wahrscheinlich auch weiterhin steigen werden.

Nun laufen aber nicht immer alle Dinge im Leben wie geplant, weswegen wir einmal ein Worst-Case-Szenario betrachten möchten, in dem wir annehmen, dass eine zu 100 % finanzierte und zugleich cashflowneutrale Immobilie über 20 Jahre hinweg 20 % an Wert einbüßt. Wir gehen zudem davon aus, dass sich die Miete über den gesamten Zeitraum hinweg gar nicht erhöhen lässt, ein wirkliches Worst-Case also.

Der Kaufpreis betrug 250.000 Euro, der Zinssatz 3,5 % und die anfängliche Tilgung 2 %. Schauen wir uns nun die Rendite nach 20 Jahren an:

Wert der Immobilie nach 20 Jahren:	200.000 Euro
Restschuld nach 20 Jahren:	105.471 Euro

Bei einem Verkauf der Immobilie zum Preis von 200.000 Euro wären noch 105.471 Euro an die Bank zurückzuzahlen. Der verbleibende Überschuss in Höhe von 94.529 Euro wäre nicht zu versteuern. Hiervon abzuziehen sind die seinerzeit für den Kauf der Immobilie geleisteten Nebenkosten. Nehmen wir einmal 8,5 %, also 21.250 Euro an (6,5 % Grunderwerbsteuer und 2 % Notar- und Gerichtskosten, maklerfrei), so verbleibt immer noch ein Gewinn von 73.279 Euro. Wichtig zu erwähnen ist, dass man selbst für diesen Gewinn nichts weiter eingezahlt hat, da der Mieter dies für einen getan hat.

Bezogen auf das anfängliche Investment von 21.250 Euro entspricht dies einer jährlichen exponentiellen Rendite von 7,75 % und einer Gesamtrendite von 345 % über die Laufzeit hinweg. Das investierte Kapital hat sich also mehr als vervierfacht.

Ich möchte noch einmal betonen, dass es sich hierbei wirklich um ein Worst-Case-Szenario handelt. Wichtig ist mir aber aufzuzeigen, dass selbst im Falle sinkender Immobilienpreise immer noch eine ansehnliche positive Rendite erzielt werden kann. Und im Gegensatz zu beispielsweise Aktien-Investments ist diese auch noch steuerfrei.[36]

Sicherlich fragen sich jetzt einige Leser, wie das denn sein kann und ob hier kein Rechenfehler zugrunde liegt. Tatsächlich ist dem aber nicht so. Ausschlaggebend für den Erfolg ist, dass der Kapitalzuwachs nicht, wie bei einem Aktien- oder ETF-Sparplan, zu einem großen Teil von einem selbst eingezahlt wird, sondern dass der Mieter diese Zahlungen übernimmt, mit denen dann die Restschuld bei der Bank getilgt wird. Diese Tilgung macht den Vermögensaufbau aus. Dass dieser Gewinn dann auch noch steuerfrei ist, ist natürlich das I-Tüpfelchen.

---

[36] Um ganz genau zu sein, liegt in diesem Beispiel gar kein Gewinn vor, da die Immobilie ja im Wert gesunken ist. Nur eine Wertsteigerung wäre (unter 10 Jahren) überhaupt als Veräußerungsgewinn zu versteuern.

STEUERFREIER VERKAUF VON IMMOBILIEN

Nun möchte ich nochmal auf einen der größten Vorteile von Immobilien überhaupt zu sprechen kommen: den steuerfreien Verkauf.

Während es heutzutage eine Vielzahl von Möglichkeiten gibt, mittels derer man Vermögen aufbauen kann, gibt es nur sehr wenige Asset-Klassen, die noch einen steuerfreien Veräußerungsgewinn zulassen.

Wie bereits erwähnt, sind Wertpapiergewinne nicht mehr steuerfrei, seit zum 01.01.2009 die Spekulationsfrist für Wertpapiere weggefallen ist. Wer also beispielsweise mittels eines Sparplans in Aktien, Fonds oder Ähnliches investiert, der wird zum Zeitpunkt des Verkaufs nochmal ordentlich zur Kasse gebeten. Stell Dir vor, Du hast über 30 Jahre hinweg einen Gewinn aus Wertpapieren von beispielsweise 400.000 Euro erwirtschaftet und möchtest nun in den wohlverdienten Ruhestand gehen. Verkaufst Du Dein Portfolio, so werden 25 % Kapitalertragssteuer zuzüglich Solidaritäts- und gegebenenfalls noch Kirchensteuer fällig, in diesem Beispiel also über 100.000 Euro. Ein solcher Betrag entspricht schnell der Performance von über zehn Jahren.

Bei Immobilien gilt nach wie vor die Spekulationsfrist von zehn Jahren, was bedeutet, dass Du eine privat gekaufte Immobilie nach Ablauf dieser Frist immer steuerfrei veräußern kannst. Zur Berechnung der genauen Frist gilt jeweils das Datum des notariellen Kauf- bzw. Verkaufsvertrages, nicht hingegen die Eintragung im Grundbuch. Zwischen beiden Notarterminen müssen also mindestens zehn Jahre liegen.

Neben der Spekulationsfrist gibt es aber noch eine zweite interessante Möglichkeit, Immobilien steuerfrei zu veräußern, und zwar dann, wenn diese zunächst selbst genutzt werden. Ich hatte dies in der Einleitung bereits kurz angeschnitten.

Immobilien sind gemäß § 23 Abs. 1 EStG dann steuerfrei veräußerbar, wenn sie mindestens im Veräußerungsjahr sowie in den zwei vorangegangenen Jahren selbst genutzt wurden. Da diese „verklausulierte" Formulierung häufig zu Streitigkeiten geführt hat, hat der Bundesfinanzhof mit Urteil vom 03.09.2019 (AZ: IX R 10/19) entschieden, dass dies immer dann der Fall ist, sobald drei Kalenderjahre „erfasst" werden.

Wer also am 31.12. eines Jahres eine Immobilie erwirbt und in diese einzieht, darf sie bereits am 01.01. des übernächsten Jahres steuerfrei veräußern, wenn er durchgängig darin gewohnt hat. Im Grunde also nach zwölf Monaten und zwei Tagen.

Auch hier sind natürlich wieder entsprechende Nachweise zu erbringen und man kann davon ausgehen, dass die Finanzbehörden einen solchen Fall hinreichend prüfen werden. Bei tatsächlichem Vorliegen der entsprechenden Voraussetzungen findet sich hier aber eine Möglichkeit, Gewinne entsprechend schnell und steuerfrei zu realisieren, um so sein Wachstum zügig voranzubringen.

Und für den Fall, dass Du eine Immobilie einmal innerhalb der Spekulationsfrist verkaufen möchtest, schauen wir uns noch ganz kurz an, wie der Veräußerungsgewinn berechnet wird. Wir hatten zuvor schon gesagt, dass die Grunderwerbsteuer, die Notar- und Gerichtskosten sowie die Maklerprovision nicht im Jahr der Anschaffung abgesetzt werden dürfen. Stattdessen werden diese Kosten dem Gebäudewert zugerechnet und bilden gemeinsam mit diesem die sogenannten Anschaffungs- und Herstellungskosten, welche dann mit dem entsprechenden AfA-Satz (meist 2 %) abgeschrieben werden. Auf der anderen Seite gibt es noch den Grund-und-Boden-Wert, welcher nicht abgeschrieben wird, da kein Verschleiß stattfindet.

Wird eine Immobilie nun veräußert, so werden die Anschaffungskosten sowie der Grund-und-Boden-Wert vom Verkaufserlös abgezogen und lediglich der dann noch verbleibende Betrag bildet den Veräußerungsgewinn. Dabei ist vollkommen unerheblich, wie viel bis dahin bereits getilgt wurde.

Hier ein Beispiel. Du hast eine Immobilie zum Preis von 100.000 Euro zuzüglich 8 % Kaufnebenkosten gekauft, insgesamt also 108.000 Euro. Sechs Jahre später verkaufst Du diese für 120.000 Euro. Der Veräußerungsgewinn beträgt 12.000 Euro (120.000 – 108.000). Dieser ist gemäß § 22 EStG dem eigenen Einkommen hinzuzurechnen und unterliegt somit dem eigenen individuellen Steuersatz. Wichtig ist also, dass nur der Gewinn aufgrund der Preissteigerung, nicht hingegen der gesamte Verkaufspreis – wie viele meinen – zu versteuern ist.

DIE VERMÖGENSVERWALTENDE GMBH

Ein Thema, welches unumgänglich ist, wenn es darum geht, langfristig ein Vermögen mit Immobilien aufzubauen, ist die sogenannte „vermögensverwaltende GmbH“ oder kurz: vvGmbH.

Warum das so wichtig ist und welche Einzelheiten es zu beachten gilt, wollen wir in diesem Kapitel einmal unter die Lupe nehmen.

Eine große Besonderheit, die es in diesem Zusammenhang zu benennen gibt, hatten wir im Kapitel „Steuerparadies Deutschland“ bereits angesprochen; es ist der § 9 Nr. 1 Satz 2 Gewerbesteuergesetz (GewStG). Dieser Paragraph regelt, in welchen Fällen bei der Erhebung der Gewerbesteuer sogenannte Kürzungen, also Abzüge, vorgenommen werden dürfen. Konkret heißt es hier:

„An Stelle der Kürzung nach Satz 1 tritt auf Antrag bei Unternehmen, die ausschließlich eigenen Grundbesitz oder neben eigenem Grundbesitz eigenes Kapitalvermögen verwalten und nutzen oder daneben Wohnungsbauten betreuen oder Einfamilienhäuser, Zweifamilienhäuser oder Eigentumswohnungen im Sinne des Wohnungseigentumsgesetzes in der jeweils geltenden Fassung, errichten und veräußern, die Kürzung um den Teil des Gewerbeertrags, der auf die Verwaltung und Nutzung eigenen Grundbesitzes entfällt.“

Aus der juristischen Sprache übersetzt, heißt dies, dass – sofern ein Unternehmen nur eigenen Grundbesitz bzw. dazu noch eigenes Kapitalvermögen (Wertpapiere, Aktien, Anleihen etc.) verwaltet – die entsprechenden Erträge aus der Vermietung gewerbesteuerfrei sind. Die zweite Steuerart, die Kapitalgesellschaften, zu denen auch die vvGmbH gehört, zu zahlen haben, ist die Körperschaftssteuer. Hierunter versteht man – vereinfacht gesprochen – die Einkommensteuer für Kapitalgesellschaften. In anderen Worten: vvGmbHs haben nur Körperschaftssteuer zu zahlen und diese liegt in Deutschland bei 15 %. Dies ist also der Steuersatz, den vermögensverwaltende GmbHs insgesamt auf ihre Gewinne zahlen müssen, sofern sie die Voraussetzungen des § 9 Nr. 1 Satz 2 GewStG erfüllen.

Vergegenwärtigen wir uns doch jetzt noch einmal, wie die steuerliche Bemessungsgrundlage bei vermieteten Immobilien ermittelt wird, so wie wir es uns im Kapitel „Grundlagen der Steuerberechnung“ angesehen haben. Wir erinnern uns, dass wir von den Mieteinnahmen zunächst alle Kosten der Bewirtschaftung und Instandhaltung, zudem aber auch die Zinskosten abziehen dürfen. Erzielen wir mit der vvGmbH beispielsweise 500.000 Euro an Mieteinnahmen im Jahr, so fallen hier pauschal betrachtet im Mittel etwa 15 % Bewirtschaftungskosten und je nach Marktphase unterschiedlich hohe Zinskosten an. Nehmen wir im Beispiel einmal 3 % Zinsen an bei einer Immobilie, die den 16-fachen Preis der Jahreskaltmiete gekostet hat, also 8 Millionen Euro.[37] Dann hätten wir neben den Bewirtschaftungskosten von 75.000 Euro noch Zinskosten in Höhe von 240.000 Euro. Der zu versteuernde Gewinn läge nun bei 185.000 Euro (500.000 – 75.000 – 240.000). Was wir bislang nicht berücksichtigt haben, sind die Abschreibungen (AfA), die in diesem Beispiel bei 80 % Gebäudeanteil weitere 128.000 Euro pro Jahr ausmachen. Das Besondere bei den Abschreibungen ist ja, dass es sich um einen rein buchhalterischen Wert handelt, da diese bekanntermaßen nicht gezahlt werden müssen. Sie sind also nicht liquiditätswirksam. Nach der Berücksichtigung von Abschreibungen beträgt der zu versteuernde Gewinn folglich noch 57.000 Euro. Und auf diesen Gewinn werden nun 15 % Körperschaftssteuer fällig, also gerade einmal 8.550 Euro. Auf Mieteinnahmen in Höhe von 500.000 Euro zahlt die GmbH somit 8.550 Euro an Steuern.

---

[37] Würde man hier einen höheren (also schlechteren) Kaufpreisfaktor annehmen, so würde das steuerliche Ergebnis noch besser, da bei konstanten Mieteinnahmen die Abschreibungsgrundlage höher wäre.

Ich möchte Dir hier nochmal eine alternative Sichtweise auf die Dinge geben: Geht man ganz grob davon aus, dass sich die auf ein Immobilien-Investment zu zahlenden Zinsen und die inflationsbedingte Wertsteigerung der Immobilie gegenseitig die Waage halten, was langfristig in etwa der Fall sein dürfte,[38] dann entspricht der Vermögenszuwachs in etwa der Kaltmiete abzüglich der Bewirtschaftungskosten, denn: Wenn ich beispielsweise 3 % Zinsen im Jahr auf eine zu 100 % finanzierte Immobilie zahle, diese aber im selben Zeitraum ebenfalls um 3 % im Jahr im Wert steigt, dann kann ich die Zinsen vernachlässigen. Die Netto-Kaltmiete, also nach Bewirtschaftungskosten, entspricht dann meinem Vermögenszuwachs. Und wie wir im obigen Beispiel gesehen haben, werden hier auf 425.000 Euro Netto-Kaltmiete gerade einmal 8.550 Euro an Steuern fällig. Für die Mathematiker unter den Lesern: Das hier ist ein Approximationsverfahren, es geht also nicht um die Stellen hinter dem Komma.

Die Kritiker der vvGmbH entgegnen oft, dass es sich bei deren vermeintlichen Vorteilen um einen Trugschluss handelt, da die steuerbegünstigten Gewinne, die man während der Ansparphase erzielt, in der vvGmbH „gefangen" sind und dem Gesellschafter auf privater Ebene nicht zur Verfügung stehen. Schließlich könne man ja keine privaten Konsumausgaben über seine Firma finanzieren. Sobald man das Geld aber aus der Firma ausschütten wolle, würden 25 % Abgeltungssteuer plus Soli fällig. Steuerlich betrachtet, ist das korrekt. Aber hierbei werden meiner Meinung nach zwei wichtige Aspekte übersehen:

Zum einen dient die vvGmbH als langfristiges Instrument dazu, den Vermögensaufbau drastisch zu beschleunigen, indem während der Phase des Vermögensaufbaus nur geringe Steuern gezahlt werden. Rein mathematisch betrachtet macht dies durchaus Sinn. Es ist ein großer Unterschied, ob man

---

[38] Tendenziell sind die Zinsen in inflationsstarken Zeiten höher und während Phasen geringer Inflation niedriger.

beispielsweise 20 Jahre lang einen geringen Steuersatz zahlt und dies zu einem großen Vermögen führt, auch wenn dieses zum Schluss dann besteuert wird, oder ob schon während der Ansparphase jedes Jahr hohe Steuern erhoben werden, die es gar nicht erst ermöglichen, größere Vermögen aufzubauen. Im Hinblick auf die Endwertmaximierung ist der erste Weg immer der bessere; und dies ist keine These, sondern kann mathematisch überprüft werden. Hier ein Vergleich:

Das zu versteuernde Einkommen berechnet sich in beiden Fällen gleichermaßen, aber bei entsprechend hohen Mieteinnahmen gilt für die private Vermietung der Grenzsteuersatz von 42 %.

Steuerlicher Vergleich: Private Vermietung vs. vvGmbH

Position	**Privat**	**vvGmbH**
Immobilienwert	8.000.000 €	8.000.000 €
Kaltmiete p.a.	500.000 €	500.000 €
15 % pauschale Bewirtschaftungskosten	– 75.000 €	– 75.000 €
Zinskosten	– 240.000 €	– 240.000 €
2 % Abschreibung auf 80 % Gebäudeanteil	– 128.000 €	– 128.000 €
Zu versteuerndes Einkommen (zvE)	**57.000 €**	**57.000 €**
Steuerlast (42 % vs. 15 %)	– 23.940 €	– 8.550 €
Gewinn nach Steuer	**33.060 €**	48.450 €
Mehrgewinn durch vvGmbH	–	**15.390 €**

Die jährliche Steuerersparnis in der vvGmbH macht hier 15.390 Euro aus. Selbst, wenn wir davon ausgehen, dass der GmbH zusätzliche Strukturkosten[39] von 3.390 Euro pro Jahr entstehen, so verbleibt ein Mehrerlös von 12.000 Euro. Nach

[39] Zum Beispiel für die Erstellung von Jahresabschluss und Bilanz.

zehn Jahren sind dies bereits 120.000 Euro und wenn wir nun davon ausgehen, dass diese eingesparten Beträge jährlich mit durchschnittlich 7 % Rendite angelegt werden, so ergibt sich ein zusätzliches Endkapital von 177.403 Euro. Für den Fall, dass diese Beträge in weitere Immobilien investiert werden und „nur" eine EK-Rendite von 15 % erwirtschaften, so beträgt das Endkapital sogar über 280.000 Euro. Selbst wenn dieses dann zum Schluss der Kapitalertragssteuer unterliegt, führt es doch zum deutlich besseren Ergebnis.

Zudem hat die Bundesregierung im Juli 2025 beschlossen, dass der Körperschaftssteuersatz ab 2028 stufenweise um jährlich einen Prozentpunkt gesenkt wird, so dass er ab 2032 nur noch 10 % betragen wird. Die steuerlichen Unterschiede zwischen der privaten Ebene und der vermögensverwaltenden GmbH werden zukünftig also noch größer.

Zum anderen gibt es Möglichkeiten, Geld auch auf „steuerschonende" Weise aus der Firma „auszuschütten". Allerdings setzt dies eine langfristige Planung voraus. Daher ist es sinnvoll, sich beim Thema „Vermögensaufbau" von Anfang an einen guten vorausschauenden Plan zu erarbeiten. Hier nun ein Beispiel, wie ich es selbst praktiziere:

Betrachten wir eine Eigentumswohnung, die ich vor über zehn Jahren privat gekauft habe. Der Kaufpreis betrug damals 100.000 Euro, so dass die jährliche AfA (2 %) bei 80 % Gebäudeanteil bei 1.600 Euro liegt. Die Mieteinnahmen betrugen damals 5.000 Euro p. a., sind aber inzwischen auf 10.000 Euro p. a. gestiegen. Die Zinsen (3 %) betragen „nur" noch 2.400 Euro jährlich, da bereits ein großer Teil getilgt worden ist. Das steuerliche Ergebnis bei pauschalierten Bewirtschaftungskosten von 15 % beträgt demnach:

10.000 Euro Mieteinnahmen – 1.500 Euro Bewirtschaftungskosten – 2.400 Euro Zinskosten – 1.600 Euro Abschreibung = 4.500 Euro.

Diese 4.500 Euro muss ich mit meinem privaten Grenzsteuersatz von 42 % versteuern, zahle also 1.890 Euro an Steuern pro Jahr.

Nun könnte ich die Wohnung, die inzwischen 200.000 Euro wert ist, steuerfrei an meine eigene vermögensverwaltende GmbH verkaufen, da ich sie bereits seit mehr als zehn Jahren besitze. Den Kaufpreis finanziere ich komplett über die Bank. Da ich von mir selbst keine Maklerprovision verlange, fallen nur 6,5 % Grunderwerbsteuer sowie 2 % Notar- und Gerichtskosten an, in Summe also 17.000 Euro. Wie sieht nun aber die steuerliche Betrachtung aus?

Mieteinnahmen und Bewirtschaftungskosten ändern sich nicht. Die Zinsen für das Darlehen steigen auf 6.000 Euro und die AfA steigt auf 3.200 Euro, da die Abschreibungsgrundlage durch den neuen Kaufpreis gestiegen ist.

Das steuerliche Ergebnis beträgt also:

10.000 Euro Mieteinnahmen – 1.500 Euro Bewirtschaftungskosten – 6.000 Euro Zinskosten – 3.200 Euro Abschreibung = –700 Euro (negativ).

Da die vermögensverwaltende GmbH eine Steuerlast von 15 % hat, erhält sie eine Steuergutschrift von 105 Euro pro Jahr. Verglichen mit der Steuerlast von 1.890 Euro zuvor entspricht dies einer Verbesserung von 1.995 Euro.

Auf diese Art und Weise kann man elegant 200.000 Euro aus der Firma „ausschütten“ bei Kosten von 17.000 Euro; dies entspricht einer kalkulatorischen Steuerlast von gerade einmal 8,5 % (anstelle 25 % Kapitalertragssteuer). Dazu muss erwähnt werden, dass sich diese Kosten durch die fortan niedrige Besteuerung in der vvGmbH innerhalb von 8,5 Jahren amortisieren, man holt das Geld also wieder herein.

Der Vollständigkeit halber sei erwähnt, dass die Immobilie in beiden Fällen cashflowpositiv ist, so dass auf der Liquiditätsebene keine Probleme auftauchen.

Zudem muss beachtet werden, dass der Kaufpreis angemessen ist. Im Steuer- und Bankenrecht gibt es hier das Stichwort der „Fremdüblichkeit“. Der Kaufpreis, den man sozusagen an sich selbst zahlt, muss also fremdüblich sein, damit dieser Vorgang zum einen nicht zu Problemen in der nächsten Steuerprüfung führt und der Kaufpreis zum anderen auch von der Bank finanziert wird. Wollte ich die Wohnung beispielsweise für 300.000 Euro an die GmbH verkaufen, so würde die Bank diese nicht finanzieren, da der Kaufpreis unangemessen hoch ist. Zudem könnte das Finanzamt mir eine sogenannte verdeckte Gewinnausschüttung vorwerfen, was zu Steuernachzahlungen führen würde. Sofern aber alles fremdüblich und angemessen ist, ist dieses Vorgehen die perfekte Lösung dafür, einen schnelleren Vermögensaufbau während der Ansparphase durch geringe Steuerlast mit einer steueroptimierten Art und Weise, das Vermögen später wieder aus der GmbH herauszubekommen, zu kombinieren. Dazu ist es in der Regel einfacher, eine Finanzierung im Rahmen des Kaufes der Immobilie anzufragen anstatt die zum Großteil abbezahlte Immobilie einfach nachzubeleihen.

Eine Frage, die ich ganz häufig gestellt bekomme, ist die, ob es – wenn man ohnehin vorhat, viele Immobilien zu erwerben – Sinn macht, direkt eine vermögensverwaltende GmbH zu gründen und bereits die erste Immobilie als GmbH zu erwerben. Das vorherige Beispiel liefert eigentlich schon die Antwort: Es macht Sinn, die ersten paar Immobilien zunächst auf privater Ebene zu kaufen, und zwar zum einen, weil die GmbH direkt die oben erwähnten Strukturkosten verursacht, die gerade zu Beginn unverhältnismäßig wären. Zu Beginn ist es ja wichtig, sein Geld in den Vermögensaufbau zu stecken und es nicht für Notare und Steuerberater auszugeben. Selbstverständlich ist auch klar, dass die Steuerersparnis auf der einen Seite größer sein muss als die Zusatzkosten der vvGmbH auf der anderen Seite. Dies wird bei geringen Mieteinnahmen noch nicht der Fall sein. Ebenso muss die Steuerersparnis aus der Vermietung den Steuernachteil beim

Verkauf – die vermögensverwaltende GmbH zahlt ja 15 % Steuern auf die Veräußerungsgewinne – überkompensieren.[40] Die vvGmbH macht also erst ab einer gewissen Größe wirklich Sinn.

Zudem hat es den gerade aufgezeigten Vorteil, einige Immobilien privat zu halten und hier auch die Veräußerungsgewinne steuerfrei mitzunehmen.

Ergänzend kann man noch sagen, dass je nach Höhe von Miete, Zinssatz, Abschreibungsgrundlage usw. Immobilien manchmal positive Erträge erwirtschaften, die zu versteuern sind, manchmal aber auch ein steuerlich negatives Ergebnis liefern. Was zutrifft, ist bereits beim Kauf bekannt. Wenn man also beide Möglichkeiten hat, kann man jedes Mal individuell analysieren, ob es mehr Sinn macht, eine Immobilie als Privatperson zu kaufen, meist mit einer höheren Steuerlast, oder in die GmbH.

Die Kombination von privat gehaltenen Immobilien und der vermögensverwaltenden GmbH ist aus meiner Sicht daher der Königsweg.

Und letztlich hat diese noch einen kleinen angenehmen Nebeneffekt: Da man selbst gleichzeitig Käufer (als Gesellschafter der GmbH) und Verkäufer (als Privatperson) ist, kann man diesen Verkauf ganz in Ruhe planen und aufsetzen, ohne dass Fremde daran beteiligt sind. Man kann sich also in Ruhe Gedanken zum gewünschten Kaufpreis machen, Finanzierungsangebote einholen, den perfekten Kaufvertrag aufsetzen etc., ohne dass man mit jemandem verhandeln muss, Stress hat, weil einem andere Interessenten Konkurrenz machen oder der Verkäufer Druck macht. Und dann sitzt man

---

[40] Das Privileg der steuerfreien Veräußerung nach zehn Jahren gilt nur für Privatpersonen. Firmen müssen die Veräußerungsgewinne immer versteuern. Allerdings zahlt die vvGmbH auch hier nur 15%, da keine Gewerbesteuer anfällt.

ganz allein beim Notar und unterschreibt auf beiden Seiten des Kaufvertrages; das ist schon ein schönes Gefühl.

Nun gibt es noch einiges zu beachten, damit die vvGmbH die sogenannte Gewerbesteuerkürzung nach § 9 Nr. 1 Satz 2 GewStG beantragen darf: Die Firma darf nämlich neben der Verwaltung ihrer eigenen Immobilien und ihres eigenen Kapitals keinen gewerblichen Tätigkeiten, also Tätigkeiten mit sogenannter „Gewinnerzielungsabsicht", nachgehen. Bietet man beispielsweise noch handwerkliche Serviceleistungen oder die Verwaltung fremder Immobilien an, so ist zwingend darauf zu achten, dass dies in einer separaten Firma geschieht, da man ansonsten das Privileg der Gewerbesteuerkürzung verliert. Wichtig zu wissen ist, dass dies nicht nur für einzelne Immobilien gilt, sondern für das komplette Unternehmen. Hat man also irgendwann viele Immobilien in der vvGmbH und geht einer gewerblichen Tätigkeit nach, weil man sich möglicherweise nicht ausreichend mit den steuerlichen Regelungen auseinandergesetzt hat, so muss man auf die Einkünfte ALLER Immobilien Gewerbesteuer zahlen.

Die gute Nachricht ist, dass jedes Geschäftsjahr einzeln bewertet wird. Hat man hier also einen Fehler begangen, so ist dies wenigstens reversibel und kann für das neue Geschäftsjahr korrigiert werden.

Früher haben die Finanzbehörden nach vielen Wegen gesucht, um einer vvGmbH ihren besonderen Status abzuerkennen. So hat manchmal bereits die Mitvermietung einer Küche in einer Wohnung gegen Aufpreis oder der Betrieb einer Photovoltaikanlage mit Einspeisung in öffentliche Netze und Vergütung dazu geführt, dass das Unternehmen als gewerblich eingestuft wurde (man spricht hier von „gewerblicher Infizierung"). Die Finanzgerichte haben glücklicherweise inzwischen geurteilt, dass solche untergeordneten Tätigkeiten nicht zu einer gewerblichen Infizierung führen, dennoch ist Vorsicht geboten. Im Zweifel sollten bestimmte Tätigkeiten ausgegliedert werden. Interessant finde ich persönlich, dass die

Finanzämter hier gegen die Lenkungsfunktion der Regierung arbeiten; sie ziehen also nicht an einem Strang. Das aber nur am Rande.

ZIELE ERREICHEN

Wir bewegen uns nun in Richtung Ende des Buches und ich möchte mir einen Moment Zeit dafür nehmen, Dir aufzuzeigen, wie wichtig es ist, dass Du Dir – sofern Du nach der Lektüre die Reise in Richtung finanzielle Freiheit wirklich antreten möchtest – klare Ziele setzt, damit Deine Träume nicht nur ein abstrakter Wunsch bleiben. Dazu möchte ich Dir von einem erinnerungswürdigen Tag in meinem Leben berichten.

Es war ein Sommertag in Sydney im Jahr 2013, ich besuchte erstmals meinen Bruder David in Australien. David musste arbeiten und ich beschloss, allein zum Bondi Beach zu fahren, um dort die Sonne und das Meer zu genießen. Ich lag keine zehn Minuten am Strand, da drehte das Wetter und es begann wie aus Eimern zu schütten. Ich konnte mich gerade noch in ein kleines Café auf dem Queen Elizabeth Drive retten und bestellte mir erstmal einen Eiskaffee. Da ich nichts zu schreiben dabeihatte, fragte ich einen Kellner nach Zettel und Stift und begann, mir ein paar Ziele für die nächsten sechs Monate zu notieren. Ein wichtiges Ziel war, dass ich endlich 10.000 Euro für meinen Vermögensaufbau ansparen wollte (damals wusste ich noch nicht, dass ich mit genau diesem Geld einige Zeit später das erste Apartment in Köln kaufen würde).

Ich hatte nie zuvor Ziele aufgeschrieben, die Idee war eher aus der Not geboren, da ich Zeit im Café überbrücken musste; was jedoch danach geschah, hat mich wirklich fasziniert. Ich entwickelte regelrecht Freude daran, mich regelmäßig hinzusetzen und zu schauen, ob ich meinen Zielen schon näher gekommen war. Dabei brach ich meine Ziele auf Quartals- und Monatsziele herunter. Manchmal merkte ich, dass ich einzelnen Etappen sogar schon etwas voraus war, was mich zusätzlich motivierte. Und so entstand aus einem Zufall heraus die Tradition, dass ich mich – auch heute noch – immer am

Ersten eines Monats in ein schönes Café setze und meine Ziele durchgehe, prüfe, ob ich „on track" bin oder irgendwo nachjustieren muss. Neue Ziele kommen dazu, andere werden abgehakt, manchmal auch verworfen. Was ich aber sagen kann ist, dass ich noch nie in meinem Leben so viel erreicht habe wie in der Zeit seit ich damit begonnen habe, mir feste und vor allem schriftliche Ziele zu setzen und mich selbst regelmäßig, mindestens einmal im Monat, zu überprüfen. Heute kann ich nicht genau sagen, wie es mir damals überhaupt gelungen ist, in nur sechs Monaten 10.000 Euro anzusparen, aber das sichtbare Näherrücken meines Ziels hat mich so ungemein motiviert, dass auf einmal alles möglich wurde.

Im Juli 2020 hatte ich ein ähnliches Erlebnis. Ich war etwas unzufrieden, da wir in jenem Jahr mit unserem Portfolioausbau nicht so richtig vorangekommen waren. Mein Bruder Michael war gerade in Urlaub und ich saß wieder mit Zettel und Stift in einem Café, diesmal zu Hause in Köln. Ich definierte für mich selbst, dass ich das Jahr als „geschäftlich erfolgreich" verbuchen würde, wenn es uns gelänge, bis Jahresende noch drei Eigentumswohnungen zu kaufen. Ich wusste aber, dass ich bis spätestens November drei Finanzierungszusagen brauchte, wenn ich bis Silvester drei Wohnungen kaufen wollte. Demnach brauchte ich bis spätestens Oktober drei Kaufzusagen, ergo bis September mindestens 15 geeignete Objekte inklusive Besichtigungstermine. Ich begann also, Immobilienscout zu durchforsten, stellte neue Suchaufträge ein, aktualisierte meine Vorlage für die Anschreiben und versendete eine Anfrage nach der nächsten. Innerhalb kürzester Zeit nahm ich unzählige Besichtigungstermine wahr und sprach bereits parallel mit den Banken, um Finanzierungen in die Wege zu leiten. Dann geschah etwas Seltsames: Es kam eine ungeahnte Dynamik in Gang und die Banken, die mitbekamen, dass ich aktuell mehrere Finanzierungen brauchte, boten an, diese zu bündeln, um mir bessere Konditionen anbieten zu können. Die Makler riefen plötzlich an und boten mir weitere Objekte und einen Paketkauf[41] an. Auf einmal waren gar nicht die Objekte und die Finanzierungen mein Bottleneck, sondern mein Eigenkapital. Aufgrund der Chancen, die sich auftaten, überlegte ich, was ich tun könnte, da ich nicht ausreichend Eigenkapital für alle Deals hatte, und so entstanden die ersten Geschäftsbeziehungen zu Investoren, die uns ihr Geld anvertrauten, um es in Immobilien zu investieren.

Noch bevor mein Bruder aus dem Urlaub zurückkam, hatte ich sieben verbindliche Kaufzusagen, sieben verbindliche Finanzierungszusagen und ausreichend Eigenkapital für alle sieben Wohnungskäufe, auch wenn die notariellen Beurkundungstermine natürlich noch ausstanden. Und so kam es, dass wir im Jahr 2020 weitere sieben anstelle der geplanten drei Eigentumswohnungen kauften.

Diese beiden Beispiele haben mir gezeigt, wie wichtig es ist, motivierende, aber auch verschriftlichte Ziele zu haben. Hierdurch können Dynamiken und Motivation entstehen, die Du nicht erfahren wirst, wenn Du nur eine vage Vorstellung davon hast, was passieren soll.

Und so kann ich nur jedem die Empfehlung aussprechen: Nimm Dein Leben aktiv in die Hand, arbeite an Deinen Zielen und Träumen, damit Du am Ende zurückblicken und voller Stolz sagen kannst: „Ich habe das Beste aus meinem Leben gemacht!“, anstatt es nur passiv auf Dich zukommen zu lassen.[42]

---

[41] Unter einem Paketkauf versteht man den Kauf mehrerer Eigentumswohnungen in einem Vorgang.

[42] Für weitere Erkenntnisse zum Thema „Ziele“ s. auch SMARTe Ziele

Und eins noch: Bitte warte nicht auf die „perfekte" Immobilie, um mit Deinem Vermögensaufbau zu beginnen. Ich kenne so viele Menschen, die mir seit Jahren erzählen, dass sie in Immobilien investieren wollen, es dann aber nie tun, weil es ständig einen kleinen Haken gibt. Kein Deal der Welt ist perfekt. Dennoch ist es besser, unperfekt zu starten als perfekt zu zögern, oder wie Tony Robbins so schön zum Thema Investieren gesagt hat: „Wer immer nur an der Außenlinie steht, der spielt nicht mit."

WIE DU SICHER MILLIONÄR WIRST

Inzwischen verfügst Du über das notwendige Wissen, um durch Immobilien Millionär zu werden. Du weißt, was der Hebel-Effekt ist, wie und warum Du Immobilien kreditfinanzieren solltest, wie Du diese mit möglichst wenig Eigenkapital kaufen kannst und dass Eigenkapitalrenditen von 20 % absolut realistisch sind. Du weißt, wie wichtig es ist, Deine Ziele zu definieren und zu verschriftlichen. Nun ist es an der Zeit, dass Du einen konkreten Plan entwirfst, der Dich an Dein Ziel bringt.

Je nachdem, wo Du wohnst, in welcher Region Du investieren möchtest, über wie viel Eigenkapital Du bereits verfügst und wie hoch Dein Einkommen ist, wird dieser Plan sehr unterschiedlich ausfallen, weshalb ich ihn nicht für Dich entwerfen kann, auch wenn ich dies wirklich gerne tun würde. Ich möchte Dir aber im Folgenden zumindest einen groben Entwurf skizzieren, der für die meisten Menschen umsetzbar ist, mit dem Ziel, Vermögensmillionär zu werden.

Mir ist wichtig aufzuzeigen, dass es auch konservativ kalkuliert wirklich realistisch ist, dieses Ziel in etwa 15 Jahren zu erreichen. Selbstverständlich ist es auch schneller möglich.

Hier siehst Du zunächst die vollständige Modellrechnung dieses exemplarischen Szenarios inklusive der Annahmen.

Annahmen:

Kaufpreisfinanzierung zu je 100 % bei Kaufnebenkosten von 8,50 % (je nach Bundesland kannst Du sogar mit weniger Eigenkapital finanzieren).

Durchschnittliche Mietrendite von 6,00 % (Kaufpreisfaktor: 16,66), davon 5,00 % für Kapitaldienst, 0,50 % für Bewirtschaftung und 0,50 % Cashflow.

Wertsteigerung = 4 % p. a., davon 2 % durch Inflation sowie 2 % durch aktive Wertsteigerung in Form von baulichen Investitionen und Mieterhöhungen.

Feld		A	B	C	D	E	F	G	H	I	J	K
Zeile		Jahr 1	Jahr 2	Jahr 3	Jahr 4	Jahr 5	Jahr 6	Jahr 7	Jahr 8	Jahr 9	Jahr 10	Jahr 11
1.	Jährliche Sparrate	6.000	6.000	6.000	6.000	6.000	6.000	6.000	6.000	6.000	6.000	6.000
2.	Jährlicher Cashflow	0	353	797	1.345	2.011	2.812	3.768	4.901	6.238	7.810	9.652
3.	Jährliche Tilgung	0	1.412	2.949	4.637	6.504	8.584	10.915	13.541	16.512	19.887	23.733
4.	Jährliche Wertsteigerung	0	2.824	5.926	9.362	13.193	17.491	22.337	27.828	34.071	41.192	49.339
5.	EK zum Jahresende	6.000	6.353	6.797	7.345	8.011	8.812	9.768	10.901	12.238	13.810	99.552
6.	Kaufpreis neue Immobilie	70.588	74.740	79.967	86.414	94.251	103.675	114.918	128.248	143.977	162.467	1.171.198
7.	Gesamter Portfoliowert	70.588	148.152	234.046	329.822	437.266	558.432	695.688	851.763	1.029.81	1.233.469	2.454.006
8.	Gesamte Restschuld	70.588	143.917	220.935	302.713	390.460	485.551	589.554	704.261	831.725	974.305	2.121.769
9	Vermögenszuwachs pro Jahr	0	4.235	8.875	13.999	19.697	26.075	33.253	41.369	50.583	61.080	73.072
10.	**Nettovermögen**	**0**	**4.235**	**13.110**	**27.109**	**46.806**	**72.881**	**106.133**	**147.502**	**198.085**	**259.165**	**332.237**

Feld		L	M	N	O	P	Q	R	S	T	U	V
Zeile		Jahr 12	Jahr 13	Jahr 14	Jahr 15	Jahr 16	Jahr 17	Jahr 18	Jahr 19	Jahr 20	Jahr 21	Jahr 22
1.	Jährliche Sparrate	6.000	6.000	6.000	6.000	6.000	6.000	6.000	6.000	6.000	6.000	6.000
2.	Jährlicher Cashflow	16.741	20.533	24.913	29.977	35.831	42.602	50.437	59.503	69.996	77.673	85.656
3.	Jährliche Tilgung	47.869	54.656	62.539	71.689	82.304	94.616	108.891	125.437	144.612	148.950	153.419
4.	Jährliche Wertsteigerung	98.160	112.788	129.786	149.525	172.436	199.019	229.851	265.604	307.053	319.335	332.108
5.	EK zum Jahresende	22.741	26.533	30.913	35.977	41.831	48.602	56.437	65.503	75.996	83.673	91.656
6.	Kaufpreis neue Immobilie	267.544	312.153	363.688	423.254	492.129	571.794	663.964	770.624	0	0	0
7.	Gesamter Portfoliowert	2.819.710	3.244.651	3.738.12	4.310.904	4.975.468	5.746.281	6.640.096	7.676.324	7.983.377	8.302.712	8.634.820
8.	Gesamte Restschuld	2.341.444	2.598.941	2.900.09	3.251.655	3.661.479	4.138.657	4.693.730	5.338.917	5.194.305	5.045.355	4.891.936
9	Vermögenszuwachs pro Jahr	146.029	167.445	192.325	221.214	254.741	293.635	338.742	391.040	451.665	468.286	485.527
10.	**Nettovermögen**	**478.266**	**645.710**	**838.035**	**1.059.249**	**1.313.990**	**1.607.625**	**1.946.366**	**2.337.407**	**2.789.072**	**3.257.357**	**3.742.885**

Und nun lass uns beginnen:

In der ersten Phase des Plans sparst Du das notwendige Eigenkapital für Deinen ersten Immobilienkauf an, wobei Deine monatliche Sparrate mindestens 500 Euro betragen sollte. Diese Phase ist die schwierigste, denn sie ist mühsam, wenig motivierend und Du musst Dich finanziell einschränken. Denke daher immer an Dein großes Ziel. Was ist es, auf das Du hinarbeitest? Was ist Dein Warum?

Achte darauf, dass Du Deine erste Immobilie mit so wenig Eigenkapital wie möglich kaufst, indem Du den ganzen Kaufpreis finanzierst und entweder eine Immobilie kaufst, die von vornherein ohne Maklerprovision angeboten wird, oder den Maklertrick anwendest, bei dem der Verkäufer die Maklerprovision für Dich zahlt.[43] In jedem Fall solltest Du – je nach Bundesland – maximal 8,5 % des Kaufpreises an Eigenkapital einsetzen. Dabei ist es wichtig, dass die Immobilie cashflowneutral, besser noch cashflowpositiv ist. Eine solche Immobilie zu finden ist oberstes Kriterium und zugleich eine Deiner schwierigsten Aufgaben. Lasse Dich daher nicht entmutigen, wenn Du eine solche Immobilie nicht auf Anhieb findest. Wenn es einfach wäre, würde es jeder machen. Suche in verschiedenen Regionen, die für Dich in Frage kommen, in Randbezirken oder kleineren Städten. Hier geht es nicht um Prestige, sondern um Mathematik. Die Immobilie muss Dich nicht begeistern, sondern sie muss sich rechnen. Selbstverwirklichung kommt später. Vielleicht kommt es für Dich auch in Frage, eine renovierungsbedürftige Wohnung zu kaufen, die Du zunächst aufwertest und dann sofort cashflowpositiv vermieten kannst. Möglichkeiten gibt es viele.

Für diese erste Phase des Plans solltest Du maximal ein Jahr einplanen. Kannst Du in einem Jahr nicht so viel Eigenkapital ansparen, wie Du gerne würdest, dann suche nach günstigeren

---

[43] Zum Maklertrick s. Kapitel „Die Renditeberechnung"

Immobilien, also entweder kleineren Wohnungen oder Wohnungen in anderen Lagen, so dass Du auch mit kleineren Beträgen das Investieren beginnen kannst. Es gibt genau heute, während ich dieses Kapitel schreibe, deutschlandweit 4.988 Wohnungsinserate auf Immobilienscout mit Kaufpreisen unterhalb von 100.000 Euro. 2.854 dieser Inserate haben sogar einen Kaufpreis von unter 75.000 Euro. Diese Immobilien könnte man also bereits mit 6.375 Euro an Eigenkapital erwerben. Wichtig ist, dass Du den Prozess innerhalb von einem Jahr ins Rollen bringst, damit Du endlich davon profitieren kannst, dass andere in Deinen Vermögensaufbau einzahlen. Löse Dich also so schnell wie möglich von einer einkommensabhängigen Sparrate.

Nach dem ersten Kauf sparst Du weiterhin so viel Geld wie möglich und entwickelst gleichzeitig die Miete Deiner ersten Immobilie nach oben, damit der freie Cashflow steigt. Dies wird Dir helfen, nun mehr Geld zur Seite zu legen als vor dem Kauf. Achte darauf, dass Dein Investment steuerlich optimiert ist. Steuerrückerstattungen kannst Du dann zusätzlich beiseitelegen, um Dir neues Eigenkapital für die nächste Immobilie zu beschaffen.

Am Ende des zweiten Jahres folgt der nächste Kauf. So wie bei meinem Bruder und mir wird das Wachstum zu Beginn sehr langsam sein. Das ist Teil des Prozesses und gehört dazu. Sei geduldig. Mit der Zeit aber wird sich das Wachstum beschleunigen, so dass Du Deinem Ziel dann schneller und schneller näher kommst.

Und so lässt Du nun weitere Immobilienkäufe folgen. Jedes Jahr eine weitere Immobilie. Wie teuer diese sein darf, gibt jeweils Dein Eigenkapital vor, so dass der Kaufpreis von Jahr zu Jahr steigt.[44]

---

[44] Kaufpreis = EK geteilt durch Kaufnebenkosten in Prozent, zum Beispiel KP = 6.000 / 8,5 % = 70.588 Euro

Im Jahr fünf wird die jährliche Tilgungsleistung mit 6.504 Euro (E3) erstmals höher sein als Deine eigene Sparrate von 6.000 Euro. Und im Jahr neun wird der Cashflow aus der Vermietung mit 6.238 Euro (I2) sogar höher sein als der Betrag, den Du selbst jährlich beiseitelegst.

Bereits im vierten Jahr beträgt Dein Vermögensaufbau durch Tilgung, passive und aktive Wertsteigerung etwa 14.000 Euro (D9) und somit 1.167 Euro pro Monat. Dies ist nun der Betrag, der monatlich in Deinen Vermögensaufbau fließt. Damit hast Du ein wichtiges Etappenziel erreicht. Gemäß einer Studie von Splendid Research schaffen es gerade einmal 1 % der deutschen Bevölkerung, monatlich 1.000 Euro oder mehr zu sparen.[45]

Rein rechnerisch wird Dein Immobilien-Portfolio im neunten Jahr einen Wert von über einer Million Euro haben (I7), auch wenn dies noch durch Schulden belastet ist. Dein Netto-Vermögen wird zu diesem Zeitpunkt rund 198.000 Euro betragen (I10). Lässt man die gemachten Annahmen nun in einer Formel weiterlaufen, so wirst Du nach 15 Jahren zum Vermögensmillionär (O10) bei einem Portfoliowert von etwa 4,31 Millionen Euro und einer Restschuld von rund 3,25 Millionen Euro (O7/O8).

Aber das Leben ist eben keine logarithmische Funktion. Wie ich im letzten Kapitel beschrieben habe, entstehen manchmal Dynamiken, die keiner mathematischen Logik folgen. Es tun sich Synergie-Effekte oder unverhoffte Chancen auf, die Dir helfen können, Dein Ziel viel schneller zu erreichen.

Falls Dir das immer noch alles zu langsam geht, schau Dir einmal an, was danach passiert: Während der Cashflow im Jahr neun gerade einmal 6.238 Euro betrug, beträgt er im 20. Jahr

---

[45] https://www.splendid-research.com/de/statistik/studie-sparen-durchschnitt-deutschland/

knapp 70.000 Euro (T2) und somit über 5.800 Euro pro Monat.

Und während wir bislang immer davon ausgingen, dass die Cashflow-Überschüsse reinvestiert und deshalb nicht dem Vermögensaufbau zugerechnet werden, habe ich unterstellt, dass ab dem 20. Jahr keine weiteren Immobilien mehr erworben werden. Du kannst die Cashflow-Überschüsse nun als Einkommen nutzen.

Wie Du weißt, ist die Steuerlast auf Vermietungseinkünfte aufgrund von Abschreibungen und weiteren Steuervorteilen sehr gering, so dass Dir die Cashflow-Überschüsse zum Großteil zur Verfügung stehen; Du brauchst also nicht mehr anderweitig zu arbeiten.

Und obwohl Du die Cashflow-Überschüsse verkonsumierst, beträgt der Vermögenszuwachs ab dem 20. Jahr immer noch über 450.000 Euro pro Jahr, Tendenz steigend (T9–V9). Etwa alle zwei Jahre kommt somit eine weitere Million Euro an Vermögen dazu. Das, was zu Beginn also 15 Jahre gedauert hat, erreichst Du jetzt alle zwei Jahre! Diese Erkenntnis soll Dir helfen, geduldig zu sein. Es wäre unseriös zu behaupten, jeder könne in fünf Jahren Millionär werden, aber in 15 Jahren ist es nachweislich möglich. Und danach sind die Wachstumsraten rasant.

Meine Aufgabe war es bis hierher, Dir aufzuzeigen, was möglich ist bzw. dass es möglich ist, Millionär durch Immobilien zu werden. Wie viel Arbeit Du nun in dieses Projekt steckst, wie viel Geld Du monatlich sparst, wie konsequent Du Deine Ziele verfolgst und wie schnell Du Deinen Traum erreichst, liegt von nun an an Dir.

Und ich wünsche Dir von Herzen, dass Du Dein Ziel möglichst schnell erreichen wirst!

KAPITEL 8 – MEIN WARUM

TRÄUME WAHR WERDEN LASSEN

Heute, genau einen Tag vor meinem 46. Geburtstag, sitze ich in Dubai am Pool, während ich diese Zeilen schreibe. Ich genieße einen leckeren Caffè Latte während im Hintergrund leise Café-del-Mar-Musik läuft. Die Sonne scheint, ich genieße das Leben und die Errungenschaften der letzten zehn Jahre:

Der jährliche Cashflow aus der Vermietung unserer über 80 Wohneinheiten beläuft sich nach Kosten und Kapitaldienst auf etwa 120.000 Euro und nimmt von Jahr zu Jahr zu. Dazu kommt eine jährliche Tilgungsleistung (also Vermögensaufbau) von etwa 180.000 Euro. Und durch passive und aktive Wertsteigerung des Portfolios (Sanierung, Aufwertung, Mieterhöhungen) generieren wir nochmal etwa 200.000 Euro an Wert pro Jahr. In Summe sind dies rund 500.000 Euro, was mehr als 1.300 Euro pro Tag ausmacht. Auch wenn der Großteil dieses Geldes erstmal nur „Buchgewinnen" entspricht, die noch nicht liquide sind, so sind sie doch real.

Nach wie vor arbeite ich sehr gerne und auch sehr viel, aber eben, weil mir meine Arbeit Spaß macht und nicht, weil ich es muss.

Im ersten Kapitel haben wir über das „Warum" gesprochen, das Menschen antreibt, reich werden zu wollen. Das Leben, das ich heute führen darf, ist mein „Warum": Ich liebe das, was ich tue, ich reise gerne und verbringe viel Zeit im Ausland. Ob es ein Strandtag am Miami Beach ist oder ein Besuch des Louvre in Abu Dhabi. Ob Sightseeing in Singapur oder Parasailing in Dubai. Ob Familienurlaub in Kroatien oder ein romantisches Wochenende in Paris. Es ist ein wirklich sehr besonderes Leben und ich bin zutiefst dankbar, dieses Leben führen zu dürfen.

Ich kann von überall aus arbeiten und habe vor zwei Jahren angefangen, Klavierunterricht zu nehmen, weil ich nun endlich die Zeit dazu habe. Ich bin dankbar, dass ich meine Freunde in den Urlaub einladen, meinen Bruder in Australien besuchen und meine Eltern auf Reisen begleiten kann. Und letztlich habe ich es unfassbar genossen, die Zeit zu finden, dieses Buch zu schreiben!

Ich bin heute nicht glücklich über das Geld, das ich verdiene, sondern über das Leben, das es mir ermöglicht. Der Wunsch nach diesem Leben, nach dieser Unabhängigkeit, nach dieser Freiheit war das, was mich damals angetrieben hat, als ich morgens in der Dunkelheit und Kälte auf den Bus in Richtung Fernsehstudio gewartet habe. Es waren diese Träume, die mich angetrieben haben, zu lernen, Risiken einzugehen und nach jedem noch so großen Rückschlag wieder aufzustehen. Es war dieses Leben, das ich mir so sehr gewünscht habe!

Und noch etwas: Das finanzielle Polster, das ich inzwischen habe, hat mir ganz viele Sorgen und Ängste genommen. Sei es hinsichtlich meiner langfristigen Zukunft und der eigenen finanziellen Absicherung oder Unvorhergesehenem, das kurzfristig auf mich zukommt. Heute wirft es mich nicht mehr aus der Bahn, wenn das Auto kaputtgeht, ein Steuerbescheid eintrifft oder sonst irgendeine Zahlung fällig wird. Und dies bringt eine ungeahnte Ruhe in mein Leben. Dadurch verspüre ich Sicherheit und einen inneren Frieden, den ich sehr genieße und jedem nur wünschen kann.

Abschließend hoffe ich wirklich sehr, dass ich Dir mit diesem Buch und der Reise durch die letzten zehn Jahre meines Lebens den einen oder anderen Erkenntnisgewinn bescheren konnte. Ich hoffe, dass es mir gelungen ist, eine gewisse Motivation in Dir zu entfachen, denn wir alle haben nur ein einziges Leben auf diesem wunderschönen Planeten und das sollten wir bestmöglich gestalten!

Sei selbstbewusst, wenn es um Deine eigenen Ziele geht, und träume groß, denn Du kannst wirklich viel erreichen. Und dabei wünsche ich Dir jetzt viel Erfolg!

EINE KLEINE BITTE ZUM SCHLUSS

Ich würde mich sehr freuen, wenn dieses Buch ein Erfolg wird. Daher wäre ich Dir sehr dankbar, wenn Du mir eine Minute Deiner Zeit schenkst, um unter folgendem Link eine Bewertung abzugeben. Damit kannst Du mich unterstützen, sofern Du das möchtest.

DANKSAGUNG

Dieses Buch ist nicht allein entstanden. Es ist das Ergebnis vieler Begegnungen, Gespräche, Ermutigungen und auch mancher Zweifel, die mich haben wachsen lassen.

Von Herzen danke ich meinem Vater für jegliche Unterstützung in meinem Leben.

Meinen Freunden Marco, Gregor und Jonas danke ich für ihre Loyalität, ihre ehrlichen Worte und dafür, dass sie mich seit Jahren begleiten.

Ich danke Michael, David, Natascha und Marion. Schön, dass wir uns haben.

Rebecca – danke für Deine Liebe, Deine Geduld und Deine Stärke. Ich liebe Dich über alles und freue mich auf alles, was noch kommt.

Mein besonderer Dank gilt Herrn Markus Eiteneuer und Frau Anke Gran für ihr Vertrauen und die großartige Zusammenarbeit. Ebenso gilt mein Dank Frau Heike Daalmanns, die vor über zehn Jahren den Grundstein gelegt hat, indem sie an mich glaubte und meine erste Immobilienfinanzierung möglich machte – als andere bereits abgelehnt hatten.

Und schließlich danke ich meiner Mutter, die kurz vor der Veröffentlichung dieses Buches verstorben ist. Ich weiß, dass Du von oben zuschaust.

Made in United States
Cleveland, OH
06 November 2026

47625797R00121